中國學術思想 研究輯刊

二一編

林慶彰 主編

第20冊

晚清諸子學研究（上）

黃佳駿 著

花木蘭文化出版社

國家圖書館出版品預行編目資料

晚清諸子學研究（上）／黃佳駿 著 -- 初版 -- 新北市：花木蘭
文化出版社，2015〔民104〕
目 6+234 面；19×26 公分
（中國學術思想研究輯刊 二一編；第 20 冊）
ISBN 978-986-404-060-5（精裝）
1. 清代哲學
030.8   103027162

ISBN-978-986-404-060-5

9 789864 040605

中國學術思想研究輯刊
二一編　第二十冊   ISBN：978-986-404-060-5

晚清諸子學研究（上）

作　　者　黃佳駿
主　　編　林慶彰
總 編 輯　杜潔祥
副總編輯　楊嘉樂
編　　輯　許郁翎
出　　版　花木蘭文化出版社
社　　長　高小娟
聯絡地址　235 新北市中和區中安街七二號十三樓
　　　　　電話：02-2923-1455／傳真：02-2923-1452
網　　址　http://www.huamulan.tw 信箱 hml 810518@gmail.com
印　　刷　普羅文化出版廣告事業
封面設計　劉開工作室
初　　版　2015 年 3 月
定　　價　二一編 27 冊（精裝）台幣 50,000 元

晚清諸子學研究（上）

黃佳駿　著

作者簡介

黃佳駿，高雄市人，民國 66 年生。畢業於國立暨南國際大學中文系學士班、國立彰化師範大學國文研究所碩士班、博士班。專長為清代思想、清代經學、先秦諸子學、先秦道家思想等。碩士班與博士班皆受業於國立彰化師範大學張麗珠教授門下，目前興趣在於中晚清、民初思想，並以晚清諸子學、民初諸子學的課題為主要研究範圍。

提　要

　　晚清為一講求革變時期，其學術之趨勢體現於社會經濟、政治上與當代文化之改革上，而此革新、求變之風尚亦可求索於當代諸子研究的範疇。晚清學風大抵不以持守傳統經學為滿足，諸子學雖以古學之姿復起，學者乃能融會諸家理論與方法而求其嬗變，故晚清諸子學既有創新的格調亦有復古的面向。

　　從創新面來說，晚清諸子學能兼容西學，亦能結合當代經世思想，強調古代諸子理論與當代致用學說的聯絡，以尋求社會致用為的鵠；以復古面向而論，晚清諸子學亦繼承正統派方法，秉持乾嘉以來實事求是的學術理念，運用考據訓詁治學，亦能融通佛學思想而影響晚清以降的思想界發展，故可說晚清諸子學之於清代學術，有承繼與開新的雙重特色。本文乃整理晚清至民國前相關的諸子學研究著作，由四個議題，即「乾嘉考據學」、「致用之學」、「佛學」、「西學」貫串其中的思想，並試圖藉由晚清學者如魏源、嚴復、章太炎、梁啟超、劉師培等學者的義理思想發微，以釐清晚清諸子學之學術脈絡與價值意義。

第一章　緒　論

第一節　研究動機、研究方法與範圍

　　諸子學的研究於晚清是爲顯學，學者在復興古學的訴求下，乃積極尋求對先秦文獻的考索、詮解、析論，並企圖融入晚清思潮的特色，從以形成當代獨特的的學術思想，誠如錢穆所言，晚清時期子學有「風靡一世」的趨勢，此亦可證明子學研究在該時期蔚爲流行。本文以晚清學者所撰著的諸子學典籍爲探討對象，並針對晚清學術思潮的四個重要議題，即考據學、致用之學、佛學、西學的發展趨勢，由此爲基礎，以釐清諸子思想於晚清學術之意義。

一、研究動機

　　清代學術之研究，近二十年來已形爲風氣，清代典籍的整理與重新出版，也受到學界的重視，如大陸上海古籍出版社於 1995 年所出版的《續修四庫全書》，則搜羅《四庫全書》之未收書與清代乾隆以降的清代古籍，分經史子集共五千二百一十三種，有一千八百冊之譜，其中包含眾多清代燬禁或絕版的孤本，可謂是學術界的一大盛事；中央研究院於民國 87 年則成立「經學研究室」，諸多計畫如「清乾嘉經學研究計畫」、「清乾嘉揚州學派研究計畫」、「晚清經學研究計畫」、「經典與文化的形成」等乃涵蓋清初至晚清時期的經學研究，所進行考察、整理、翻譯的工作與舉辦多年的「清代經學研討會」也成爲國內外清學研究的重要指標。再次，國內的各大學也積極成立與清代經學、史學、文學相關的研究計劃，如中山大學成立「清代學術研究中心」，暨南大

學的「明清研究」專題。而大陸的中國人民大學亦成立「清史研究所」，其下有「清代學術文化研究室」、「清代社會研究室」等研究機構，所標榜則爲清代學術與清代文化的考訂與整理；華東師範大學的「先秦諸子研究中心」則運用數年的時間編纂《子藏》，以求「全」、求「精」的態度網羅諸多前代的遺籍，對於晚清諸子學文獻亦多有搜羅。

而屬於清代學術一環的晚清學術研究，亦有長足的發展，如晚清的諸子學研究、經世致用之學、中西學術會通、文論詩話的輯錄，甚至晚清民初的革命政論等，也受到學界的重視。晚清諸子學係晚清學術的重要部份，梁啓超說：「自清初提倡讀書好古之風，學者始以誦習經史相淬厲，其結果惹起許多古書之復活。內中最重要者爲秦、漢以前子書之研究；此種工作，頗間接影響於近年思想之變化。」〔註1〕子學以義理見長，對於晚清思想界有重要的啓發，而子學所涉及的內容豐富，舉凡政治、經濟、哲學、社會學、工藝技術之課題皆有論說，故本文以爲晚清諸子學之研究頗有諸多可發揮處。在方法上，諸子學亦承繼經學的研治方法，其接承乾嘉學術的餘緒，與當代流行的西學、致用之學、佛學有密切的關係，又影響民初的學術思潮，故具有諸多可爲學者留意處。

從上述可知，屬於晚清學術與諸子學研究之價值不可忽視。漢代經學獨尊之後，諸子學有式微趨勢，更不復先秦百家爭鳴盛況，然而諸子學仍流行於學界與民間。其中道家的《老》、《莊》理論乃直接爲漢魏六朝的道教、神仙術所擷取，又開出魏晉玄學的格局，以道家思想爲基礎的格義佛學也成爲中國佛學的發展特色，可說道家思想對於中國傳統學術有深遠的影響。法家則以刑名法術爲政治思想開出一路徑，爲統治者所留意，固然管仲、商鞅、韓非之學已不盡爲帝王所用，然其論述法勢治術，近可以知「近功小利之隘」、「刻薄寡恩之非」，遠則可「克端知本」，因此歷代的法規、律令、典章，學者所規劃的政書、會典，均不失法家思維的矩矱，頗爲歷代改革者所側重。《墨》學雖被湮沒千年之久，直到清代才漸被發掘，但論及中國自然科學的沿革，則《墨》學或可爲濫觴，其天志、明鬼、兼愛之學又爲先秦鬼神崇拜、人道反戰思想的大宗。總的來說，子學之於儒學獨尊後雖無先秦時期的熱絡，然對於中古以降文化與學術思想的發展，仍有不可抹煞之意義。

清代乾嘉考據學興起，學者因治經的需要，對古代文獻的求索更爲積極，

〔註1〕梁啓超：《中國近三百年學術史》（臺北，里仁書局，2002年），頁315。

故轉以留意諸子典籍於文字、音韻、訓詁上的價值，不過該時學者其研治子學的目的仍在於通經，大抵子學豐富的古義古說大量保存前人的論述，故學者援用之以為諸經之考證，或視之為六經之輔助，歸類為通經的工具書。晚清以降，諸子學有多元的發展，相對於乾嘉學者「治子通經」的架構，晚清諸子學則進一步獨立於經學之外，如錢穆說：「諸子則專家之學，不能通其大義而徒求於訓詁名物，無當也。」〔註2〕大抵諸子學有哲理思想之價值，如以子學因為「近古」而視為經學的附庸，則子學哲理的高妙處實未必能凸顯。在義理思想部份，子學與西方哲學實可相呼應，子學實富含本體論、宇宙論、倫理學、知識論的知識，經學者發掘後重新被評估，胡適說「到了最近世，如孫詒讓、章太炎諸君，竟都用全副精力，發明諸子學。於是從前作經學附屬品的諸子學，到此時代，竟成專門學」。〔註3〕故子學義理價值提升後亦擺脫以往經學「附屬品」、「參考書」的地位，與經學或可齊量視之，胡適甚至認為，如能融入經、子的古典思想與「西洋的新舊學說」，便可成就中國的「新哲學」。〔註4〕部份學者又以為諸子學有政治學、社會學的意趣，故可視為救世救弊之用，蓋老、莊所言的自然無為，墨家所言的兼愛非攻，便可與西學的自由主義、民主思想銜接，學者甚至以此附和佛學，形成了以西解子、以佛解子的學術視野。這種結合古代思想，引而伸之且導入經世致用、佛學、西學之發揮，是為晚清子學發展的一大特色。

再次，晚清重要學者對子學的探索與重視，也提高了晚清子學的視野。該時期對諸子學進行探究者，不乏當時的重要學者，如魏源、俞樾、孫詒讓、嚴復、章太炎、梁啟超、楊文會等，可謂風靡一時。如嚴復以西學治《老》、《莊》，會通儒、道、釋的崇門，以西方哲學調和中學之「道」論，所採取則中西會通的脈絡；梁啟超《墨經校釋》、《墨學微》，能經由西學的自然科學、邏輯學、語言哲學探析〈墨經〉諸篇，以論述中國的古代科學與實利思想，又闡釋《墨》學之天志以比較西方宗教與神學。可知晚清學者之治子，所含蓋的範疇既廣且深，對古今理論的引伸鉅細靡遺，能繼承古學的奧旨又俱備近代社會科學之內涵，其學術成績實不下於前儒之創作。故可以說晚清子學是先秦九流十家興起之後，中國諸子學思想的另一高峰，因此不論在學術史或思想史的領域，晚清子學的學術價值應為學術界所留意。

〔註2〕錢穆：《國學概論》（臺北，臺灣商務印書館，1998年），頁318。
〔註3〕胡適：《中國哲學史大綱》（上海，上海古籍出版社，1997年），頁7。
〔註4〕胡適：《中國哲學史大綱》，頁8。

　　本文所論述的學者，如魏源（1794～1856 A.D）、俞樾（1821～1906 A.D）、楊文會（1837～1911 A.D）、嚴復（1854～1921 A.D）、章太炎（1869～1936 A.D）、梁啓超（1873～1929 A.D）、劉師培（1884～1919 A.D）、德園子等人，除德園子之外，則皆爲晚清的重要學者，魏源爲清代今文經學的重要學者，也積極參與《皇朝經世文編》的編纂，其提出的「師夷之長技以制夷」，也成爲晚清西化運動的重要口號，故爲晚清提倡致用學術與師法西學的重要人物之一；楊文會爲晚清復興佛學之發起人，其贊助刻經事業，培養佛學人才，亦開啓晚清佛學研究之濫觴；俞樾自詡爲乾嘉學術之繼承人，上承戴震、王氏父子之學，且以晚清正統派自居，當代也認爲其學術可與孫詒讓並列；嚴復爲晚清介紹與翻譯西籍的第一人，其所引進近代西方的重要典籍，係爲晚清制度改革、學術思潮之參考依據，故值得學界留意其價值。

　　章太炎、梁啓超之學皆貫串晚清民初兩時期，章氏爲俞樾弟子，本以正統派學者自居，不過後來也涉獵佛學、諸子學研究，其《齊物論釋》爲當代佛道會通的奇書，其對道家、佛家哲理的論析也影響晚清思想界，而章氏以佛學、道家提倡空無「五無論」，反對一味師法西學，也成爲其學的一大特色；梁啓超爲晚清《墨》學研究的大家，其經由《墨》學所提倡的民約、新民、民德、理則學問題，影響當代的學術思潮與社會改革，以至於民國的五四運動也受其思想渲染，章、梁皆爲晚清的重要學者，故有研究之價值；劉師培則爲晚清正統派之殿軍，其繼承家學的經學事業，對於《春秋》、《禮》、四書學，甚至史學皆有鑽研，而其早期採取開放，積極會通西學，晚期趨向保守的研究態度，也爲其學的特色，故本文以其學爲研究對象，則有助於說明晚清民初創新與保守學術之趨勢。德園子的《道德經證》以三家思想會通爲主要，也積極聯繫道教金丹之思想，其書對於道、佛的本體論、工夫論都有一番論說，本文以爲其學雖不違離宗教色彩，但對於哲理的考察有其獨特觀點，故也有值得留意之處。

二、研究方法

　　研究方法是爲本文研究晚清諸子學所提出的方法，故本文依據全文內容的論述要點，列出幾項重要的研究法，主要是主題研究法、校勘研究法、釋例研究法、比較法與表格法等。

（一）主題研究法

本文所提出最主要之研究方法，是為主題研究法，大抵是由四個核心議題為架構，即「乾嘉考據學」、「致用」、「佛學」、「西學」等範疇，欲通過此四個主題的梳理，進一步探析晚清子學的思想價值。晚清子學的發展，並非是單一家派思想的延伸，當代學者對於子學研究之興趣，係產生於個人之學術觀察，學者乃聯絡先秦諸子思想與當代社會革變、學術思潮之相關議題以論述，故本文不採取單一的儒、道、墨、法家派為研究基準，而是以上述晚清學術思潮的四個層面為架構，再進行觀察晚清諸子之思想與其發展的脈絡。

使用主題研究法亦有助於對特定的學術課題、義理思想進行深入的剖析，如本文第五章第三節便以「西學」為主題的方式，對劉師培前期學術進行探索。劉氏的諸子學對於西學之運用，則反映在其前期的學術史觀與政治學、社會學與教育思想方面。其學術史觀，乃針對古學源流進行探索，並積極聯繫西學與「宗教」、「史官」、「實驗」的關係。劉氏所欲樹立者，則在於依據西學理念對傳統學術思想進行批判或維護，故經由其諸子學結合「西學」主題的探討，則能體現其宣揚民族與民權的政治理念，而其受到西學影響的著作，如《中國民約精義》、《中國民族志》、《攘書》等書的諸多意趣，也能經由此主題研究而一一呈現。

（二）校勘研究法

本文通過校勘研究法，探討晚清諸子學之思想，此研究方法頗為梁啟超所重視，以為是清儒治學的一大特長，其曰：「校勘之學，為清儒所特擅，其得力處真能發蒙振落。他們注釋工夫所以能加精密者，大半因為先求基礎於校勘。」〔註5〕校勘之學為注釋經籍的重要工夫，清儒之研究多借重此法，而校勘的工夫與訓詁學的脈絡是一致的，皆是以經籍之文字、名物、典章、度數、音韻為考究之對象。梁氏又分校勘研究為四種，其曰：

> 第一種校勘法，是拿兩本對照，或根據前人所徵引，記其同異，擇善而從。……第二種校勘法，是根據本書或他說的旁證、反證校正文句之原始的譌誤。……第三種校勘法，是發見出著書人的原定體例，根據他來刊正全部通有的譌誤。……第四種校勘法，是根據別的資料，校正原著之錯誤或遺漏。〔註6〕

〔註5〕　《中國近三百年學術史》，頁316。
〔註6〕　《中國近三百年學術史》，頁316～320。

梁氏以爲此上述四種校勘法大致可包括清儒的校勘學，或可再加入章學誠《校讎通義》所載的分類錄簿法，則有五種之多。梁氏大體認爲正統派之學術頗符合此種校勘之範疇，其舉俞樾爲例，以爲：「經清儒一、二百年的努力與經驗，已造成許多百公認的應用規律，俞蔭甫《古書疑義舉例》的末三卷，便是這種公例的集大成。」〔註7〕可知，俞樾之考據方法與乾嘉學者的校勘學是一致的。察清代正統派之治學，本有考據、校勘的特點，故以校勘方式反覆推敲其中內容，也與該學術的脈絡相符合。

因此本文乃採取梁氏所論及的校勘法的研究理念，以校讎、勘誤、辨偽方法逐次對晚清諸子學的觀點加以解析，進而探索出晚清學人以考據、訓詁爲初步的理念，以及正統派學者所特有的治學旨趣。

（三）釋例研究法

清代以釋例方法治學亦曾風靡一時，頗爲學界所著重，如江永的《儀禮釋例》、廖平的《禮經凡例》、劉逢祿的《春秋公羊經何氏釋例》、陳玉樹的《爾雅釋例》、李銳的《周易虞氏略例》等，皆以釋例方法治書。而先秦漢代經師已有以釋例治經的觀念，杜預《左傳序》曰：「言丘明作傳務在解經，而有無傳之意，……言經旨之表不應須傳有通經之意，自其發凡以言例至非例也。……。言仲尼脩經有五種之例，……或曰：『春秋以錯文見義，至釋例詳之也。』」此以爲左丘明之解經，有「發凡以言例」與「非例」之用，而孔子修《春秋》亦有「五種之例」的運用。杜氏所謂「春秋以錯文見義，至釋例詳之」的說法，正體現了經師疏解《春秋》「時、日、月」交錯的文辭時，多借助釋例以求其義的研究旨趣。

本文也以此釋例的方法解析梁氏《墨學微》中的論理學，探析其中的規則與條例，更有助於深入晚清《墨》學邏輯課題之整理與研究。梁啓超《墨學微》本爲比附西方之邏輯學，所強調在於歸納法與演譯法的規則，然因其特殊體例的關係，所擷取多爲《墨子》篇章的片段與文辭，而非系列的解釋全篇，故全書的論述較其他以注疏成書的典籍爲抽象，在整理上亦較其他的子學研究爲複雜。因此本文特以釋例研究的方法，於諸多規則中理出其要點，再進而剖析其學結合中西學說的意趣。

〔註7〕《中國近三百年學術史》，頁320。

（四）比較法與表格法

　　比較法的運用，係針對兩個或以上，其理論相近、相異，或有特殊指向的理論進行考察所運用的方法。本文運用比較法的重要篇章有二，如第二章第二節以論述晚清子學的創新與復古爲指向，故比較嚴復與劉師培對於《老子》思想的觀點，再判別二儒之學何以一趨向創新，一則遁入復古；第三節則採取俞樾、章太炎師徒的諸子學進行比較，也就是對「乾嘉學統之繼承至哲學家立場之轉變」與「由治子通經到治子明道的思想遞嬗」、「由釋義而求哲理的訓詁進路」等三個議題爲線索。經由此三個議題的比較與推敲，則有助於釐清二代學者之間，其學術的繼承與嬗變的原由，也可進一步了解俞、章二儒對晚清經學、考據學所抱持的學術理念。

　　表格法此即是以圖表呈現方式，展示學說思想的要旨。本文則有運用一個章節要點的陳列表，與兩個比較圖表。如中第二章的第一節，即以對魏源《老子本義》各章節的要點進行陳列，依〈論老子〉至第六十七節的順序，對各重要議題加以羅列，也方便讀者的檢索。另在第二章的第二節與第三節則呈現嚴復與劉師培、俞樾與章太炎，這兩組學者的比較圖表，主要以諸家的研究方法、研究態度與其中學說思想的差異爲比較要點。總言之，圖表呈現的方式有助於相似義理思想的比較與考索，使用圖表方式的呈現，符合現今人文科學研究強調歸納法的方式，也有助於讀者對於該主題學說的快速理解。

三、研究範圍

　　諸子學於經學獨尊後，本有衰微的現象，清代初、中葉因治子通經的趨勢又有所發展，至晚清則重新受到重視，學者著重諸子學的義理與致用的價值，《墨》、《老》、《莊》、《韓》之學皆有可觀之典籍問世。本文以晚清時期之文獻爲探索範圍，也就是自 1840 年鴉片戰爭爆發，至民國成立前之七十一年的學術思想爲畛界。不過居於前後期的學術思潮之間有繼承與影響的情況，故對於乾嘉學術與民初典籍亦列爲重要之參考文獻。本文所論述的四個主題研究範圍，即諸子學結合考據學、致用之學、佛學、西學之略說如下：

（一）以諸子學結合乾嘉考據學爲論說

　　正統派考據學在經歷漢宋之辯、今古文之爭後，其聲勢已非乾嘉時期可

比，雖有如俞樾、孫詒讓（1848～1908 A.D）等大師的篤實治學，然考據末流實已衰微。不過，考據學也並非就此消逝，其理論仍爲晚清學術研究之共法，學人仍秉持以考據爲治學初步的態度，進一步對諸子學、佛學、西學進行闡釋。大體來說，晚清學者並非一味持守名物訓詁，而是能在考據方法的助益之下，進行學術的會通與創新，此即錢穆所說晚清學術能「承清儒窮經考古之道，而稍變其面目者也。清儒研治群經，於諸子即多所董理，校勘訓詁，卓著成績」之論。〔註8〕錢穆所謂「稍變其面目」者，以其治子能輾轉發明經學之方法與觀點，從而得出新意，蓋晚清學人雖以考據方法治子，但並非一味的守舊，此可留意之。

　　本文以魏源《老子本義》的訓詁思維、俞樾與章太炎的子學比較，嚴復與劉師培之論述《老子》爲線索。大抵魏源的《老子本義》成書於鴉片戰爭前後，爲清代中晚葉過渡時期的著作，該書以考據法成書，但著重《老》學哲理的分析，而其序文〈論老子〉四篇，把《老子》視爲古學的範疇，不囿於儒學的義理詮解，體現了魏氏以道家思維所理解的《老》學，也區分道家與儒學思想意趣的不同。魏源爲今文學家，其說法以闡釋大義爲目的或有附會的現象，然魏氏對《老》學源流、《老子》作者的考證，並不違離乾嘉考據方法，在名物訓詁的詮解上仍堅持乾嘉考據的原則。故可以說，魏源對《老子》之義理改造，亦是在考據訓詁名目之下所作的推敲與整理，因此本文通過對《老子本義》的析論，釐清其訓詁與義理思想的子學意義。

　　再次，嚴復與劉師培的闡述《老子》亦有不同觀點，嚴復之治子雖運用考據訓詁的方法，且加以點校評論，然嚴氏又大量引入西學、佛學的範疇，其目的在於中、西、佛學之貫通而欲成一家之言，故其創新《老》學旨趣是爲其特色。劉氏研治《老》學則多採取經學的觀點，重視古義的闡釋，並留心文字音韻的疏解，其大抵由考據訓詁著手，所採取的方法實與乾嘉學者的治子通經無異。從此說，顯然劉氏的《老》學又較嚴復爲之保守了。本文乃由晚清學術「創新」與「保守」的趨向作爲觀察的命題，再進一步探索嚴、劉以考據治子的學術關懷。

　　俞樾、章太炎二子有其師承關係，且皆以考據學家自許。不過，俞、章二氏之治子實有大不同之態度。本文以「治子通經」到「治子明道」、由釋義而求哲理的進路爲線索，進而釐清其思想遞嬗。梁啓超以爲俞樾由訓詁治子

〔註 8〕錢穆：《國學概論》，頁318。

的識見可比於王念孫的《讀書雜誌》，所謂「應用王家方法，補其所未及」。〔註9〕此也證明俞樾所堅持係正統派治子的觀點；而章太炎又在俞樾名物訓詁的基礎上，進一步尋求古諸子之哲理的精要，此亦錢穆所謂「諸子則專家之學，不能通其大義而徒求於訓詁名物，無當也」的識見。〔註10〕又說「到章太炎，方纔於校勘訓詁的諸子學外，別出一種有條理系統的諸子學。」蓋俞、章之治子，一來接承乾嘉學派的觀點一來又積極改造名物訓詁的局限，故二儒對於晚清子學訓解之觀念係有可觀處。

（二）以諸子學結合致用之學為論說

晚清另一學術思潮，是為經世致用之學的復興，不同於明末清初學者以切身的經歷而針砭時政，晚清學人論及經濟、時務之事則更具備社會「實用」、「致用」之觀點。〔註11〕如魏源的《海國圖志》、《聖武記》，賀長齡（1785～1848 A.D）所整理的《皇朝經世文編》，梁廷枏（1796～1861 A.D）的《海國四說》，張之洞（1837～1909 A.D）《勸學篇》，康有為（1858～1927 A.D）所撰的《孔子改制考》、《大同書》等，對於晚清的自強運動與立憲改革皆有助益。

先秦諸子學之興起，本與「救弊」、「經世」相關，不論道家所言的「無為」而治，《墨》學所言「實利」，法家所言「法治」，皆與當世的政治、制度改革、社會民生議題相關。晚清諸子學亦有治亂、救弊的關懷，學者結合當代的政治思想、社會思想，經由對子學的復興，闡述與治術、宗教、群治、社會道德相關的「致用」思想。

首先，本文藉由的陳澧（1810～1882 A.D）諸子學，探索其「學問經世」思想。陳澧《東塾讀書記·諸子書》一文，對儒家、韓非、商鞅、墨、老、莊之治術皆有論說，其治諸子大抵採取正統派「治子通經」的保守態度，不過其論說仍有諸多寶貴的創見。其對先秦功利治術之闡釋，以及對商、韓的刑法權術的反省，都有諸多可為學者留意之處。

〔註 9〕 梁啟超：《清代學術概論》（臺北，里仁出版社，2002 年），頁 321。

〔註 10〕 錢穆：《國學概論》，頁 320。

〔註 11〕 梁啟超亦曾考察亭林之學的特色，梁氏認同亭林學術的「貴創」、「博證」、「致用」意義，但也質疑亭林所標榜學術之「用」能否接濟當時社會之「用」？梁氏論其「致用」曰：「彼誠能踐其言，其終身所撰著，蓋不越此範圍；其所謂『用』者果真為有用與否，此屬別問題。要之其標『實用主義』以為鵠，務使學問與社會之關係增加密度，此實對於晚明之帖括派，清談派施一大針砭。」見《清代學術概論》，頁 15～16。

梁啓超為晚清民初治《墨》學之大家，其《墨學微》、《墨子學案》、《墨經校釋》為近代《墨》學研究的重要著作，所發明之《墨》學理論亦多有前人所未言及，梁氏自言：「我自己也將十來年隨時剳記的寫定一編名為《墨經校釋》，其間武斷失解處誠不少，然亦像有一部份可供參考」。〔註12〕梁氏解析《墨子》則特意針對當代自由主義、民主思潮、經濟改革而論說，故其聯繫《墨》學的「致用」觀照，亦頗值得注目。

章太炎早年喜歡荀、韓思想，然自《蘇報案》後則推崇老、莊之學。本文乃探討其結合道家、《韓非子》、《商君書》的以法致用、法治專制思想等，並論述其「反進化論」的要點，推敲其經由道家、佛學所闡述的虛無政治理想。

（三）以諸子學結合佛學為論說

晚清亦為近代佛學復興的重要時期，佛學自隋唐以降有衰微之勢，案梁啓超的觀點，佛學的衰微可歸究於幾個因素，一來各派衰靡，唯有禪學有所發展，比如法相宗的理論深奧，世俗弟子接受不易，故自玄奘之後，逐漸沒落；一來缺乏佛學人才，如宋代唯有延壽蔚為可觀，且部份理論為理學所援用，有識者不接觸佛學也可修習高深之哲理，故有識見者之轉向理學也造成佛學人才的缺乏。〔註13〕此外，明清時期諸多古剎、經籍的毀於兵火，也使佛學發展受到阻礙。如霍姆斯・維慈（Holmes Welch 1924～1981 A.D）認為楊文會之所以欲在南京設刻經處復興佛學，在於太平天國佔領南京期間，把屬於佛教的一切事業毀壞，《中國佛教的復興》言「當李提摩太於 1884 年問楊為什麼要重印佛教書籍時，他說『是為了補齊那些在太平天國軍亂中被毀壞的書籍』。」〔註14〕因此，兵火也成為諸多不利佛學發展的問題之一，故佛學本身派系問題、人才的缺乏、加之動蕩的戰亂，佛學與佛教於隋唐之後的衰微並非無因。

本文則以為，佛學不論在宗教上或理論上都有其獨特處，其高度的義理思想可與中國既有古學相結合，此魏晉玄學已有論證；而其教義中所闡發的

〔註12〕梁啓超：《中國近三百年學術史》（臺北，里仁出版社，2002 年），頁 325。

〔註13〕梁啓超：〈中國佛學興衰說略〉收入《梁啓超全集》（北京，北京出版社，1999 年），第七冊，頁 3730～3722。

〔註14〕霍姆斯・維慈著、王雷泉等譯：《中國佛教的復興》（上海，上海古籍出版社，2006 年），頁 19。

因果生死報應之說，也具備渲染民心、推廣良善道德的功能，此與晚清學人所強調「國教」思想、「民德」思想近切，故佛學之影響晚清學術，實有其特殊的時代意義。事實上，佛學固然具備濃厚的宗教旨趣，此為部份學者所排斥，然佛學著重思辨、哲理的學術特點則能與當代學者的理念相呼應。晚清學人本偏好對義理思想的分析，晚清所復起的今文經學、理學都具有高度的哲學理論，西方哲學的傳入更激起中西學術會通的趨勢，故由義理研究的層面而論，諸子學與佛學之聯繫，此頗有探討的價值。梁啓超說「晚清思想界有一伏流曰『佛學』。……晚清所謂新學家者，殆無一不與佛學有關係。而凡有真信仰者，率皈依文會。」〔註15〕故晚清思想家視佛學為「伏流」，以其為具備潛隱的學問，此即不輕忽佛學之哲理也。

本文乃以楊文會《南華經發隱》、德園子《道德經證》、章太炎的《齊物釋論》、《菿漢微言》、〈諸子學略說〉所涉及的義理為論述之核心。楊文會以「居士佛學」，而開創晚清佛學的盛況，對於近代佛教有承先啓後之貢獻，其《南華經發隱》則著重「以佛解莊」、「道、釋會通」的課題，楊書雖具備鮮明的佛教色彩，但又積極從道、儒思想的脈絡詮解，此也影響晚清民初的佛學思想，因此有其研究之價值意義。

德園子的《道德經解》則著重佛學之脈絡，不過其書除老學、佛學外，又能投入道教金丹修煉之術以探討《老子》，其學術企圖在於能調和三家的哲理思想與工夫方法，故有其特殊處，本文藉其道佛會通以論說。

再者，章太炎又認為道佛研究的理論方法是可一致的，他說「自莊子之說流行，不啻為研究佛法者作一階梯」，此亦可說明之。〔註16〕其《齊物論釋》則攝入華嚴、唯識理論，進而調和莊子的「本心」與「齊物」工夫。蓋章氏以為〈齊物論〉之難讀，唯藉以佛學的奧旨，才能進窺莊子的本意；而章氏頗重視諸子哲理思想高低深淺之分判，故其〈諸子學略說〉非但論說九流諸子的優略，亦藉佛法品地為界說從而審視諸子義理層次的高低，此實有對諸子學哲理分判的意義在，故本文亦闡述其會通儒、釋、道的觀點，以析辨晚清學者以佛釋莊，以佛解子的思想視野。

（四）以諸子學結合西學為論說

晚清學術能較前代而煥然一新，則西學的輸入實不可不留意。錢穆以為

〔註15〕《清代學術概論》，頁84。
〔註16〕章炳麟：《國學略說》（臺北，文史哲出版社，1987年），頁173。

晚清民初之學「以西洋之科學與民治爲趨嚮之標準。」〔註17〕蓋自鴉片戰爭以降的自強運動、戊戌變法、國民革命，民初新文化運動所標榜的「科學」、「民主」，皆可在此種西學東漸的氛圍下作檢視。蔡元培也說「近二十年間，斯賓塞爾之進化功利論，盧騷之天賦人權論，……輸入我國學界，青年社會，以新奇之嗜好歡迎之，頗若有新舊學說互相衝突之狀態。」〔註18〕蓋晚清民初學術思想之變遷，則中西學術的會通是爲顯著課題，此實需留意之。

晚清諸子學在此西學東進的趨勢下，亦有長足之進展，本文乃以諸子學結合西學爲議題，進而闡述此種中西學術合流的趨勢，並旁以探析子學受西學渲染下義理改造的意義。首先，以嚴復《莊子評點》爲線索，探索其評點、考據之意趣，並藉此釐清嚴氏如何以西方之宗教、哲理附會《莊》學，蔡元培在〈近五十年之中國哲學〉說「五十年來，介紹西洋哲學的，要推侯官嚴復爲第一。……他又治論理學、進化論兼涉社會、法律、經濟等學。嚴氏所譯的書，大約是平日間研究過的。譯的時候，又旁引別的書，或他所目見的事實，作爲案語，來證明他。」〔註19〕蓋嚴氏所涉獵甚廣，其《莊子評點》內容有屬於義理之「道」論、「氣」論，與運用道家自由、逍遙所觀察之進化、民本等社會學說，故西學理念適爲其闡釋經典所常援用，可知嚴氏之書也以會通中西思想爲旨歸，其目的在於闡述一家之言，此亦不容忽視。

再者，梁啓超《墨學微》對於西方的名理學、邏輯學觀念亦能大量擷取，梁氏本認同《墨》學之邏輯思辨爲子學中之優異者。梁氏以爲之前的學者在《墨》經難讀的情況下，或有忽略了《墨》學中屬於邏輯思辨的奧義，故梁氏乃藉西方名理學、邏輯學方法而探析，欲經由西學的思辨方法，進一步深入〈墨辨〉等論，梁氏之會通西學與《墨》學的創舉，在晚清民初亦爲先驅，其發前人所未發，故實有相當的研究價值。

劉師培的子學著作亦有中西會通之理念，此大體表現在其先秦古學源流考與對「民約」思想之論述，其通過先秦諸子與西學佐證的倫理思想，可視爲當代新學思想之重要作品之一。本文則以其《國學發微》、《周末學術史序》、《中國民約精義》、《左盦外集》所闡述之子學思想爲探索要點。蓋劉師培前

〔註17〕錢穆：《國學概論》，頁336。
〔註18〕蔡元培：《中國倫理學史》（臺北，臺灣商務印書館，1991年），頁3。
〔註19〕蔡元培：《蔡元培全集》（浙江，浙江教育出版社，1997年），第五冊，頁102
　　　～104。

期之學非但是有保存「國粹」之理趣，對於當代學術的創新亦有所啟發，其晚期思想則逐漸趨於保守，由此論，則劉氏學術創新與保守趨勢皆完備，其學術革變之面向亦可為學者所留意。

四、研究文獻之回顧

　　學界目前的晚清諸子學研究仍有諸多可補充的空間，雖然近年來有不少短篇論文問世，但在通論方面仍數少數，或者唯見於一家一派的論述。以專書而論，如蕭天石《諸子概說與書目提問》，此書對於歷來諸子家派有慎密的分類，但大概以論述諸子學之脈絡與流變為主要，而非專論清季諸子。劉仲華在 2004 年由中國人民大學出版社所出版的《清代諸子學研究》，是為近年較有系統論述清代諸子學史的專著，但劉仲華書則著重乾嘉子學發展與清人治子方法探析，於晚清子學的部份則僅有四十頁之譜，其論說或著重於清代諸子學的發展與沿革，對於諸子哲理思想的探求亦不夠深入，故仍有諸多可補充處；2010 年由廣西師範大學出版社，宋洪兵所編的《國學與近代諸子學的興起》則以輯錄晚清民初近代的諸子學資料為主，然大抵為晚清民初學者之資料與論說，而非現代研究之專書。再以單一家派的研究而言，如田富美《清代荀子學研究》則論述清一代《荀》學發展之契機，與清代《荀》學思想特色，但田氏書仍只針對《荀》學一家言，而並非是對整個清代或晚清諸子思想之通說。

　　至於與晚清的政治、社會與學術思潮相關者，在專書部份，有服部宇之吉《儒教與現代思潮》，此以東洋學者的觀點審視中國近代學術。汪榮祖《晚清變法思想論叢》，以專書論述晚清戊戌變法的理論根據、過程與成敗因素。小野川秀美《晚清政治思想研究》、以東洋學者的觀點，對晚清的戊戌變法、民主革命思想進行論析。余英時《中國文化與現代變遷》，以現代學人的觀點，論說近代中國的文化、學術思想之革變與影響。墨子刻《擺脫困境：新儒學與中國政治文化的演進》，論說晚清的政治與文化的嬗變，並探析晚清學人所面臨的儒學轉型問題。李澤厚《中國近代思想史論》，針對諸晚清學人的生平與思想，論述其學術源流與對當代思潮的影響。李約瑟著、陳立夫譯《中國古代科學思想史》，以外國學者身份，探索中國既有學術與科學的關係。芮瑪麗《同治中興》，論述清同治時期的政治思想與社會思潮。李文海《戊戌變法》，以專書論述戊戌變法的過程與成敗因素。蔣國保《晚清哲學》，論述鴉片戰爭

至民國建立前的學術思想，並以西化運動、維新運動為觀察點，檢驗正統派儒學、今文經學、國粹學派的學術延革。上述文獻所著重在於晚清思潮的流變與論說，對於晚清諸子學所觸及的諸多深層問題，仍有可補充的空間。單篇論文方面，有羅檢秋〈西學與近代諸子學的發展〉、翁美琪〈經學的衰落與諸子學向中哲史的嬗變——20 世紀初中國學術的轉型〉、梅約翰〈諸子學與論理學：中國哲學建構的基石與尺度〉、張錚〈試論清末民初的荀學研究〉等，以上單篇所承現或為論晚清諸子學的延革與發展，或為論諸子學的學術轉型，不過對於諸子義理思想則未必有進一步論述。

而觸及當代的存古、復古與新思朝，在專書方面，如羅傑・希斯克頓《保守主義的含義》、林毓生《中國傳統的創造性轉化》、鄭師渠《晚清國粹派》、艾愷《世界範圍內的反現代化思潮——論文化守成》、桑兵《清末新知識界的社會與活動》、胡逢祥《社會變革與文化傳統——中國近代文化保守主義思潮研究》、任曉蘭《張之洞與晚清文化保守主義思潮》、廖梅《汪康年：從民權論到文化保守主義》、柯文《在傳統與現代性之間：王韜與晚清革命》；單篇論文，則有丁偉志〈晚清國粹主義論述〉、羅志田〈中國文藝復興之夢：從清季的古學復興到民國的新潮〉、羅志田〈道、咸「新學」與清代學術史研究——《論中國近三百年學術史》導讀〉、李軍〈中國近現代保守主義思朝之興起與評價〉、孫之梅〈南社與國粹派學術文化運思之共性〉、俞大華〈晚清潮流中的章太炎與劉師培——交誼、學術、思想〉等篇。

以單一家派或人物思想為專論者，專書部份，如王惠榮的《陳澧思想研究》、楊正典《嚴復評傳》、張志建《嚴復學術思想研究》、陳平原《中國現代學術之建立——以章太炎、胡適之為中心》、湯志鈞《章太炎傳》、唐文權與羅福惠合著之《章太炎思想研究》、王汎森《章太炎的思想——兼論其對儒學傳統的衝擊》、姜義華《章太炎思想研究》、何成軒《章炳麟的哲學思想》、汪榮祖《康章合論》、張灝《烈士精神與批判意識——梁啓超與中國思想的過渡》、黃克武《一個被放棄的選擇——梁啓超調適思想之研究》等。但考察其中內容，則多以當代學者的學術為命題，或干涉於該學者的學術變革、儒學思想、制度理想，亦未必以晚清學者的諸子學為論述核心。

單篇論文部份，干涉於晚清學者的思想研究或諸子學研究則有一定的數量，如羅檢秋〈從魏源《老子本義》看清代學術的轉變〉、謝恩廷〈《老子本義》與魏源的社會改革思想〉、蔣先寒〈魏源經世致用思想的主要成因〉張惠

民〈海國圖志芻議〉、姜淑紅〈錢穆《中國近三百年學術史》特論陳澧之原因析論〉、謝寒楓〈論陳澧經學觀的形成〉、李緒柏〈東塾雜俎敘錄〉、胡雪岡〈讀孫詒讓《墨子閒詁》箚記〉、王建平〈馮貴芬思想研究綜述〉等篇，闡述了傳統派學者研治諸子學的態度與方法。與嚴復相關的論文，如康慶〈嚴復《莊子》評點與莊學的近代轉化〉、劉韶軍〈論嚴復《莊子》評語的學術背景與闡釋特點〉、許蘇民〈「西學哲學不出《老子》十二字」發微——論嚴復的中西哲學比較研究〉、馮傑〈中西文化會通的典型——試論嚴復的科學思想〉；與章太炎相關，如陸寶千〈章太炎之論墨學〉、謝桃坊〈國粹與國學——章太炎的學術思想與方法〉、李昱〈借學術以論政治——章太炎《訄書》（重訂本）諸子學六篇解讀〉、吳建偉〈述略章太炎老學研究的學術特點〉、楊瑪麗〈章太炎進化論倫理思想評述〉；與梁啓超相關，如黃克武〈梁啓超的學術思想——以墨子學中心之分析〉、彭樹欣〈論梁啓超的西學思想〉、楊曉明〈論梁啓超的科學精神〉、蔡靜〈論梁啓超墨學研究之目的及成就〉；相關於劉師培者，如嚴多〈鄧實、劉師培與晚清時期的國粹派〉、牛實秋〈近代中國知識份子的盧梭情節——西方思想傳播的傳統制約〉、李帆〈民族主義與國際認同之間——以劉師培的中國人種、文明西來說為例〉、陳奇〈西學與劉師培的國粹研究〉、劉文斌〈劉師培對《晏子春秋》研究的貢獻〉、侯曉〈學術對政治的超越——劉師培的儒學觀述評〉、郭院林〈保守與激進：劉師培思想歷程分析〉等。

　　學位論文的數量則較專書為眾，如林育德《梁啓超墨學研究》、張博勳《魏源〈老子本義〉研究》、蘇美文《章太炎《齊物論釋》之研究》、林靜微《魏源老子本義析論》、方俠文《梁啓超晚年（1918～1929）學術思想研究——以清代學術研究、先秦諸子研究為例》、鄭柏樟《嚴復與章太炎之道家思想研究》、蔡惠芳《析論章太炎的先秦諸子學》、黃建邦《章太炎〈齊物論釋〉莊佛會通思想之研究》、黃麗頻《嚴復道家思想研究》、陳麒元《嚴復〈評點老子〉研究》、湯浩《晚清國粹學派諸子學研究略論》、龔潔《劉師培魏晉玄學研究述論》、謝國利《梁啓超的莊子學》、陸文軍《論嚴復的莊子學》等，對於魏源、章太炎、梁啓超的《老》學、《莊》學、《墨》學、佛學皆有一番析論。

　　不過，本文則以為上述論文多數只針對一家或一人之說法，未必能全盤且系統的探討晚清思潮與晚清諸子學之間的發展沿革。總而言之，現今學界

對於晚清諸子學的研究雖有一定的成績，但仍有可補充之處，因此本文乃不揣鄙陋，期待經由一有系統有脈絡的整理與申論，爲晚清子學研究再增添一可依據的文獻，而有助益於現今的晚清學術研究。

第二節　晚清諸子學的發展與時代背景

政治與學術的發展實有密不可分的關係，二者亦相互影響，如《漢書‧藝文志》列諸子之出於王官，謂儒家的功效是「助人君順陰陽明教化者也」，道家能「歷記成敗存亡禍福古今之道」，又說守柔是「君人南面之術」，《漢書》此說雖漢人之言未必可全信，但亦爲古學與政治的淵源提供一線索。晚清的諸子學發展與時代背景有其特殊的脈絡，故作一述略。

晚清諸子學之興起，本有其特殊的條件，一者經學逐漸式微，學者已不再以宗經爲治學的鵠，故往往轉以研究其他學術，以期待學術之創新與突破；再次，復古之風興起，屬於先秦古學的諸子學也成爲被探討的對象；第三，學者重視義理思想的範疇，諸子學寄寓豐富的義理思想，因而重新被重視。大抵諸子學的道家、墨家、都有其特殊的思想價值，其中的無爲而治、守柔、天志、兼愛、利用等學說，莫不成爲學者比附新學的課題；另外，荀學在晚清之前雖不如孔、孟之學受到重視，但其中的典章、刑法、禮制則成爲學者治經之餘，探索古制的另一出路；法家的刑名法律則成爲晚清改革思想的借鑑，故也值得留意。

再由時代背景論說。清代道、咸以降，政治的腐壞致使外患、內亂不斷，外有鴉片戰爭、中法戰爭、甲午戰爭，內有白蓮教、太平天國之亂，隨之漫延的結果致使社會、經濟也漸趨惡化，連帶思想界也備受衝擊。此時洋務運動適時而起，在救國與富國思想的趨使下，學者與當權者乃嚮往技術、工藝的西化，企圖由武器的改良，以挽救國家的頹靡之勢，此亦近代中國自強國力的開始。然隨著中日甲午戰爭失利，洋務運動是否成功則遭受空前的質疑，學者乃轉而呼籲仍需由改革政體著手，故思想界在倡導經世致用之餘，又思謀變法維新、君主立憲，更激進者則闡揚排滿、革命思想。誠如梁啓超所說「因政治的劇變，釀成思想的劇變；又因思想劇變，致釀成政治的劇變。」〔註20〕故政治的治亂問題，亦成爲學術思想發展的重要關鍵。晚清學人實好言「中

〔註20〕梁啓超：《中國近三百年學術史》（臺北，里仁書局，2002 年），頁 40。

體西用」，在學術上所謂「體」，必然是指傳統思想或中國固有文化而言，但在政治上所謂「體」之強調及運用，係因不同階段的學術思想而迥異，亦緣不同社會時勢而發生變革，蓋本文乃以學術爲主軸，經洋務運動、立憲維新、民主思想等三個課題之發展而論述，析辨清末至民初「君權→君主立憲→民主」之政「體」的遞變。又，美國歷史學者墨子刻（Thomas A. Metzger）曾提出「轉化」（transformative approach）與「調適」（accommodative approach）的觀念，以爲是區分文化與政治類型的指標，本文則結合墨子刻的論點與「中體西用」在政治上的線索，進以分析思想與政治歸屬之關係，〔註21〕依三個層面論說，如下：

一、晚清諸子學的發展

先秦諸子九流之中，以儒、道、墨、法四家之學最爲顯著，儒、墨於戰國本爲顯學，道家影響法家思想，又開出先秦漢初的黃老之學，法家有商鞅、申不害提倡法、勢治國，至韓非則集先秦思想之大成，故四家皆有可觀處。本文之論說則以道、墨、法家爲主要，大抵儒家學術有其特殊定位，其中孔、孟之學已隨經學發展而有其沿革，《論語》、《孟子》於隋、唐、宋代皆已收入經學之列，因此本文不以孔、孟思想爲晚清諸子學研究之範疇。〔註22〕再者，兵家之學亦不列爲本諸子學研究之範圍，兵家之學於先秦便有其特殊的學術定位，有其獨立發展之脈絡，故學者或不以兵家爲九流諸子。從先秦至漢初的典籍來看，如《莊子・天下篇》、《荀子・非十二子篇》、司馬談〈論六家要旨〉皆不以爲兵家是爲諸子學的一環，而西漢劉向《七略》則單列「兵書」

〔註21〕墨子刻「轉化」與「調適」的議題收入在《The internal organization of Ching bureaucracy: legal, normative, and communication aspects》與《Escape from predicament: neo-Confucianism and China's evolving political culture》等書。黃克武在其著作《理學與經世——清初〈切問齋文鈔〉學術立場之分析》、《一個被放棄的選擇——梁啓超調適思想之研究》亦援用爲解釋晚清時期不同政治與思想層面的分析工具，本文亦參酌墨子刻與黃克武之論點，引以爲此學術研究探析之方法。見黃克武：《一個被放棄的選擇——梁啓超調適思想之研究》（臺北，中央研究院近代史研究所，1994年），頁5～6。

〔註22〕陸德明《經典釋文》已視《論語》爲經書，而唐代李賢注《後漢書》亦有七經之說：「七經謂詩、書、禮、樂、易、春秋及論語也。」可知《論語》收入經部隋、唐已有之。見班固：《後漢書》收入《百納本二十五史》（浙江，浙江古籍出版社，1998年），第一冊，卷65，頁4。

爲一略，不與「諸子」同類，班固《漢書‧藝文志》承襲《七略》說法亦不列兵家爲諸子之流，以爲兵家師出於古「司馬」之職，爲武備之屬，故與王官掌管文政的「司徒」、「史官」、「清廟之守」、「理官」亦不相類。章太炎在《國學略說》也說：「兵書在漢志本與諸子分列。《孫子兵法》入兵書，不入諸子。……是故當代之兵書，不得與子部並錄。」〔註23〕章太炎以爲阮孝緒〈七志〉列「子兵」是爲謬說，亦不認同兵書、軍書之類可與子學並列，按此說法，則先秦諸子學之發展或與兵學是有所區隔的，遂採信之。

俞樾《諸子平議‧序》說：「聖人之道具在六經，而周秦兩漢諸子之書，亦各有所得。雖以申韓之刻薄，莊列之怪誕，要各本其心之所獨得者。而著之書，非如後人剿竊陳言，一倡百和者也。」〔註24〕依此則肯定諸子思想與義理亦能論「道」，俞氏遍注群經、諸子，以考據爲方法，在經子互證的立場下，也認同子書能「考證經義」。梁啓超也說「晚清『先秦諸子學』之復活，實是思想解放一大關鍵。」〔註25〕故諸子學之興起，對於晚清學術的活絡是有所助益的。

諸子學之研究即有義理思想之發揮，亦能疏發古義古說的文獻價值，此多數學者大體是認同的。由近人王雲五所編《四庫全書續編提要》及嚴靈峰所輯的《老子集成》、《老子集成續編》、《莊子集成》、《莊子集成續編》、《墨子集成》、《荀子集成》等書目來看，道、咸以降，學者整理諸子典籍實有相當之成績，治《老子》、《莊子》、《墨子》、《荀子》者皆超過十家之數，質與量皆相當豐富，本文乃欲由對道、墨、法與荀學文獻的論析，述略晚清諸子學發展之概況。

（一）論晚清道家思想之沿革與脈絡

清代之道家文獻整理以《老子》、《莊子》爲主流，不過據《崇文總目》、《郡齋讀書志》、《直齋書錄解題》、《四庫全書總目》的著錄情況來看，學界對於道家研究顯然不如儒家類熱絡，清代之前大抵如此，以是《老》、《莊》之書易與道教文獻混淆故，如《四庫全書總目》云：「後世神怪之迹，多附於道家，……如《神仙傳》、《道教靈驗記》是也，……大抵多後附之文，非其

〔註23〕章炳麟：《國學略說》，頁40～41。
〔註24〕俞樾：《諸子平議‧序目》收入《新編諸子集成》（臺北，世界書局，1991年），第八冊，頁1。
〔註25〕梁啓超：《中國近三百年學術史》，頁347。

本旨，彼教自不能別，今亦無事於區分」，〔註26〕魏晉之後，道家思想有流入宗教的問題，因此學者對道家研究多採取保留態度，今按《四庫總目》，其中只收錄《老子》研究十種、存目五種，《列子》研究二種、存目一種，《莊子》研究五種、存目十三種，可知數量實非多，比之於《道藏》之收錄則略顯單薄。依明代白雲霽所撰的《道藏目錄詳註》來看，作者雖多是道士、隱者之流，然竟收錄《老子》研究六十種左右、《列子》研究六種、《莊子》研究十二種，此乃倍數於《四庫全書》之收錄可知。不過，歷代之《老子》研究仍有名家註解，如嚴遵撰有《道德指歸論》、王弼著《老子註》、司馬光著《老子道德論述要》、王安石著《老子註》、蘇轍著《道德經解》等，可知學者對於《老子》思想仍抱持相當的興趣。

　　入清後，學者對於《老子》的研究亦不廢，如清初有王夫之的《老子衍》、張爾岐《老子說略》、陳夢雷《老子紀事》、《老子雜錄》等，不過其時學者所重視為經學而非諸子學，故學者研究《老子》無非是因治經之餘興而闡述，王雲五說王船山之《老子衍》「每章注解，推衍道旨，儒學亙於胷中」，〔註27〕也說明清初即有以「老」解經的思想意趣；又如順治帝《御定道德經註》云老子：

> 其切於身心，明於倫物，世固鮮能知之也。嘗觀其告孔子曰：「爲人子者無以有已，爲人臣者無以有已。」而仲尼答曾子之問禮，每曰：「吾聞諸老聃，豈非以人能清淨無爲，則忠孝油然而生，禮樂合同而化乎！」〔註28〕

此欲把老子思想的「清淨無爲」淡化，而與儒家的禮義相結合，該說以爲君臣、父子是乃天地間之大義，這種重視倫理的觀點，或有儒學之影響可知。故順治又說老子「能切於身心，明於倫物」，此推崇人倫教化的色彩不言而喻。

　　乾嘉時期，考據學興起，學人之重視文字訓詁外，亦著重經義的疏通，故富含義理思想的諸子書便受到乾嘉學者的矚目，不過是時諸子的整理仍只停佇於輔助六經研治的階段，焦循便以爲：「經學者，以經文爲主，以百家子史、天文述算、陰陽五行、六書七音等爲之輔，匯而通之，析而辨之，求其訓故，

〔註26〕紀昀：《四庫全書總目》（臺北，漢京文化，1981年），頁777。
〔註27〕王雲五等編：《續修四庫全書提要》（臺北，臺灣商務印書館，1972年），子部，頁2121。
〔註28〕成克鞏撰、清世祖註：《御定道德經註》收入《景印文淵閣四庫全書》（臺北，臺灣商務印書館，1983年），第一千零五十五冊，頁1。

刻其制度，明其通義。」〔註29〕以「經文爲主」而「百家子史」爲之輔，故治諸子的目地不外乎是欲會通群經之義。而姚鼐也說《老子》能「好學深思，以求先王制禮之本義」，且「於禮精審，非信而好古能之乎？」〔註30〕直以爲老子之學既能發揚古學，亦能參贊禮樂了。簡而言之，則清代初中期的學者之研治子書，大體是從輔治六經的觀點來看待的。又有學者欲從樸學之意趣而析論者，如畢沅《老子道德經考異》、紀昀《老子道德經考證》、姚鼐《老子章義》、鄭環《老子本義》、王念孫《讀書雜志》等，皆能針對《老子》的文字、訓詁作發明，徐大椿《道德經註》說：「此本字義，俱考古字書諸解，擇其與本文最切確者爲訓。」〔註31〕是以欲知《老子》「養生修德」、「修己」之本義，則需經由文字訓詁入手。而盧文弨著《老子音義考證》、江有誥著《老子韻讀》等，則專以字聲古韻推敲《老子》，此時的《老》學大體可視爲考據學之羽翼。

道光、咸豐以降，學者漸重視經世致用思想，故諸子所寄寓的豐富義理又重新被發掘，此時期的《老》學研究，已非清代初中期的「佐經」態度可比擬，如宋翔鳳的《老子章義》、魏源《老子本義》、陳澧《老子注》、嚴復《評點老子道德經》等，乃直指道家之玄義，並欲經由思想的疏通而欲切合當世實務。如魏源所著《老子本義》二卷，是書以考據成篇，並援引歷代註解家之說而辨證，存河上公、王弼、傅奕、陸德明、蘇軾、呂惠卿諸說之長者，又旁證於《莊子》、《淮南子》、《列子》等道家之論，從文字訓詁之考辨入手，尋求老子無爲無欲無名樸之旨趣爲終極標的。此外，魏氏亦推崇《老子》爲一「救世」之書，稱其能從「道」的角度立說，據「禮家」與「兵家」之說而發言，在治世上能「無爲治天下」且「不期服人而人自無不從之也」，此種不干涉老百姓生活的爲政理念，不異是《老子》「無爲無欲」的意識與當代經世理念的調和。因此，魏氏乃藉由《老子本義》而呼籲無爲之治的重要，即爲政者首應平息人民生活上的「巧僞」，放寬法律刑罰的限制，而使人民得以生養修息，此論非但是要解釋《老子》，同時也是針對當時政治上種種的矛盾而疏發的。〔註32〕

〔註29〕焦循：《雕菰樓集》收入《叢書集成初編》（北京，中華書局，1985年），卷十三，頁213。

〔註30〕姚鼐：《老子章義》收入《無求備齋老子集成續編》（臺北，藝文印書館，1970年），第五輯，頁1。

〔註31〕徐大椿：《道德經註》收入《景印文淵閣四庫全書》，第一千零五十五冊，頁4。

〔註32〕魏源：《老子本義》收入《新編諸子集成》，第三冊，頁48。

　　嚴復之《評點老子道德經》則專由社會經世的觀點出發，以西學爲疏通方法，再進一步論證《老子》哲理。其以爲《老子》的自然天觀即是一種「天地任自然，無爲無造，萬物自相治理」的自然淘汰論，〔註33〕因此萬物在「天地不仁」的無爲作用下，便等同於達爾文的進化論，即物與物在層層相因下，便自然形成一種嚴密的「食物鏈」，由植物而動物，動植物間亦相互影響。再延伸之，則人類事務亦同於萬物演進的規則，《老子》所謂「聖人不仁，以百姓爲芻狗」，一切社會之發展必然也是在此自然作用下進化、淘汰，故《老子》之學實與社會學相契合，夏曾佑在《評點老子道德經・敍》也說：「吾友嚴幾道讀之，以爲其說獨與達爾文、孟德斯鳩、斯賓塞相通」，〔註34〕由《老子》哲學而觸及西方之生物學、社會學、政治學範疇，故嚴復《老子》研究確有其經世致用與西學會通之價值。

　　另《莊子》研究對於晚清子學的發展亦爲一個重要脈絡，今人崔大華說：「當中國固有的傳統文化、思想同一種外來的異質文化、思想接觸，發生觀念衝突時，寬廣深邃的莊子思想總可以浮現出某種與這種外來的異質文化，……接近的、相同的觀念或思想。」〔註35〕正因爲《莊子》思想對於其他學術能高度相容，因此如魏晉的「格義」佛學、晚明的三教會通、晚清的西學、佛學研究等，皆能藉《莊》學疏解，並進以通貫。東晉郭象之注《莊》即採「格義」的玄學意趣，其命題大抵是欲調和有與無、名教與自然、儒與道等，湯一介說：「郭象則認爲『名教』即『自然』、『山林之中』就在『廟堂之上』，眞正的『外王』必然是『內聖』，儒家與道家從根本上說是『一而二』、『二而一』了。」〔註36〕故郭象之注〈大宗師〉則說「夫理有至極，外內相冥，……故聖人常游外以冥內，無心以順有」，此欲從有、無的整齊以致名教、自然的合同，因此郭象所認同的聖人不陷溺於名教、自然的執著，也合乎儒、道所蘄求的最高理境，即內聖外王兼備的境界。

　　道、佛會通之研究也爲歷來解《莊》學者所著重，比如僧肇所撰的《肇論》雖是一佛學著作，然多有運用《莊子》理念而解釋「空」處。〈不眞空論第二〉說：「故《中觀》云『物無彼此。』而人以此爲此，以彼爲彼，彼亦以

〔註33〕嚴復：《評點老子道德經》（臺北，廣文書局，1979 年），頁 5。
〔註34〕《評點老子道德經》，頁 3。
〔註35〕崔大華：《莊學研究》（北京，人民出版社，1997 年），頁 543。
〔註36〕湯一介：《郭象與魏晉玄學》（臺北，谷風出版社，1987 年），頁 68。

此為彼，以彼為此。……故知萬物非眞，假號久矣。……園林託指馬之況。」
〔註37〕其論述《中論‧觀如來品》的「諸法實相，無有彼此」，所藉據即是《莊
子‧齊物論》「以馬喻馬之非馬」的辨證方法。故僧肇說法雖未必與〈齊物論〉
有直接的交涉，然可確定的是，其「緣起性空」之援引即《莊子》的「指」
與「非指」、「彼」與「此」二端，因此僧肇在證「空」這一環節上，固然是
以般若學為基礎，然亦有依據《莊子》的觀點可知。到了明代，馮夢禎、方
以智、釋德清則專以佛學詮解道家，蓋方以智、釋德清等人對佛理本就有高
度興趣，在此氛圍下，便進一步用佛理注釋老、莊經典。如憨山著《莊子內
篇註》、《道德經解》與《觀老莊影響論》，即說「佛老以無我為宗」，〔註38〕
認同佛道之異只在於教法的深淺，因此深究之則孔老本是「佛之化身」；而方
以智《藥地炮莊》則專以《莊》學觀點論證道佛、道儒之會通，其所謂「三
教同源」的說法，實是道、佛會通研究的延伸。

　　清初，《莊》學研究的趨向大抵與《老》學同，故學者之註解《莊子》仍
不脫離經學輔助的觀點，如宣穎說「向使以莊子之才而親炙孔子，其領悟當
不在顏子下」，〔註39〕又說「《莊子》之書與《中庸》相表裡」，〔註40〕此把莊
子視為孔門之別傳也。固然宣穎仍極力稱讚莊子係「眞仙才」、「一派天機」，
亦能論析「逍遙」之妙與「齊物」之玄理，然所留意則未能脫離儒學「克己」、
「心學」、「氣化」的環節。乾嘉以降考據學興起，《莊子》研究亦漸重視文字、
訓詁、音韻的疏通，如王念孫《讀書雜誌》便列有三十五條，是書雖不是對
全篇作註疏，但多有精湛之見解，亦為之後治《莊》者所重視。

　　到了晚清，治《莊》者除能承襲考據學之運用，又能擷取六朝玄學「格
義」的方法，或調和佛理，或融會儒學，甚至加入西學的意趣。治《莊》有
可觀者，如王先謙《莊子集解》、俞樾《莊子平議》、楊文會《南華經發隱》、
郭慶藩《莊子集釋》、章太炎《齊物論釋》等。其中王先謙《莊子集解》由考
據著手，彙整歷來的《莊子》版本，對古本《莊子》與郭注、成疏、陸釋及
各家注解進行疏通，其所謂「輒芟取眾長，間下己意」是也，又欲由文字訓
詁而貫通《莊子》思想，因此王氏之作實有文獻與義理上的價值，對晚清《莊

〔註37〕僧肇：《肇論》收入《大正新修大藏經》（臺北，新文豐出版社，1987年），第
　　　　四十五冊，頁152。
〔註38〕釋德清：《道德經解》（臺北，新文豐出版社，1973年），頁45。
〔註39〕宣穎：《莊子南華經解》（臺北，廣文出版社，1978年），頁2。
〔註40〕《莊子南華經解》，頁4。

子》的研究頗具貢獻。俞樾《諸子平議》也是從文字訓詁的淵藪探究《莊子》，其自言「諸子之書，文詞奧衍，且多古文假借字，注家不能盡通。……樾治經之暇，旁及諸子，不揣鄙陋，用《群經平議》之例，爲《諸子平議》。」〔註41〕此以爲諸子古學本有艱深難懂的問題，蓋文字古奧多假借字，歷來註家未必能曲盡其意，因此俞氏便以治經之方法治諸子，此實乾嘉考據學之餘韻，故俞曲園之評議《莊子》，亦具備文字考據之學術理趣也。

　　楊文會《南華經發隱》則因循明代釋德清、方以智的方法，通過「以佛解《莊》」調和道、釋二家，專由大乘佛學論說，進而泯除《莊》書與佛經的界域，故楊氏著作也代表晚清子學研究的一大創舉，在楊氏之後，如譚嗣同《仁學》、章太炎《齊物釋論》皆受其影響。

　　章太炎的《齊物論釋》亦藉《莊子》伸張佛學，梁啟超說：「章太炎的《齊物論釋》，是他生平極用心的著作，專引佛家法相宗學說比附莊旨，可謂石破天驚。」〔註42〕由「以佛釋《莊》」方法而開展，蓋章氏對《莊子》的詮釋並不出法相、華嚴的宗旨，可知其之運用，是有融會釋、道二家之企圖的。而相對來說，章氏也是藉佛學而提倡道家的「齊物」思想、「自由」主義，其大旨在析辨道家哲言，然又間接的闡述當代時弊，故其說「自由平等見於佛經；『自由』在佛經稱爲『自在』。莊子發明自由平等之義，在〈逍遙遊〉與〈齊物論〉二篇。」〔註43〕此實把《莊子》的地位等同於佛經，故「逍遙」、「齊物」之義自然能由佛學的「自由平等」消化，此與章氏在清末明初提倡的自由思想、民族主義是相呼籲的，亦是「經世致用」思想之論證。

　　總上而論，晚清學者的道家研究，有數點可留意。一是保持乾嘉考據學以來的研究方法，其中文字考辨精詳、訓詁愼密，有相當的可信度；二是欲經由道家思想而尋求經世濟民之妙要，此係當時「經世致用」理念之影響。三是尋求道家與佛學、西學的連繫，此也反映當時學術多元的風氣，而開出道家思想另一面貌。總之，晚清《莊子》研究頗有其深度，故通過對上述王先謙、楊文會、章太炎思想之探析，大抵能夠釐清是時《莊》學發展的意趣。

（二）論晚清墨學之興起及影響

　　墨學在先秦本爲顯學，後雖有式微情況，然當時之顯榮可謂與儒學不相

〔註41〕俞樾：《諸子平議》收入《新編諸子集成》，第八冊，頁1。
〔註42〕梁啟超：《中國近三百年學術史》，頁327～328。
〔註43〕章炳麟：《國學概說》（臺北，五洲出版社，1976年），頁53。

上下，如《韓非子·顯學篇》說：「世之顯學，儒、墨也。儒之所至，孔丘也：墨之所至，墨翟也。」〔註44〕韓非所列之戰國顯學，則儒、墨並舉，而孔、墨的門徒也形成對立情況，故墨學之發展不可不重視。歷來學者對於墨學實有褒有貶，如《莊子·天下篇》以爲兼愛、節用「爲之大過，已而大循」有過份之嫌，而「生不歌，死不服」對活著、死去的人毫無感情，因此批評其學「不可以爲聖人之道」，以是會違反天下人的心願，勞累眾人而使「天下不堪」。不過，莊子在論其缺失外，也稱贊其學「不侈於後世，不靡於萬物，不暉於數度，以繩墨自己」，〔註45〕認同墨子的勤苦律己爲賢，以爲墨子欲「眞天下之好者」，眞當代之「才士也夫」。因此，《莊子》雖不贊同其學，但對於墨子的人格與才能大抵是推崇的。

　　然而，漢代之後，儒學定於一尊，墨學則幾乎不傳，追究其衰敗的原因，一來墨學過於嚴刻難以實行，〈太史公自序〉云：「墨者儉而難遵，是以其事不可遍循」，〔註46〕以爲墨者尚儉，故行舉難以依循，顯然視墨學之不傳，是過於刻苦之故。章太炎亦以爲墨家法度「無樂則無舞，無舞則薾弱；多疾疫不能處，憔顇將使苦身勞形」，墨者視繁重的舞樂對社會發展是沉重負擔，也是肉食者剝削人民的證據，因此排斥之。然而從反方面來說，無舞無樂便不能娛樂人民，且過度追求勞動的結果則導致「憔顇」，因此「鉅子之傳，至秦漢間而斬，非其道不逮申韓商慎，惟不自爲計，故距之百年而墮。」〔註47〕可知墨學之失傳是其來有自，在尋求「彊本節用」的功效下，不自利而以天下功利爲利，致使「儉而難尊」、「苦身勞形」，因此追隨者在無法作到「損己而益所爲」的情況之下，能傳墨學者也就逐漸減少，到漢代則幾乎消亡了。〔註48〕二來，《墨子》的文字難懂，語意艱深，且內容博雜，非專門學者不能釐清其面目。清末學者黃紹箕以爲：

〔註44〕韓非著、王先慎集解：《韓非子集解》收入《新編諸子集成》，第五冊，頁351。

〔註45〕王先謙：《莊子集解》收入《新編諸子集成》，第四冊，頁217。

〔註46〕司馬遷：《史記》收入《百納本二十五史》，頁294。

〔註47〕章炳麟：《訄書》（臺北，世界書局，1987年），頁4。

〔註48〕案孫詒讓《墨子閒詁·附錄》統計，《漢書·藝文志》仍著錄漢代所存之《墨》學典籍六種，即《尹佚》二篇、《田俅子》三篇、《我子》一篇、《隨巢子》六篇、《胡非子》三篇、《墨子》七十一篇，共八十六篇；而南朝梁阮孝緒《七錄》則存四種，即《墨子》十五卷、目一卷，《隨巢子》一卷、《胡非子》一卷、《田俅子》一卷，共爲四帙一十九卷。見《墨子閒詁·墨子後語下》收入《新編諸子集成》，第六冊，頁64～66。

墨書多引古書古事，或出孔子刪修之外，其難通一也；奇字之古文，
旁行之異讀，譌亂迻竄，自漢以來，殆已不免。加以誦習者稀，楮
槧俗書，重貤性謬，無從理董，其難通二也；文體繁變，有專家習
用之詞，有雅訓簡質之語，有名家奧衍之恉，有兵法藝術隱曲之文，
其難通三也。〔註49〕

所謂難者有三，一爲典籍中的事蹟無法加以辨認，造成研讀的困難。二爲古
文奇字過多，造成閱讀之難。三爲專門術語辨識之難。首先，《墨子》雖載記
了相當多的事蹟，但考證于五經、《史記》紀載，確多有不能合同者，且墨子
喜好夏政，言必稱善禹事，〈尚賢上〉言「禹舉益於陰方之中，授之政，九州
成」，但夏代離東周少說有近千年之久，故《墨》書所論禹之事大抵皆未能考
究。又如墨者喜歡非儒，甚至文中有毀謗孔子處，〈非儒下〉記孔子困於陳蔡
之間飢不擇食，竟批評孔子是「汙邪詐僞」；又記孔子非議舜與周公之事，但
考之信史，則《墨子》所載之眞僞顯然也是可議的，如良莠不辨而趨於毀譽，
顯然也只是意氣之言。再次，墨學盛於戰國時期，然戰國由多個大國與小國
組成，各地域的文字也不盡相同，墨家分爲多派散居各地，因此奇字與古字
之難解也是形成《墨》書難讀的原因。而墨學專有之術語艱深難懂，也是難
讀的一大問題，梁啓超說「古書中之最難讀而最有趣者，莫如《墨子》之〈經
上〉、〈經下〉、〈經說上〉、〈經說下〉、〈大取〉、〈小取〉六篇，……〈大取〉、
〈小取〉兩篇是講倫理學的應用，……〈經上〉很像幾何學書的『界說』，〈經
下〉很像幾何學書的『定理』。」〔註50〕這種涉及墨學的「倫理學」、「幾何學」
專有知識，本非他家學者可輕易辨識，且其中又遷涉「名學」、「兵學」、「算
學」、「光學」的範疇，如不深闇其淵源，必然是不能理出一脈絡的。因此，
在上述三個難處無法處理之下，墨學漸衰，一來流傳者寡少，一來典籍趨於
亡佚，故研究者也必然逐漸少數。從漢代到清代的圖書目錄來看，其典籍多
已湮滅不傳，直到晉代才有魯勝的六篇「墨辨」注，但也亡佚，可知墨學之
衰敗除歸究行舉難以實現外，其文獻亡佚問題之嚴重，也是墨學難以流傳的
主因了。

　　此外，在儒學爲主流學術之情況下，《墨》學研究也成了離經判道的異類。
早於戰國時期，孟子已有「墨氏兼愛是無父」的說法，這種批評《墨》學的

〔註49〕見《墨子閒詁·附錄》收入《新編諸子集成》，第六冊，頁75。
〔註50〕梁啓超：《墨子學案》（臺北，新文豐出版社，1975年），頁78～79。

言論，到後世仍有深遠影響，胡適在〈翁方綱與墨子〉一文說：「現在大家喜歡談墨子，……但墨子的研究在一百多年前還是一件得罪名教的事；那時候研究墨學的人還算是『名教之罪人』，有褫革衣頂的危險。」〔註51〕清代以儒學為尊，儒學亦是教化之所繫，故在其時，凡陽貨、墨翟之論皆屬異教，如贊同其說者便同非議儒學，是必須受罰的。總之，在當時文網嚴密之趨勢下，《墨子》被視為禁書一類，學者大多不便深入研究。曾經研治者，或轉而低調，或被查禁革職，如翁方綱〈書墨子〉一篇言：

> 今之學者讀《孟子》，而尚治《墨子》之書，其自外于聖人之徒，又無疑也。……近日江南有翰林孫星衍者，鋟梓《墨子》之書；予舊嘗見其書，而不欲有其刻本也。有生員汪中者，則公然為《墨子》撰序，自言能治《墨子》，且敢言孟子之言兼愛無父為誣墨子。此則名教之罪人，又無疑也。……今見汪中治《墨子》之言，則當時褫革其生員衣頂，固法所宜矣。〔註52〕

孫星衍不刻書出版，乃畏於執政者查禁；汪中則因曾經公然贊同墨子、批評孟子被褫奪生員，而學者中敢於研治且出書者，唯有曾任一品陝西巡撫的畢沅，故俞樾才說「國朝鎮洋畢氏，始為之注」，直以為畢氏係清代治《墨子》的濫觴了。總之，翁方綱此說實鑿清乾嘉《墨》學何以不傳之原由，也表明盧文弨、孫星衍、翁方綱、汪中等儒雖能註解《墨子》，然不敢公然刻書出版的公案。

　　再由歷代的圖書目錄來看，註解與研究《墨子》者皆屬少數，案《崇文總目》、《直齋書錄解題》之著錄，唯有收入《墨子》一書但無評註，《四庫全書總目》則列《墨子》入雜家類，與《尹文子》、《呂氏春秋》、《人物志》同列，可見之不重視至此；而《續修四庫全書》亦只著錄孫詒讓《墨子閒詁》十五卷。今人嚴靈峰所編之《無求備齋墨子集成》最為整齊，收入多為歷代之孤本或秘本，其中收漢人著作一種、唐人著作二種、元人著作一種、明人著作十種，大抵可補足《四庫全書》、《續修四庫全書》在著錄上的遺缺。另2002年由北京圖書館所出版的《墨子大全》，則收錄明清《墨子》版本三十五種之多，民國之後的研究著作一百七十五種之多，對於《墨子》研究亦有相

〔註51〕胡適：《胡適文存》（臺北，遠東出版社，1979年），第三集，頁598。
〔註52〕翁方綱：《復初齋文集》收入《近代中國史料叢刊》（臺北，文海出版社，1966年），第四十三輯，四百三十一冊，卷十五，頁619～620。

當的意義。清代以降，《墨子》研究逐漸受到重視，從《無求備齋墨子集成》所輯入的情況來看，收入清初著作三種，乾嘉時期六種、晚清著作十九種，《墨子大全》則收入清初至清末民初著作近三十種，故清代《墨》學著作之數量已多出前代甚多。

　　清人註解《墨子》之始，應可歸於清初傅山之撰〈墨子大取篇釋〉，馬驌論墨家源流的〈墨子與墨者〉則接續在後，不過二篇都只限於片面的論述，對《墨子》其書與其學並沒有全面的探索，故未能造成影響。梁任公撰《中國近三百年學術史》則以為，清代《墨》學之盛起應可究尋於乾嘉時期，曰：

> 乾隆四十一、二年間，汪容甫最初治此學，又校本及《表微》一卷，今不傳。而盧抱經、孫淵如、畢秋帆同時治之。秋帆集其成，為《墨子注》十六卷，以乾隆四十八年成，今《經訓堂叢書》本是也。〔註53〕

梁氏未能見清初之著作，或以為汪中是清代治《墨子》的開端，而乾嘉之後文字訓詁尋求精密，對《墨子》的文字詞義研究是有所助益的。畢沅、盧文弨、孫星衍稍後治之，雖只有畢沅之書傳世，但已可說明是時學者對《墨》學的重視已非前代可比擬。晚清之時，治《墨》風氣趨盛，其中孫詒讓《墨子閒詁》集歷來治《墨子》之大成，故俞曲園說他「乃集諸說之大成，著《墨子閒詁》，凡諸家之說，是者從之，非者正之，闕略者補之。……盡還舊觀，訛奪之處，咸秩無紊。蓋自有《墨子》以來，未有此書也。」〔註54〕孫氏以考據為研治方法，釐清訛誤，審訂亡佚的篇章，大抵能疏通《墨子》難讀的文字，其〈附錄〉一卷收錄《墨》學的佚文、書目等，〈墨子後語〉二卷則整理墨子的傳略、年表、後學流衍，故是書的成就實非之前的著述可比擬，梁啟超也說《墨子閒詁》能據以善本，又兼考據之長，已超越畢沅、蘇時學，而辨偽的工夫甚至「遠出諸家之上了」。〔註55〕孫詒讓之《墨子閒詁》以考據成書，其研治《墨子》的態度也影響之後學者甚深，如王景曦之《墨商》對《墨子閒詁》便進行改訂、校勘的工作，對畢沅說法亦有詳細的考辨。

　　而于鬯《墨子校書》、王闓運《墨子注》、《平校墨子》，吳汝綸《點勘墨子讀本》則精深於注解、搜輯、補正的工夫，亦頗有義理上的創見；陳澧的

〔註53〕梁啟超：《中國近三百年學術史》，頁322。
〔註54〕孫詒讓：《墨子閒詁》收入《新編諸子集成》，第六冊，頁2。
〔註55〕梁啟超：《中國近三百年學術史》，頁323。

〈諸子書〉則以三千字左右論《墨子》思想，對墨家源流亦有新解，如說遊俠出於墨徒，此實陳澧「戰國時俠烈之風」為濫觴，而陳氏的著眼點即是墨家「以死為能」、「剖心摩頂」的意氣，可知其說法有據且考辨是頗具價值的。〔註56〕

　　晚清《墨》學又有結合西學，闡發「經世致用」議題之特色，如鄒伯奇《學計一得》便積極會通《墨》學與西洋算學之精要，以為「《墨子》俱西洋數學也。西人精于制器，其所恃以為巧者，數學之外有重學、視學。」此誠把墨經架構下的機械法則，等同西方科學所涉及的數學、力學、光學，因此又說「《墨子・經說下》：『招負衡木』一段，升重法也；『兩輪高』一段，轉重法也」，「衡木」之說實為今物理學之槓桿原理，依衡木與支點接觸的長短位置，便能夠達到省力的作功；「兩輪高」與今之齒輪原理相關，運用大輪軸多功省力（轉速慢省力），小輪軸省功而費力的原則，則在運輸上便可達到事半功倍的效果。木與輪可說是現代基礎力學常使用的工具，於《墨子》撰著的時代前人即已發現可謂創舉，故鄒氏才認為《墨學》所論說的「重法」，是為西洋力學之前驅可知。另梁啓超的《墨學微》、《墨經校釋》、《墨子學案》三書，則重視《墨》學與西方知識論、倫理學、邏輯學、經濟學、社會學的連繫，梁氏曾舉出墨子的「兼以易別」與重「實利」是乃共產思想的雛型，其云：「墨子以為：『凡奢侈的人，便是侵害別人的生存權。』所以加他個罪名，說是：『暴奪人衣食之財。』近代馬克思一派，說：『資本家的享用，都是從掠奪而來。』這種立論根據，和兩千年前的墨子正同。」〔註57〕所謂「兼」即不承認私有，「別」則是承認私有，故梁氏認為墨子從「兼愛」為出發點，所欲建立的「共有共享」制度，是與馬克思理念中的平等社會同理。

　　總的來說，《墨子》思想的價值是多元的，如其「兼愛」凸顯自由平等的倫理觀，「非攻」反映了春秋亂世爭伐的問題，而「尚同」、「尚賢」則體現親士、尊長的政治觀，「尚利」思想則蘊涵經世濟民與社會均富的意趣。此外，屬於《墨經》部份實富含諸多邏輯與思辨的課題，且算學與工藝之論述亦發達，可謂是先秦時期重要的科學研究典籍。據梁啓超之探索，蓋〈墨經〉諸篇的理論思辨已相當接近今日邏輯學的方法，如處理了「同異」、「堅白」、「名謂」的問題，凸顯了對「類」、「全類」、「個體」之分析，與名家的名實之辨

〔註56〕陳澧：《東塾讀書記》（臺北，臺灣商務印書館，1997年），頁201。
〔註57〕梁啓超：《墨子學案》，頁30。

可視爲中國古代邏輯學之雙璧。〔註 58〕而在算學與工藝方面，其觀點在兩千餘年前可說非常先進，如《韓非子・外儲說左上》也提到：「墨子爲木鳶，三年而成，⋯⋯弟子曰：『先生之巧，至能使木鳶飛。』」〔註 59〕木鳶是木造的鳥一類，經墨子的巧手便可飛行，從工藝的角度來看，在當時竟能出現人造飛行物，雖是具體而微，但也代表墨子對力學、動學有高度的認知。晚清學者黃紹箕以爲：「今觀其書，務崇儉約，又多名家及兵技巧家言，〈明鬼〉、〈非命〉，往復以申福善禍暴之義，與佛氏果報之說同，〈經上〉以下四篇，兼及幾何算學、光學、重學，則又今泰西之所以利民用而致富強者也。」〔註 60〕以爲墨經嘗被西洋科學所利用，而〈明鬼〉、〈非命〉則與佛教相關，黃氏此說竟然以爲《墨子》是西方致富之源，該說雖仍需進一步考察，然《墨》學與晚清學術的互動密切則是明確的。

（三）論晚清《荀》學之發展

《荀》學於晚清亦有發展，不過並不違離「正統派」的思想脈絡。《荀》學於清代中葉之前，本有衰微現象，自乾嘉以來，《荀子》研究專著漸多，學者投入考據方法治諸子，大抵能留意其名物訓解，遂使風氣一變。晚清之後，俞樾、王先謙、劉師培等正統派學者兼治《荀》學，其理論思想實與儒學的禮思想、典章制度相表裡，故有其思想價值。

荀子在漢代有重要的學術地位，在漢代被視爲先秦大儒，與孟子皆被視爲孔門的代表，如《漢書・儒林傳》云：「仲尼既沒，七十子之徒散遊諸侯，⋯⋯天下並爭於戰國，儒術既黜焉，然齊魯之間學者猶弗廢，至於威、宣之際，孟子、孫卿之列咸遵夫子之業而潤色之，以學顯於當世。」〔註 61〕戰國群雄並起後，天下紛爭不斷，在學術上也呈現百家爭鳴的現象，是時儒學雖因他家競爭稍有式微，但藉著孟、荀之傳，大抵能流傳不墜。漢興後，荀子傳經有功，乃爲諸經師所本，《經學歷史》嘗考察其沿革：「惟荀卿傳經之功甚

〔註 58〕 學者以「類」、「全類」、「個體」、「名」的稱謂分析《墨》學與名學之邏輯概念，如勞思光曰：「『性質』可視爲一『概念』，可視爲一『理念』，亦可依邏輯意義視爲一『類』。」可知《墨》學此部份已接近今日人文科學所討論的知識問題、邏輯問題。見勞思光：《新編中國哲學史》（臺北，三民書局，1999年），第一冊，頁 306～327。

〔註 59〕 韓非著、王先慎集解：《韓非子集解》收入《新編諸子集成》，第五冊，頁 199。

〔註 60〕 《墨子閒詁・墨子後語下》收入《新編諸子集成》，第六冊，頁 74。

〔註 61〕 班固：《漢書》收入《百納本二十五史》，第一冊，頁 559。

鉅。……荀子能傳《易》、《詩》、《禮》、《樂》、《春秋》，漢初傳其學者極盛。」
〔註62〕以爲《毛詩》爲荀子所傳，《魯詩》出於申培公亦荀子所傳，《左氏春
秋》一脈亦淵源於荀子，二戴之《禮》義又多出於《荀》書，而荀子亦通《易》
理，誠然是爲一代宗師可知。《漢書・刑法志》也說：

> 春秋之後，滅弱吞小，並爲戰國，稍增講武之禮，以爲戲樂，用相
> 夸視。而秦更名角抵，先王之禮沒於淫樂中矣。雄桀之士因勢輔時，
> 作爲權詐以相傾覆，吳有孫武，齊有孫臏，魏有吳起，秦有商鞅，……
> 齊愍以技擊彊，魏惠以武卒奮，秦昭以銳士勝，世方爭於功利，而
> 馳說者以孫、吳爲宗，時唯孫卿明於王道。〔註63〕

視荀子爲傳經之大儒，並認同其在孔門有傳授禮樂、正名典刑之功，並能抵
排墨翟、商鞅、楊朱等異端者，可知荀子在漢代有崇高的學術地位。漢末三
國時人崔琰嘗援引荀子的教化遊說袁紹：「昔孫卿有言：『士不素教，甲兵不
利，雖湯武不能以戰勝』。」〔註64〕崔琰爲鄭玄後學，善論語、韓詩，其論點
大抵可代表漢末學人對《荀》學的一個觀照；而梁朝的沈約著《宋書》亦有
「綴孫卿之辭，以述刑法」的觀點，六朝玄學流行，儒學沉闇，由此可見荀
子在禮典刑法上的成就，仍爲學者所重視。隋唐之際，楊倞以全文疏註的方
式著《荀子註》成爲明清之前最重要的《荀子》注疏，其說：「今之學者，得
孫卿之遺言餘教，足以爲天下法式表儀；所存者神，所過者化。……其知至
明，循道正行，足以爲紀綱，烏呼賢哉，宜爲帝王。」〔註65〕此推崇《荀子》
「法式表儀」甚至到神化的地步，故知荀子以經術而名家，其在聲勢上實不
可小覷。但到了宋代，理學興起，荀子雖在宋元豐年間入文宣王廟陪祀，但
地位反不如典籍被列入群經的孟子，此係部份學者批判荀子之「性惡」非純
儒說法。故朱子雖認同荀子在禮樂上的識見，但也指責荀子以「氣質」說性
惡，是「論氣不論性」之偏執了。〔註66〕到了明代世宗嘉靖九年，荀子被廢

〔註62〕 皮錫瑞：《經學歷史》（臺北，藝文印書館，2004年），頁44～45。
〔註63〕 《漢書》收入《百納本二十五史》，第一冊，頁357。
〔註64〕 陳壽：《三國志》收入《百納本二十五史》，第一冊，卷十二，頁1061。
〔註65〕 楊倞：《荀子註》收入《景印文淵閣四庫全書》，子部，第六百九十五冊，卷
二十，頁25。
〔註66〕 朱子言：「程子謂：『論性不論氣，不備；論氣不論性，不明；二之則不是。』
孟子只論性，不論氣，但不全備。論性不論氣，這性說不盡；論氣不論性，
性之本領處又不透徹。荀、揚、韓諸人雖是論性，其實只說得氣。荀子只見
得不好人底性，便說做惡。」以爲荀子、揚雄、韓愈等儒只單以氣質說性，

除在文廟的祭祀之列，《明史·禮志》載：「至從祀之賢，不可不考其得失。申黨即申棖，釐去其一。……荀況、戴聖、劉向、賈逵、馬融、何休弼、杜預、吳澄罷祀。」〔註67〕是時理學爲官學，而心學亦漸顯著，故有別於孟子的《荀》學，即被視爲儒學的歧出，甚至連鄉賢祠都罷其祀，是知《荀》學于明代可謂黯闇。

　　入清後，官方重視理學一系，亦不重視《荀》學，大抵是針對其「性惡」、「法後王」、「非十二子」等論而加以貶斥，故《四庫全書》編撰之際，列《荀子》入子部儒家類而不入經部，且只收錄唐代楊倞所分易的《荀子》二十卷，此外並無任何相關論著。不過，如以《荀子》所涉及內容而論，關於《禮》學與典制的發明甚多，實可與漢學相表裡，故清儒相當重視。如梁啓超說：「荀子與孟子同爲儒家兩大師，唐以前率皆並稱，至宋儒將《孟子》提升爲經，而《荀子》以異端見斥，其書黯昧了七、八百年了。乾隆間，汪容甫著《荀卿子通論》、《荀卿子年表》，於是《荀子》書復活，漸成爲清代顯學。」〔註68〕《荀子》書至乾嘉時期才重新受到學界重視。一方面理學雖名列爲官學的地位，但聲勢未必如前，另一方面《荀子》與漢學的交涉甚多，學者在經子可互證的原則下，逐漸重視《荀》學。是時考據學爲主流，學者治《荀子》也積極投入訓詁考證的方法，如《清史稿》說盧文弨：「所校《逸周書》、《孟子音義》、《荀子》、《呂氏春秋》、《賈誼新書》、《韓詩外傳》，……《經典釋文》諸善本，鏤板惠學者。」〔註69〕盧氏整理諸子書時也極重視《荀子》文獻，大抵《荀子》書經清儒輯校訓詁，已較前代更爲精密，漸能擺脫儒學歧出的地位。事實上，乾嘉學者循古經以考禮、證禮的風氣，也使得《荀》學重新受到重視，如《小戴禮記》、《大戴禮記》及漢儒說禮的內容，皆能與《荀子》之書相表裡。

　　乾嘉學者爲《荀子》疏發者，如汪中撰《荀卿子通論》、《荀卿子年表》、謝墉《荀子箋釋》、劉台拱《荀子補注》、王念孫《荀子雜志》、郝懿行《荀子補注》等，《荀》學于乾嘉時期遂有一翻新氣象，而《四庫全書總目》雖不大

而荀子之落入「性惡」說，則是不能見人氣質善之一面。見朱熹：《朱子語類·性理一》收入《朱子全書》（上海，上海古籍出版社，2002年），第十四冊，卷四，頁209。

〔註67〕張廷玉等：《明史》收入《百納本二十五史》，第八冊，卷五十，頁130～131。

〔註68〕《中國近三百年學術史》，頁321。

〔註69〕趙爾巽等：《清史稿》收入《百納本二十五史》，第十冊，頁1512。

量收錄《荀子》注疏本，但也不否認荀子爲儒學正統的看法，云：「卿之學，源出孔門，在諸子之中最爲近正，是其所長」，〔註70〕視之爲孔門正傳，主要係荀子乃能「明周孔之教，崇禮而勤學」，並不抹煞其推崇《禮》學與傳諸經之功，故歷來爲學者所垢病的「以善爲僞」、「以惡爲性」，紀昀也循楊倞的注解，從字義訓詁上，辨「僞」爲「人爲」，說明荀子的「性惡」是「崇禮」、「勤學」作用下的推論，而並非是針對「人性本惡」所疏發；但紀昀也客觀指出其缺失，以爲「主持太甚，詞義或至於過當，是其所短」，也就是荀書確有用詞嚴刻，且議論太過的缺失，以致非議子思、孟子造成意氣之爭。《四庫全書總目》的評議優缺大抵是公允的，其識見亦可作爲當時部份學者的態度。

至於晚清以降，《荀》學的發展有幾點特色，一是循乾嘉考據學方法以解詁《荀子》，此殆前期學術之餘風，亦是清代《荀》學研究成績之匯總。如俞樾的《荀子平議》四卷，以考據爲方法，善於字詞的糾謬，能在音義上指出楊倞、王氏注的缺失。又如王先謙之《荀子集解》，盡搜前人說法，反覆考辨而趨於嚴密，梁啓超謂：「王益吾著《荀子集解》二十卷，自楊倞至清儒諸家說網羅無遺，而間下己意，亦多善解。」〔註71〕故王氏書總楊倞以來的注解，較前人更爲之精湛，胡適也說：「《荀子》注以王先謙《荀子集成》爲最佳。」〔註72〕大抵也認同王書的嚴謹，今人劉仲華《清代諸子學研究》則以爲其書：「以唐代楊倞注本爲底本，廣泛採用影鈔大字宋本、元刻《纂圖互注》本、明代虞氏王氏合校本、明代世德堂本，⋯⋯又匯輯各種史志著錄以及各家序文、考證，作〈考證〉上下。」〔註73〕說明王書能搜集明清逸本，並著錄相關著作的序文、考證等，其論述之全備則前代所未嘗有；二是能以客觀的考辨爲荀子學說正名。《荀子》一書思想頗豐，所言之禮論、政治、教育制度往往能與經學相補充，如〈勸學〉、〈禮論〉、〈樂論〉、〈富國〉等篇，對清代的經學研究實造成影響，於晚清的經世致用發展亦有所益補，謝墉言「愚竊嘗讀其全書，而知荀子之學之醇正，文之博達，自四子而下，洵足冠冕群儒，非一切名法諸家所可同類共觀也。」〔註74〕此把荀子與名、法家作一區隔，

〔註70〕《四庫全書總目》，頁487。
〔註71〕《中國近三百年學術史》，頁322。
〔註72〕《中國哲學史大綱》，頁222。
〔註73〕劉仲華：《清代諸子學研究》（北京，中國人民大學出版社，2004年），頁304。
〔註74〕謝墉：《荀子箋釋》收入《無求備齋荀子集成》（臺北，成文書局，1977年），第十六冊，頁4。

以爲荀子識見博達，實俗學未能干涉，考其〈非十二子〉乃釐清道術、維護儒學，非醇儒則不能言。然該學對於典章的制定實太過理想，且維護君權又太超過，錢穆說先秦諸子制度之優劣言：

> 諸子之興原在儒，王官失職而私學繼起，今韓非則欲統私學於一尊，復古人政教師官合一之制，此則承荀卿之意。……荀、韓之論，近於柏拉圖之理想國，而無以制獨夫之權。〔註75〕

可知學者對於《荀子》並非全然接受，反能由客觀的批評以體現其「政教師官」的過失。蓋荀子之時周代典制的規模已幾近盡失，禮制亦漸趨崩毀，所強調尊王禮法爲治者，則易走入強橫的獨裁統治。〔註76〕此殆韓非「以法爲治」、「以吏爲師」，強調君人「威」、「勢」的之弊端也。

再從著作的情況來看，清初至清末的《荀子》論著實多於前代的總和，此亦清代《荀》學的一大成績。如《崇文總目》只收錄《荀子》二十卷、《荀卿子》十二卷，然二種大抵是前後版本的差異；而《四庫全書》唯著錄《荀子》一書，此殆楊倞的古注本也。然乾嘉之後，《荀子》相關典籍出版漸多，如《無求備齋荀子集解》所收錄的清人著述便有二十二種，其中全篇註解有三種，節本有五種，札記有十一種，雜著則三種，如再加上清末民初的作品則超過四十種，數量之多已不下於當代《老》、《莊》之論著，故從此論，若謂清代爲《荀》學復興時期亦無不可，大抵始盛於乾嘉，集大成於晚清，而民初學人又襲其風氣而結合新學，如胡適《中國哲學史大綱》對《荀》學名學與知識論有所發微，陶師承《荀子研究》也積極聯繫西學的教育思想，其觀點之創新也爲民國之後的《荀》學研究擴展一途徑。

（四）論晚清法家思想之發展

法家在清代之繼起則四典籍爲代表，《韓非子》、《管子》、《商君書》、《慎子》也。其中《韓非子》存二十卷五十五篇，其亡佚部份最少，內容堪稱爲完備，《管子》雖存二十四卷，清儒亦頗重視，但大抵已被考證成僞書。《慎子》則僅存一卷，內容雖仍有五篇，但與《漢書・藝文志》所著錄的四十二篇、《崇

〔註75〕錢穆：《國學概論》，頁61。
〔註76〕案《荀子・勸學》言：「禮者，法之大分，類之綱紀也。」蓋荀子以「禮」爲「法」之本可知，且二者大抵爲同一類屬。但在戰國之末，周「禮」實已名存實亡，諸侯或有根本不信「禮」可作爲，雖荀子仍倡導禮學，故其後學大抵欲有轉以法治而替代「禮」者，此亦李斯、《韓非子》理論之所由也。見《荀子集解》收入《新編諸子集成》，第二冊，卷一，頁7。

文總目》的三十七篇已有很大出入，且其中「文多刪削，又非陳振孫之所見，蓋明人捃拾殘剩，重爲編次」，〔註77〕殘卷大抵爲明人所拾補，而《四庫全書》收入子部雜家而不收入法家，可知其內容已屬不純；今本《商君書》則保留五卷共二十四篇，不過書目則存二十六篇，比照於《漢書‧藝文志》書目的二十九篇，則是書亦有亡佚情況，乾嘉五十八年嚴萬里撰《商君書新校》也說「舊刻多舛，誤不可讀，余參稽眾本，又旁搜群籍，勘正其紕繆，而疑不可考者。」〔註78〕從《四庫全書》所著錄《商子》五卷而論，該書目應與嚴萬里書同篇，然其中「舊刻多舛」，謬誤的情況相當嚴重。而嚴書整理殘篇，重視文字詞義的考訂，其精密已勝過前本，另孫星衍著《商子校本》五卷、陶鴻慶撰《讀商君札記》一卷，二書對於文字訓詁頗有發明，可與嚴氏本轉相訂證。

然《商君書》於晚清之前學人大抵排斥之，以爲是書開先秦刻政之先，係酷吏論法之殘餘，故學者不喜言。晚清之際，章太炎嘗爲之辨駁，《訄書》曰：

> 商鞅之中讒誹也二千年，而今世爲尤甚。其說以爲自漢以降，抑奪民權，使人君縱恣者，皆商鞅法家之說爲之倡。烏虖！是惑於淫說也甚矣。法者，制度之大名。周之六官，官別其守，而陳其典，以擾乂天下，是謂之法。故法家者，則猶西方所謂政治家也，非膠於刑律而已。〔註79〕

章太炎以爲數千年來，學者對商鞅實多有誤解，故評論其學都批判過甚，只著重在刑罰的缺失，而無法看到其法治施政的優點，然如果仔細考究商鞅其書，則與西方政治家並無不同。因此章氏乃推舉之以爲「其法取足以濟一時，其書取足以明其所行之法」，認同商鞅說法是可被法律與政治所參稽的，而爲社會所運用。因此，商鞅可歸爲政治家一流，而非是單純的制法、執法者。此說胡適也頗認同，其曰：

> 管仲、子產、申不害、商君，都是實行的政治家，不是法理學家，故不該稱爲「法家」。但申不害與商君同時，皆當前四世紀的中葉。他們的政策，都很有成效，故發生一種思想上的影響。有了他們那種用刑罰的政治，方才有學理的「法家」。〔註80〕

〔註77〕 紀昀等：《四庫全書總目》，卷一百一十七，頁633。
〔註78〕 嚴萬里校：《商君書新校》收入《新編諸子集成》，第五冊，頁1。
〔註79〕 章炳麟：《訄書》，頁130。
〔註80〕 胡適：《中國哲學史大綱》，頁262。

胡適此說大抵有二見，一是認同管子、子產、商鞅之流可視爲政治家，而不應歸爲「法家」。畢竟管、商等人雖用法治樹立典刑，且有相當成效，然二人所著重皆非法理，因此其目地仍在國治，而非一味的講究法典。二是管、商等人用法皆有相當成效，因此爲政上都能達到「實行」的作用，不過也因此容易讓後人產生誤解，以爲其施政的成功都在於「法治」。由章太炎、胡適之說可知，晚清學人對於先秦諸多法政學說仍寄以期待，故不以其政刑的嚴屬而貶低其價值，終歸類於政治學、社會學的藩籬，以爲可作爲當代政治的借鑑。

至於《管子》一書，今本《管子》保留二十四卷，其中著錄八十六篇而內篇十篇有目無書，故所存共七十六篇，不過《漢書‧藝文志》的「法家類」並無有該書的記錄，而是列入「道家類」，且書名非名爲《管子》，而爲《莞子》，故後人頗疑其僞。《道藏》亦無著錄，而《隋書‧經籍志》則著錄十九卷提「齊相管夷吾撰」，然據《四庫全書總目》考辨「舊本提管仲撰，劉恕《通鑑外紀》引傅子曰『管仲之書，過半便是後之好事者所加，乃說管仲死後事也。』……葉適《水心集》亦曰『《管子》非一人之筆，亦非一時之書』。」〔註81〕因此《管子》雖借托東周之管仲所撰著，然其內容實多後人添補，又多言管仲後事，故是書的真僞、作者皆需作一步的商榷。胡適也說「管仲在老子、孔子之前。他的書大概是前三世紀的人假造的，其後又被人加入許多不相干的材料。但此書有許多議論可作爲前三世紀史料的參考。」〔註82〕因此今本《管子》書的材料實真僞不一，雖有部份篇章可做爲先秦文獻看待，然究竟是否管仲所著，則難以確認，蓋胡適便列該書與《商君書》、《申子》皆爲「假書」。

再從《四庫全書》所著錄的《管子》典籍來看，清代以前大抵明人對於《管子》研究較能深入，如明代劉績的《管子補証》二十四卷、明朱長春《管子權》二十四卷、明梅士享《詮敘管子成書》十五卷等。而《續修四庫全書》亦著錄五種，除明人朱長春《管子權》外，其餘皆清人著作。其中戴望《管子校正》二十四卷、洪頤煊《管子義證》八卷、王紹蘭《管子地員篇注》四卷、王仁俊《管子集注》二十四卷，此著錄數已較其他法家著作爲多。王念孫的《讀書雜志》亦收錄《讀管子雜志》二十卷，凡六百四十餘條，在《讀

〔註81〕 紀昀等：《四庫全書總目》，卷一百零一，頁534。
〔註82〕 胡適：《中國哲學史大綱》，頁260。

書雜志》中最爲浩博。而戴望于同治十二年所校的《管子校正》可稱精密，其詮次唐人吳競所校三十卷本，並比對宋善本終刪爲二十四卷，再旁證諸家之言以考據法成書，該書于目錄前列有〈凡例〉，大抵可知戴氏撰作的意趣，而每卷之後又附有〈校正〉，除考校前儒的謬誤外，亦說明戴氏自己的看法，其申辨有據，頗得乾嘉學術的指歸，雖著於晚清，仍有可觀處。至於《管子》一書的價值，宋儒黃震所論甚明，《黃氏日抄》曰：

> 《管子》之書不知誰所集，乃龐雜重複，似不出一人之手。……〈心術〉、〈內業〉等篇皆影附道家以爲高。〈侈靡〉、〈宙合〉等篇皆刻斷隱語，以爲怪管子責實之政，安有虛浮之語？使果出於管子，則亦謬爲之以欺世，殆權術之施於文字間者爾，非管子之情也。〔註83〕

黃氏對《管子》的評價，根本上仍給予高度的評價，雖以爲某些篇章所述繁雜且有過度影射附會的現象，然作爲執政之參酌則有相當功效，故「管子政經之綱苟得王者之心以行之，雖歷世可以無弊，秦漢以來未有能踐其實者也，其說豈不簡明乎！」〔註84〕其認同《管子》以精簡的意趣成篇，于帝王之資治仍有相當的作用。不過黃氏對於《管子》書的眞僞仍存有質疑，以爲應非出於一人一時一地的著作。因此把〈心術〉、〈內業〉、〈侈靡〉、〈宙合〉這些篇章都歸爲是僞作者所添加，是特意把陰謀「權術」加諸於管子之筆了。

從清代學人典籍著錄的狀況來看，《韓非子》的相關著作於法家諸子中數量繁浩。參稽《無求備齋韓非子集成》的輯錄，清代《韓非子》的著作有十五種之多，如再加上清末民初則超過二十種，此數量實非其他法家書籍可比擬。乾嘉時期，《韓非子》漸受到學者重視，爲該書作詮解的有盧文弨《韓非子校正》二十卷、王念孫〈韓非子雜志〉一卷、顧廣圻《韓非子識誤》三卷、吳鼐《韓非子舊注校本》、洪頤煊《韓非子叢錄》一卷等書。晚清則有俞樾〈韓非子平議〉、孫詒讓〈韓非子札迻〉、王先愼《韓非子集解》、吳汝綸《韓非子點勘》等。然梁啓超仍以爲清代的《韓非子》校注並無善本，其評王先愼書曰：「近王先愼有《韓非子集解》二十卷，薈集眾說，較稱善本，但比諸乃兄之《荀子集解》則差多了。因此書先輩遺說可憑藉者不如《荀子》之多，而先愼學識又凡庸也。所以這部書還希望有人重新整理纔好。」〔註85〕梁氏以

〔註83〕黃震：《黃氏日抄》收入《景印文淵閣四庫全書》，第七百零八冊，卷五十五，頁 14～15。

〔註84〕《黃氏日抄》，卷五十五，頁 14～15。

〔註85〕梁啓超：《中國近三百年學術史》，頁 326～327。

爲，王先愼著《韓非子集解》雖頗有其獨特處，但一來可參酌憑藉的文獻過少，二則王氏本人學識並非頂尖，論述亦不如其兄的嚴謹，因此該書的整理仍有許多可精進處。梁氏此說也點出《韓非子》研究在清代的不足，雖有總結清代《韓非子》著作的《韓非子集解》問世，然學人甚有批評，王五雲《續修四庫全書提要》云：「細繹全書，恩邃草率，觸目瑕疵」，指出其成書有匆促、草率的毛病，且不能針對前人的妄改作校勘，下己意論斷處又往往「時露簡陋」，故「其粗疏荒謬，不可究詰，言之太易」，書寫有過於簡略、粗糙的問題。〔註86〕

此外，《韓非子》的崇尚刑法，亦受到歷來學者的批評，如王充便以爲「賞無功，殺無辜，韓子所非也。太公殺無辜，韓子是之，以韓子之術殺無辜也。」〔註87〕把韓非的「刑殺不辜」視爲「好惡無定」，專任刑法的結果必然導致政治上的「亂而不功」，蓋王充所贊同即「德」、「刑」並用的爲政方法，所反對則韓非「故作法術，專意於刑」的刻政可知。晚清陳澧也說：「韓非之學，出於老子，而流爲慘刻者。其意以爲先用嚴刑，使天下不敢犯，然後可以清靜而治也。彼欲於其一身，先用嚴刑，後享清靜，而不知已殺其身，已亡其國也。」〔註88〕其批評秦的亡國在於嚴刑罪過，而此暴政的憑藉是爲韓非的法治學理，陳澧此說雖未必符合歷史事實，大抵秦之刻法並不爲韓非始，然陳氏之說實已承認法家有「剛毅戾深，事皆決於法」之作爲。

然而，明清以降或有部份學者漸能接受法家的政治思想，明代胡應麟言：「法家自商鞅、鄧析、韓非皆不得其死，故後人以爲大戒。要之三子咸有殺身之道，其言固非可盡廢。」〔註89〕胡氏以爲法家並非一無可取，其用勢明法的目地實際上在於「明于本末，達于經權」，即欲追尋治術的究竟，而還原於治道的根本（韓非亦推崇老子的「道」），故如商鞅、韓非之語實非可盡廢了。又如《四庫全書總目》亦以爲《韓非子》的思想不全屬缺失，曰：

> 刑名之學起於周季，其術爲聖世所不取。然流覽遺篇，兼資法戒，觀於管仲諸家，可以知近功小利之隘；觀於商鞅、韓非諸家，可以

〔註86〕《續修四庫全書提要》，頁 1066～1067。
〔註87〕王充：《論衡》收入《四部備要》（臺北，中華書局，1965 年），卷十，頁 5。
〔註88〕《東塾讀書記》，頁 209。
〔註89〕胡應麟：《少室山房筆叢正集》收入《景印文淵閣四庫全書》，子部，第八百八十六冊，卷十一，頁 18。

> 知刻薄寡恩之非，鑒彼前車，卽所以克端治本。曾鞏所謂不減其籍，
> 乃善於放絕者歟！〔註90〕

蓋法家雖有「近功小利」、「刻薄寡恩」的缺失，然百害或有一利，由此反面的「借鑑」，實有益於統治者正面的反省，故《四庫全書總目》也說其有「克端治本」的功效。到了清末民初，學人以爲諸子學對於當代社會的致用有所裨益，而《韓非子》亦有明政典刑的效用，故學者態度乃一改批判而爲關注，如王先愼《韓非子集解》云：「至勸人主用威，唯非宗屬乃敢言之非，論說固有偏激，然其云：『明法嚴刑救群生之亂，去天下之禍，使強不陵弱，眾不暴寡，耆老得遂，幼孤得長』，此則重典之用，而張弛之宜。與孟子所稱及閒暇明政刑用意，豈異也。」〔註91〕此論亦認同韓非有救亂、去禍之心，因此其「重典」、「用法」不過是爲政上的方便，固然韓非的論說有偏激處，但大體上並不異於孟子的「明政刑用」。胡適也認爲秦代諸多新政的推行是受到韓非「變法哲學」的影響，而秦政的革新也爲漢代的治國提供借鑑。因此韓非所提倡的「法後王」係「世異則事異，事異則備變」，韓非早亡但「在李斯手理發生了絕大的影響」，則秦代的「分中國爲郡縣，統一法度，畫一度量衡，同一文字」這種變法觀念也成爲後世行政的依據。〔註92〕由此說而論，則胡適認同韓非之學說有事功效用明矣。

二、洋務運動之興起

洋務運動之興起在鴉片戰爭（1840 A.D）以降，其前峰爲林則徐（1785～1850）、魏源（1794～1857），後由馮桂芬（1809～1874）、李鴻章（1823～1901）、張之洞（1837～1909）發揚。洋務派因有恭親王奕訢、內閣學士桂良、文祥等朝臣的支持，故政治實力不可小覷，而曾國藩、左宗棠、李鴻章、張之洞等地方權臣亦推波助瀾，對晚清的經世實務有莫大影響。洋務運動是中國西化的開始，也是使中國邁入近代科技發展的行舉，時間由清末至民初，所遍及的範圍相當廣泛，關於國防、學校、交通、工業、水利皆有涉及。不過，洋務運動仍屬於政治活動，在學術上的建樹固然較實務建設爲少，但因涉及的層面深遠，故也帶動經世思潮、西學之流傳，由墨子刻「轉化」與「調適」的理論來說，

〔註90〕紀昀等：《四庫全書總目》，卷一百一，頁534。
〔註91〕王先愼：《韓非子集解》收入《新編諸子集成》，第五冊，頁1。
〔註92〕《胡適文存》，第三集，頁252～254。

洋務運動的根本動機是爲維持清廷的國威與聲望而發起，至少是欲藉洋務的改革而加強國力穩定當權者的執政，因此也接近「調適」的作用，如黃克武就舉例「魏源在他個人的作品之中即曾批評顧炎武過於激烈的變法主張，強調調適性的變革與改造統治者之品質的重要性。」〔註93〕且洋務運動的倡導者皆有官員身份，因此洋務的推動大抵有改革的理想性，但也顧慮到滿清統治下的既定現實，故是時所開展的「中體西用」思想，所維護之政「體」係爲君體，也就是一切西化都必須在君權的默許下建設。因此，洋務運動時期雖能積極吸收西學的技藝、船堅砲利等，但在政治上則固步自封，不思政「體」之創新與變革，所堅持爲趨於保守的「君權」獨大可知。

　　林則徐、魏源、馮桂芬係洋務理論的先驅者，雖林、魏礙於當時政治、社會條件的不足而未能有進一步的作爲，但所提出欲仿傚西方科學、技藝之識見，實是後之李鴻章、張之洞等洋務派改革的前鑑，有兩點可留意：

（一）洋務理論的提出

　　林則徐爲洋務理論的先導者，其官至兩廣、雲貴總督，因歷任封疆大吏，故有能力翻譯諸多西方文獻，如以西方典籍所編譯的《四洲志》，則促成魏源、馮桂芬等人對洋務理念的認知。道光十九年（1839 A.D），林氏任欽差大臣，發佈全國嚴禁抽鴉片令，其在巡視廣東期間，先後與英人衝突數次，燒毀鴉片近兩萬箱，致使爆發「鴉片戰爭」。林氏與洋人交涉時，對西學便有所接觸，本身亦通貫英、葡兩種語言，爲求與英人作戰的勝利，購買西方船艦，又仿製洋砲、洋槍，學習西方的炮術、貿易等方法，爲洋務運動開了門戶。不過，林則徐的作爲因政治、社會環境的不成熟仍未能造成普及，但其思法已經影響魏源、馮桂芬等學者，如魏源《海國圖志》著作的依據即林則徐所譯《四洲志》，故魏書雖是改編之作，但也保存了林則徐在抗夷、師夷情緒下的旨趣，魏氏所提出的以夷制夷，則可以說是受到林則徐思想所薰染，魏氏亦自言：「《海國圖志》六十卷，何所據，一據前兩廣總督林尚書所譯西夷之《四洲志》，再據歷代史志，及明以來島志，及近日夷圖夷語。」〔註94〕魏氏《海國圖志》

〔註93〕黃克武：〈從追求正道到認同國族──明末至清初中國公私觀的重建〉收入《公與私：近代中國個體與群體之重建》（臺北，中央研究院近代史研究所，2000年），頁72。
〔註94〕魏源：《海國圖志》收入《續修四庫全書》（上海，上海古籍出版社，1995年），史部，第七百四十三冊，頁216。

的成書是依據《四洲志》，其再整合西洋地理圖、志、航海志等文獻，終撰成一論述海洋國土風情的奇書。

魏源活躍於道光、咸豐年間，善考據學、堪輿學，爲中晚清學人吸收西學的先驅之一，嘗鼓吹「師夷之長技以制夷」，欲調和中西方之經濟、工藝、國防等，所關懷在於當代的社會民生，故魏氏亦深黯經世致用方法，其曾輔助賀長齡修撰《皇朝經世文編》，對當代的經世之學已有深刻體認。魏源所撰的《海國圖志》、《聖武記》中，也積極鼓吹師法西學以富國自強，魏源時代正當中國挫敗於英國之強權下，諸多不平等條約致使民心思變，《清史稿》說他編撰《海國圖志》目地「謂籌夷事必知夷情。」〔註95〕也就是欲整理西學的知識、技藝以通曉敵情，師法西洋之優點，進一步富強之後而牽制其國，此無異有闡揚自強理念的用意在。

魏氏《海國圖志》亦寄託的「致用」觀點，其撰著目地在於資治當代的政經，其曰：「或詳於島岸土產之繁，埠市貨船之數，天時寒暑之節，而各國沿革之始末，建置之永促，能以各國史書誌富媼山川，縱橫九萬里上下數千年者。」〔註96〕其著眼於對世界諸國之延革、物產、經濟、風土民情的載紀，欲使中國的執政者能得以借鑒，故此書雖被列入地理書一類，然實有政治、社會、軍事工藝思想上的識見，左宗棠爲《海國圖志》作序說：「魏子數以其說，干當事不應退而著是書，其要旨以西人談西事，言必稽因其教以明統紀，徵其俗尚而得其情實。」〔註97〕此亦是師夷以制夷的註腳，而所謂「以明統紀」則是著眼於資治政務的關懷。不過，魏氏在當時只是微末小官，雖有遠見的提出，但能夠實踐的機會並不多，故其觀點之後則多由馮桂芬、李鴻章、張之洞所援用，進而影響整個洋務運動。

馮桂芬爲林則徐、魏源的支持者，但又較林、魏更進一步推廣西學致用的議題，其以爲「西人擅長者，歷算之學、格物之學、制器尚象之法，皆有成書」，認同西學之精密者，成就不在中學之下，故又說：「此外如算學、重學、視學、光學、化學等皆得格物至理，與地書備列百國山川，塞風土物產，多中人所不及。」〔註98〕故馮氏對西學的嚮往已非魏源「師夷之長技以制夷」的觀點可比

〔註95〕《清史稿》收入《百納本二十五史》（浙江，浙江古籍出版社，1999年），第十冊，頁1541。

〔註96〕《海國圖志》收入《續修四庫全書》，史部，第七百四十三冊，頁218。

〔註97〕《海國圖志》收入《續修四庫全書》，史部，第七百四十三冊，頁215。

〔註98〕馮桂芬：《校邠廬抗議》收入《諸子集成續編》（四川，四川人民出版社，1998年），第九冊，頁86。

擬，其著眼點在於，如何以西方制度改善而中國的世務問題，大抵能比較中、西社會制度的優缺功過。其所著《校邠蘆抗議》四十篇，爲建言時政的議論，是書講究經世致用，積極吸收古學與西學的優點，且不避諱西方政治制度，如〈善馭夷議〉、〈減兵額議〉、〈製洋器議〉、〈采西學議〉、〈收貧民議〉等皆推舉西法。而書中多有貶抵中國之劣政而贊揚西方社會之制度，如〈收貧民議〉云：「法苟不善，雖古，吾斥之。法苟善，雖蠻貊，吾師之。……荷蘭國有養貧教貧二局，途有乞人，官若紳輒收之，老幼殘病入養局廩之而已。」〔註99〕此說適好切中清初以來「流民」問題的浮濫，「流民」是戰爭、饑荒、天災下的產物，當社會基層百姓因動亂無法謀生時，只好遠離家園跨省行乞，更甚者則聚眾搶劫釀成民變，此亦是清中晚期白蓮教、太平天國驟起的主因。而馮貴芬深知「流民」問題是社會變動的隱憂，故主張應效法西制，以荷蘭「養貧局」、「教貧局」爲鑑，由政府出力資助窮困百姓，欲使中國社會能達到「無游民、無饑民」的富強境地。此外，馮氏又提倡基礎教育的施行，曰：「瑞顛國設小書院，無數不入書院者，官必強之，有不入書院之刑，……以是國無不識字之民。」〔註100〕其瑞典的教育與法規爲借鏡，假使國民能普遍識字辨字，則社會必能減少文盲，對一國文化水平的提升是有助益。總之，馮氏欲藉由西制提出類似今日「社會局」、「國民教育」的機構，在中國舊社會是相當創新的，而對於現今學術所著重的社會思想、教育思想亦是具前瞻性的理論。

（二）洋務運動的推行與實施

林則徐、魏源、馮桂芬等人，雖有實施洋務的意願但並無實權，在朝廷中亦無執政者的支持，因此在理論大於實踐能力的狀態下，林、魏等人只能視爲發起者，洋務運動的全面施行仍需由李鴻章、張之洞實現。咸豐十年（1961 A.D），恭親王奕訢、內閣大學士桂良、戶部左侍郎文祥聯名上書〈通籌夷務全局酌擬章程六條〉，建議設制各國通商事務衙門，開海口、河口與洋人通商，此奏則的通過也代表近代中國洋務運動的開始，首先以軍事、經濟、教育建設爲基礎，後普及于交通、工藝的範圍，《清史稿》載云：「己巳，始置總理各國通商事務衙門，命恭親王奕訢、桂良、文祥管理。以崇厚充三口通商大臣，薛煥兼辦上海等處通商事務，准旗人學習外國語言文字。」〔註101〕滿清

〔註99〕　《校邠蘆抗議》收入《諸子集成續編》，第九冊，頁96。
〔註100〕　《校邠蘆抗議》收入《諸子集成續編》，第九冊，頁96。
〔註101〕　《清史稿》收入《百納本二十五史》，第九冊，頁113。

因戰爭失利，不得已開放通商口岸與經濟市場，但此舉也成爲中國在文化、經濟上正式與西方接觸的契機。又《清實錄》亦載：「恭親王奕訢等奏辦理通商善後章程一摺。據稱恭親王奕昕等籌議各條，均係實在情形，請照原議辦理等語。京師設立總理各國通商事務衙門，……其廣州、福州、廈門、寧波、上海及內江三口、潮州，……江蘇巡撫薛煥辦理新立口岸。」〔註102〕由恭親王等重臣擬議應對西國之對策，其中「總理各國通商事務衙門」爲一重要的外交部門，專門管理外國與中國的政經交流，可知清廷在列強的脅迫下，一改鎖國政策，顯然對洋務問題已無法忽視。而五岸通商則代表中國門戶之開放，從此民間可與西方諸國自由往來，也帶動文化交流與經貿的繁榮。緊接在地方推行洋務運動，且有功效者，李鴻章、張之洞可爲代表，李、張的推動洋務在一定程度上也影響當時的學術。

李鴻章，爲曾國藩的門生，其平息太平天國之亂、捻亂，歷任江蘇巡撫、湖廣總督、直隸總督、五口通商大臣、北洋大臣，後因軍功直升至大學士的殊榮。李鴻章早年與太平天國打仗已積極探求西洋先進的槍砲、輪船，嘗受曾國藩之命籌辦江南製造局專冶製西式的武器、機戒，後又掌管北洋軍務，故能於前線接觸西方新穎的工藝，《清史稿》說他：

> 獨究討外國政學、法制、兵備、財用、工商、藝業。聞歐美出一新器，必百方營購以備不虞。嘗設廣方言館、機器製造局、輪船招商局；開磁州、開平煤鐵礦、漠河金礦；廣建鐵路、電綫及織布局、醫學堂；購鐵甲兵艦；築大沽、旅順、威海船塢臺壘；遴武弁送德國學水陸軍械技藝。〔註103〕

李氏所著重在於西方的政治、法律、兵備、工藝、語言、醫學等，又提議設西式學堂、軍事學堂與留學生制度，爲清末培育出諸多西學人材。故李氏的著作雖不多，但所致力皆當世的經世實務，亦有促進西學術發展之貢獻，李鴻章對西式兵器有深刻的研究，曰：「西國水陸戰守利器以鎗礮水雷爲大宗。有前後門生熟鐵純鋼之分，鎗有前後門滑膛來福之異，水雷有用觸物磨物電氣發火之別。竊嘗考究其圖與器，而得其大略。」〔註104〕李氏已能明確指出鎗砲的種類、屬性、功效等，俱備現代機械原理的知識，故其所開設的江南

〔註102〕《清實錄》（北京，中華書局，1987年），第四十四冊，卷三百三十七，頁1022。
〔註103〕《清史稿》收入《百納本二十五史》，第十冊，頁1368。
〔註104〕李鴻章：《李文忠公全集》（臺北，文海出版社，1965年），第二冊，頁93。

製造局亦有鍛造西式武器的能力，所謂「采買外洋銅鐵鋼鉛木植煤碳」等原料，如非深黯「西法」則必然無法進一步製造西式器具。《清史稿》對李鴻章的評價甚高，說他：「中外繫望，聲出政府上，政府亦倚以爲重。其所經畫，皆防海交鄰大計。思以西國新法導中國以求自強，先急兵備，尤加意育才。」〔註105〕可知李鴻章的成就並非只在於建立軍功，其以西學資助海防、設海陸軍、製造西方器械的識見，把洋務運動更推進一步，故其自言「輪船電報，瞬息千里，軍火機器，工力百倍」，〔註106〕也承認西學的精湛可使工業成效百倍，故呼籲不斷吸收其優點，蓋李氏乃抱持國力強弱必終由科技、工藝所主導的看法。

在推行洋務運動方面，李鴻章雖稍後於魏源、馮桂芬等人，但因得到奕訢、曾國藩等權臣的支持，故有更大的發揮空間。在政治上，李鴻章被朝廷倚重，有實權致力全面西化，其所經手的洋務運動可說較前人完備，如設方言館、機器製造局、輪船招商局等，以官方的立場投入實務，又開金礦、鐵礦發展工業，廣設鐵路、電線促進交通。雖然，李鴻章後來因甲午戰爭失利、馬關條約的喪權辱國而飽受批判，然其對洋務運動的構建，實爲近代中國現代化與工業化做了開端，亦是清末民初西學之能發展的關鍵。

張之洞爲清末的權臣之一，亦是晚清洋務派的最後健將，曾經歷兩廣、湖廣、兩江總督、軍機大臣等，任內致力於事功與經世致用，頗俱名聲，《清史稿》說他「武備文事並舉」，如總督兩廣：「設廣東水陸師學堂，創槍礮廠，開礦務局。疏請大治水師，歲提專欵購兵艦，復立廣雅書院。」〔註107〕亦重視軍事人材的培育，又能開鐵礦，冶煉新式兵器，而廣雅書院也成爲嶺南培育經世致用人材的專門學校。張氏任兩江總督時又能「采東西規制，廣立武備、農工商、鐵路、方言、軍醫諸學堂。」〔註108〕其著重中學與西學的會通，猶如在〈愚民辨〉所說的，應該使中西學的教育皆完備，以爲「歷象考成，儀象考成教天算，西學也；遣使測經緯度，繪天下地圖，教地輿，西學也。……纂七經義疏，刊布十三經、二十四史、九通，……教經史百家之學也。」〔註109〕晚清正當輿論疾呼改革之時，張之洞這種融會中西二學的識見，大抵能被

〔註105〕《清史稿》收入《百納本二十五史》，第十冊，頁1368。
〔註106〕《清史稿》收入《百納本二十五史》，第十冊，頁1368。
〔註107〕《清史稿》收入《百納本二十五史》，第十冊，頁1413。
〔註108〕《清史稿》收入《百納本二十五史》，第十冊，頁1368。
〔註109〕張之洞：《勸學篇》收入《諸子集成續編》，第九冊，頁127。

清廷接受，也符合清政府欲放慢變法的保守態度，光緒朝晚期張氏又被授與
軍機大臣、體仁閣大學士的重臣殊榮，宣統帝即位後又位列顧命大臣，可見
其受執政者的信任。不過，是時滿清已無力統治，最後在革命黨的攻伐與袁
世凱的要脅下，滿清終被民國所取代，也宣告晚清以來的洋務運動告一段落。

在學術方面，張之洞則由經世的觀點編撰《勸學篇》一書，部份議論頗
能切中當世實務，曰：「學制，西國之強，強以學校，師有定程，弟有適從，……
我宜擇善而從也。……鑛學，興地利也。……鐵路，通血氣也。……會通，
知西學之精意通於中學。」〔註110〕張之洞對西方的技藝、學制基本上是認同
的，其開礦、辦鐵廠、造鐵路、辦西式學堂，無一不欲與西方諸國齊首並進，
但張氏另一方面又以爲傳統學術不可廢，甚至價值遠在西學之上，所以其說
「西學之精意通於中學」，視西學最精粹部份必須在中學主導的前提下，才有
運作的可能，故主張中西學的「會通」，在於「中學爲體，西學爲用」，其〈創
建尊經書院記〉亦稱爲學首在通經，故「凡學之根柢，必在經史。讀群書之
根柢在通經。」〔註111〕因此在事功或爲學上，不論是中體西用或者中西兼采，
經學涵養仍是最核心的問題。張氏中體西用論點實爲洋務運動推行的重要議
題，雖偏於保守，但也確立了中學爲主，西學爲輔的綱領，故張之洞雖積極
鼓吹洋務運動，但對於傳統學術仍採取尊崇的態度。

綜合上述可知，晚清洋務運動之產生是與政治、戰爭相關係，或有學者
以爲，甲午戰爭一敗係屬洋務運動的全盤失敗，故洋務運動實不足論，然從
社會改革的層面言，洋務運動所觸及的範圍廣闊，對當時社會、文化確有著
無可否定的影響力，無論是軍事、工業、經濟、教育等建設，皆爲近代中國
的現代化立下基礎。余英時以爲「十九世紀中期，中國與西方接觸是被迫的，
因爲戰敗了。中國本無任何向西方文化觀摩的意思，……知道西方船堅炮利
的利害，……想學到西方的科技。這就決定了中國學習西方純出於功利觀點。
這個觀點基本上支配了思想界、知識界。」〔註112〕洋務運動實爲近代中國的
革新開了頭，思想界、知識界亦受到宣染。而因洋務運動所衍生的「中體西
用」說法，則影響清末甚至於民初學術傾向中西兼採的趨勢，此亦洋務運動
對學術、文化所造成的作用。

〔註110〕張之洞：《勸學篇》收入《諸子集成續編》，第九冊，頁107。
〔註111〕張之洞：《張文襄公全集》（臺北，文海出版社，1963年），第六集，卷二百
一十三，頁21。
〔註112〕余英時：《中國文化與現代變遷》（臺北，三民書局，1995年），頁171。

三、立憲維新思想之醞釀

立憲維新思想的產生，亦是政治與學術相互影響的結果，此階段的健將以康有爲、梁啓超爲代表，被稱爲改革派。推動者康、梁皆是文人身份，企圖以傳統學術爲改革依據，部份西學觀點爲輔助，鼓吹清帝在政治上變革改制，史稱「戊戌變法」，又稱「百日維新」，雖康、梁最終失敗收場，但對於晚清、民初之思想界有深刻的影響。日學者小野川秀美以爲：「清末的政治思想從洋務論轉至變法論，一般都認爲是以甲午戰爭爲轉機。自甲午戰爭以後，識者之間已多少認清不能墨守成法，認爲以機器爲中心的洋務，不能自強，而主張自強的根本，在於制度的改革。」〔註113〕中國自甲午戰爭失利後，洋務運動數十年的成果便倍受質疑，在社會輿論的壓力下，當政者乃思由武器、工藝的改良，轉由政體改制的立憲變法。因此由是時的「中體西用」論審視，所藉「用」固爲西方英國與東洋日本的君主立憲，然政「體」的轉移，係由「君體→君主立憲」而推移，蓋康氏在學術上倡導以君權爲主，而立憲爲輔的改革，所構思即在於「君主立憲」實踐，如其上光緒帝書所言：「盡革舊俗，一意維新；大召天下才俊，議籌款變法之方；采擇萬國律例，定憲法公私之分。」〔註114〕因此康氏「革舊維新」說，所革之「舊」即在於舊君權專制，所維新則在於「君主立憲」，這種不變法（體）即亡國的議論，也成爲康氏改革學說的一貫指向。總之，立憲維新此階段的重心大抵已由洋務的改造轉向政治的改造，但目的仍在維護滿清的政權，故亦符合墨子刻的「調適」理論，所謂「君主立憲」仍是認同君主之權勢，而「立憲」也只是在君權體制的框架上改良，把君主的部份權力分授於民，如康有爲認爲升平之世必設一君主，其《孟子微‧自序》：「民貴君輕，乃孔子升平之說耳。」〔註115〕即使「民貴君輕」，以民意爲主而輕視君權，但君主的地位與權勢仍保有，因此康氏終生並沒有放棄君主制，民國建立之後，康氏仍積極擁護清帝復辟亦可證明。

康有爲出身嶺南，早年嘗接觸西洋思想，後以今文經學者自居，其宣揚孔子改制思想，提倡《公羊》「三世」說，《新學僞經考》、《孔子改制考》、《大同書》三書可視爲其推動維新變法的代表作。光緒二十年（1894）中日甲午

〔註113〕小野川秀美著、林明德等譯：《晚清政治思想研究》（臺北，時報文化，1985年），頁49。

〔註114〕康有爲著、湯志鈞編：《康有爲政論集》（北京，中華書局，1998年），上冊，頁207。

〔註115〕康有爲：《孟子微》（臺北，臺灣商務印書館，1987年），頁2。

戰爭爆發，北洋水師以慘敗收場，並于光緒二十一年由李鴻章簽訂喪權辱國
的「馬關條約」，康氏當時適逢上京會考，故進而策動當時千餘名舉人聯名上
書光緒帝，建議改革爲圖強，以日本明治維新爲範本行君主立憲，史稱「公
車上書」。不過光緒帝剛掌握大權，凡事仍需徵詢西太后，未敢冒然重用康有
爲，故此次上書未被朝廷正視，然康氏之後多次的上書，則漸進觸動光緒帝
的改革意志，如他在〈上清帝第七書〉所說「今明知法敝不能不變，而卒不
能變者，大率爲體制所拘。」〔註116〕已指出對舊有體制的不滿，中國自洋務
運動以來不能富強，非武力的關係而是制度腐敗的關係，康氏所謂變法三策，
一是循日、俄之變革實行君主立憲、三權分立，即「以俄國大彼得之心爲心
法，以日本明治之政爲政法」，使皇帝唯一專制，分權於各部會事務局；二是
開議論、征賢才，即「大集群才而謀變政」，唯才適用，打破言官才能議政的
舊規；三是行地方自治「聽任疆臣各自變法」，使各省自練兵、設制造局、礦
區、學校、辨鐵路。而康氏深知輿論有一定影響力，故隨後又於北京、上海
籌設「強學會」，鼓吹其立憲的理想與變法革新，梁啓超言其：「謂當以君主
之法，行民權之意。若夫民主制度，則期期以爲不可。」〔註117〕可知康氏所
嚮往的政體是不違離君主立憲的藩籬，故之後流亡日本仍未放棄君主制，有
所謂「政變迭生，國勢阽危，皇示室幾殆，救而安之」，〔註118〕故民國六年（1917）
的清帝溥儀復辟，康氏亦積極參與，所認同即是「以君主之法，行民權之意」
的立憲體制。其又辦《中外紀聞》等雜誌，積極介紹西方的思想、經濟、政
治等事物，欲藉學術和輿論力量推動變革，因此康氏於當時的政界與學界皆
有影響力。

　　「戊戌變法」的內容與康氏學術有所相關，亦是其學說理論的運用，《清
史稿》說變法在百日之內：「罷四書文，改試策論，立京師大學堂、譯書局，
興農學，獎新書新器，改各省書院爲學校，許士民上書言事，論變法，裁詹
事府、通政司，……及各省與總督同城之巡撫，……並議開懋勤殿，定制度，
改元易服。」變法範圍相當廣泛，對六部官署進行改制，並設譯書館、京師
大學堂，且廢除了八股文與科舉，改行學校教育，設鐵路農工商總局，對於
中國固有政策進行相當程度的改造。而「京師大學堂」的設立，猶如《大同

〔註116〕康有爲著、湯志鈞編：《康有爲政論集》，上冊，頁219。
〔註117〕梁啓超：《康南海傳》（臺北，商務印書館，1987年），頁42。
〔註118〕《康有爲政論集》，下冊，頁992。

書》的「大學院」，是「專門之學，實驗之學。……分業愈眾，研求愈細，究辦愈精」的教育機構，其改變傳統書院制度而仿西式大學所成立的大學制度，頗有推廣「專門之學」的意味在。〔註119〕另外，「改元易服」亦西漢公羊學的課題，如《春秋繁露》之「更稱號，改正朔，易服色者，無他焉，不敢不順天志」，〔註120〕也與康氏「道主維新，不主守舊」的規範同調。而「君主立憲」也呼應公羊學「三世」說之「小康」世，「小康」為「昇平」亦為「大同」前的醞釀，故容許君主與民主共存。因此，在政體的變革上，康氏所提議的政體轉換、變統，並不違離漢代公羊學，如「應天作新王」、「歷各法而正色」的議題皆能被康氏所擷取、闡發。但可惜君主立憲終因西太后的阻撓，最後宣告失敗，變法只維持百日左右，幾乎重要政策皆廢黜，參與變法的士人亦多獲罪，康有為、梁啓超出走、譚嗣同、楊銳、林旭、劉光第、楊深秀、康廣仁被殺，張蔭桓發放新疆。

　　康氏學術以儒學與政治之聯繫為要點，其重視《公羊》、《周禮》、《論語》、《孟子》、《中庸》，並以經世致用與託古改制為指歸，其改革議題亦由此端闡發，嘗謂孔子：「不獨親其親，子其子，務以極仁為政教之統。」〔註121〕此即結合仁與「政教」，而視為孔學「立教之本」，故康氏所著重非但是經論問題，亦推崇儒學所涉及的政治、社會教化問題。梁啓超也說：「先生之治《春秋》也，首發明改制之義，以為孔子憫時俗之敝，思一革而新之。……故曰『春秋，天子之事也。……說其微言大義則在《公羊》、《穀梁》二傳，及《春秋繁露》等。』」〔註122〕康氏乃以孔子之學為政治改革與社會教化的依據，其所涉入則是《公羊》、《穀梁》、《春秋繁露》等今文經學的藩籬。李澤厚推判康氏學術思想有四個方面，一是與經濟、政治、軍事、文化相關的變法維新思想；二是提出「孔子託古改制」理論；三是其「大同」思想；四是統攝上述三方面的哲學觀點，即以今文經學立論的義理思想。〔註123〕此四方面大致符合康氏學術的主要理論，亦是康氏所提倡立憲維新的重要基礎。

〔註119〕康有為：《大同書》（上海，上海古籍出版社，2005年），頁211。

〔註120〕董仲舒：《春秋繁露》收入《四部叢刊初編》（臺北，臺灣商務印書館，1975年），卷一，頁6～7。

〔註121〕康有為：《中庸注》（臺北，商務印書館，1987年），頁21。

〔註122〕梁啓超：《康南海傳》，頁17。

〔註123〕李澤厚：《中國近代思想史論》（臺灣，三民書局，1996年），頁95～96。

此外，康氏之學又融通儒學、西學、佛學的長處，而援引爲政改之用，曰：「據亂與升平相反而實近，而美國風俗之弊壞宜改良進化者，其道固多。若所以教中國之苗人，非洲之黑人則教據亂之法，尚不能去也。」大抵以爲「三世說」可通貫西方風俗。此種兼容並蓄，梁啓超認爲是康氏學術「廣求智慧」的特色，梁氏云其：「教授弟子，以孔學、佛學、宋明理學爲體，以史學、西學爲用。」〔註124〕兼採諸學爲論述之方，此正也反映康氏博洽治學的特色。

四、清末民初民主思想的發展與學術之聯繫

康、梁變法維新失敗後，滿清的局勢並未好轉，且隨著八國聯軍的攻伐，清廷則訂定難堪的「辛丑和約」，在諸多不平等條款下致使國防盡失，又賠款四億五千萬兩的巨額，更加深中國的國窮民困。此時，滿清實已形同殘局，但西太后爲了延長其國祚，則實行變相的君主立憲充數，以爲能安撫社會輿論。然反滿情緒已高漲難息，士人多有轉向支持革命，故海外的革命黨適時興起，經數次的武裝抗爭後，終在清宣統三年（1911 A.D）於武昌起義成功，是時中國十五行省接連響應，清帝亦在袁世凱的逼迫下遜位，中華民國成立，實行總統制與民主選舉，中國數千年以來的專制政體終告結束。孫文（1866～1925 A.D）爲同盟會的領袖，以「驅除韃虜，恢復中華，建立民國，平均地權」爲口號，其學說含有濃厚的民族主義色彩，又主張民主與均富，故能吸引重視社會改革的留學生與中國本土知識份子參與。而孫文的思想理念，大抵是由政治發起進而影響社會民生，可視爲清末民初重要的政治學說，後所謂中山學術即是研究孫文之政治思想。另外，章太炎（1869～1936 A.D）則以文人身份提倡民主制度，並參與國民革命，爲中華民國的開國元勳，章氏的政治思想，與傳統儒、道、釋學術關係密切，亦可留意。而二者的政治改革理論皆趨向於激烈改革，此大抵能經西人墨子刻的「轉化」理論而詮解。而二者之「中體西用」思想，也欲由「民主」之「體」取代「君」體，如孫文提倡以「民權」改革「君權」，在辛亥革命前後的抗爭，致使中國的君主體制忽驟變爲民主體制；又，章氏貫注于民族的「光復」，反對君主立憲的虛僞，故「不甚以代議爲然」，可見其有顛覆清室的決心。因此由「中體西用」之政

〔註124〕《康南海傳》，頁7。

「體」而論，其層次轉移乃爲「君權→君主立憲→民主」，即使孫、章之時「民主」制度尚未成熟，然「民主」思想實已醞釀，故孫、章之學術與政治的關係緊密，亦有其特殊意義。

　　孫文本爲廣東人，早年隨父兄移民美國，之後輾轉回到香港就學，在香港西醫書院攻讀醫學，並于廣州行醫期間結識尤列、陳少白、楊鶴齡、陸皓東等人，與諸人的集會多談政治、批評國事，此也激發孫文國民革命的意念。孫文雖非學者，然所提出的政治議題亦自成一格，其重要《五權憲法》爲近代中國法、政思想的重要依據，而所闡述的「三民主義」，則是中華民國建國之綱領，故孫文的建樹在於領導革命與建立民主政治制度。梁啓超謂清末講究新思潮的人物，孫文可爲一代表，曰：「孫逸仙，他雖不是個學者，但眼光極銳敏，提倡社會主義，以他爲最先。」〔註 125〕孫文爲近代國民革命的濫觴，其自由、平等思想的提出對當時社會有廣泛的宣染力量。張麗珠先生也說：「孫中山是新式教育培養出來的現代政治家，並未受到系統國學訓練，但在其思想中，中國傳統文化卻佔了重要地位。此蓋由於孫中山深諳西方文化弊端，深知中國欲完全效仿西方並不可行，同時他也必須從傳統文化中找尋革命的理論依據和精神力量。」〔註 126〕故孫文雖非傳統學者，但其在民主政治的建設，則帶動清末民初的新思潮，形成一股講究民權的政治力量。中華民國建立後，雖當時以袁世凱爲代表的守舊派仍掌握大部份權勢，各省亦充斥殘清以來的軍閥勢力，但孫文提倡革命的意義影響深遠，代表中國舊體制的專制政體崩垮，自商、周以來的家天下模式乃扭轉爲民主政體，此是孫文思想於中國政治史上的貢獻。

　　不過實際上，孫文的民主思想雖受到西方的啓發，但亦有傳統學術之影響在，如其自言：

> 元始之時，太極（此用以譯西名伊太也）動而生電子，電子凝而成元素，元素合而成物質，物質聚而成地球，此世界進化之第一時期也。……物種以競爭爲原則，人類則以互助爲原則。社會國家者，互助之體也，道德仁義者，互助之用也。……人類進化之目的爲何？即孔子所謂「大道之行也，天下爲公。」〔註 127〕

〔註 125〕梁啓超：《中國近三百年學術史》，頁 43。
〔註 126〕張麗珠：《中國哲學史三十講》（臺北，里仁書局，2007 年），頁 549。
〔註 127〕孫文：《建國方略》（臺北，三民書局，1994 年），頁 36。

「伊太」（ether）即稱「乙太」或「以太」，是古希臘思想家所假想一種廣泛存在宇宙的物質。孫文此把「太極」用以比擬西學之「伊太」，欲藉此說明其宇宙生成論，也就是「伊太→電子→元素→物質→地球」一系列構成的可能，此亦呼應了〈易傳〉「太極生兩儀，兩儀生四象」的現象。不過孫文的最終目的則在於論述物質的進化與人類社會的進化是同調的，猶如地球物質之「進化」，則人類文明社會的進化，亦必須從專制體制轉換爲民主憲政。故孫文以爲孔子在〈禮運〉所說的「大道之行也，天下爲公」，是認同公天下必須以民眾爲主體，因此人類社會之進化層層相因，古學早有論及。近代學者余堅在《國父學術思想與國家建設》也說：「國父談革命，常稱說《易經》中『湯武革命順乎天而應乎人』一語。此革命乃變更天命之意。」〔註128〕此以爲「革命」係古代聖王所推舉，《周易》爲六經之一，而孫文引爲資助革命思想，可知孫文學術亦取之于古學精粹。

章炳麟，字枚叔，號太炎，爲晚清民初學者，亦參與國民革命，章氏嘗師清末大儒俞樾于杭州詁經精舍，但後來提倡民族主義，主張驅逐滿清，光復漢人失土，而與俞樾絕裂，其《太炎先生自訂年譜》嘗自載謁見俞樾之對話：「時俞先生篤老，往謁，先生督敕甚厲。對曰：『弟子以治經侍先生。今之經學，淵源在顧寧人，顧公爲此，正欲使人推尋國性，識漢虜之別耳。』」〔註129〕後章氏撰有〈謝本師〉一文，藉致歉俞樾表明驅逐夷狄的決心，欲從民族大義的關懷，而釐清漢虜之別。章氏本來亦支持康、梁的維新變法，曾應梁啓超的邀請入《時報》當主筆，但戊戌政變後，旋即被清廷通緝，其眼見清廷之腐敗，終覺立憲無望，故轉而反對帝制、支持革命，鼓吹民主自由，以建立漢民族爲主體的政權爲行願。光緒二十九年（1903 A.D），章氏因發表《駁康有爲論清帝書》，指責光緒皇帝過失，遭到清廷通緝，被捕下獄三年。光緒三十二年，章氏再度遠渡日本，加入孫文所主導的同盟會，並擔任《民報》編輯，欲以學者之筆挑戰保皇派勢力。中華民國建立後，孫文旋聘章氏爲臨時大總統樞密顧問，亦被列爲開國元勳。不過章氏終其一生，對政治的態度大多是採取監督的手段，而非積極置身其中，故謂是以學者身份而觀望時政亦可，陳平原也說：

　　章太炎基本上是個在野的思想家，對官場始終沒有好感，對朝廷興

〔註128〕余堅：《國父學術思想與國家建設》（臺北，臺灣商務印書館，1973年），頁8。
〔註129〕《民國章太炎先生自訂年譜》，頁8。

學的誠意及效果抱懷疑態度，對「暴政」與「利祿」對學術的雙重
摧殘有深刻的體會。〔註130〕

因此，章氏雖積極參與革命，然終不以仕進爲職志，反以學者的身份褒貶時
政，以學術之力督促政治，其嘗投書非議袁世凱稱帝，可知之。故陳平原又
云：

> 曾評述有清三百年學術，主要尺度是入仕與否，對謀得一官半職的
> 學者頗多微辭。而朱鶴齡等「學雖淺末，然未嘗北面事胡人」；江聲
> 「亦舉孝廉方正，皆未試也」。……對清代此類專心學術無心仕進的
> 樸學者，章氏稱之爲「學隱」，並給予很高的評價。〔註131〕

章氏以學者不出仕爲「學隱」，其用意在於激賞清流人物，而貶斥政治附庸者，
故朱鶴齡、江聲皆爲其楷模。其說「凡說人事，固不當以祿胙應塞」，〔註132〕
此也反映了其不慕名利，欲以學者身份經世濟民的志願。再者，章氏本就以
爲學問可救濟政治之弊，曰：「將論官者必於大學，求材於學」，〔註133〕也就
是認同學者的專業與理性是足以衡量政治之得失，故政治人材的培育亦必須
由學校著手了，章氏的政治觀實建構於「學」的基礎上，所謂「歷來承平之
世，儒家之術，足以守成。戡亂之時，即須道家」，〔註134〕以爲治亂之要，不
出學術的範疇。

　　而章氏民主主義與民族思想的醞釀，亦是起源傳統經、史、子思想的激
勵，其自訂年譜云：「架閣有蔣良騏《東華錄》，嘗竊窺之。見戴名世、呂留
良、曾靜事，甚不平，因念《春秋》賤夷狄之旨」〔註135〕《東華錄》是清初
六帝的斷代史，多紀載針對漢人所發起的屠殺、文字獄等刻政，章氏在瀏覽
滿人高壓統治下的種族政策後，致使產生諸多民族情懷，以爲只有驅除夷狄，
恢復民族大義，尊行《春秋》所謂的夷夏之防才能振興中國。此外，其著作
《訄書・平等難第二十八》亦言：「昔者，平等之說起於浮屠。浮屠之言平等
也。蓋虧盈流謙以救時弊。」〔註136〕把眾生平等之說推于佛學，以爲佛所說

〔註130〕陳平原：《中國現代學術之建立——以章太炎、胡適之爲中心》（臺北，麥田
　　　　　出版社，2000 年），頁 85。
〔註131〕《中國現代學術之建立——以章太炎、胡適之爲中心》，頁 85。
〔註132〕章炳麟：《訄書》，頁 2。
〔註133〕《訄書》，頁 127。
〔註134〕章炳麟：《國學略說》，頁 163。
〔註135〕《民國章太炎先生炳麟自訂年譜》，頁 2。
〔註136〕《訄書》，頁 106。

的平等能解救「種姓」階級之弊，蓋如《大般若涅槃經》所言「一切眾生所有五根悉應平等」、「一切眾生皆有三昧」，〔註 137〕則所有民眾天生的根性不二，故所享有的自由平等應無有差別。又《訄書·訂孔第二》引日人白河次郎之言：「老莊派持民主政體，所謂自由主義也。」〔註 138〕直把自由觀念附會老莊，則「自然」、「無爲」、「逍遙」、「齊物」之意趣，便通貫於民主政治，其反滿、反君主專制，亦是建立在重學的政治觀之上。

〔註 137〕曇無讖譯：《大般若涅槃經》收入《大正新修大藏經》（臺北，新文豐出版社，1987 年），第十二冊，頁 544～546。
〔註 138〕《訄書》，頁 3。

第二章　晚清諸子學對乾嘉學術典範的繼承與開新

　　晚清之際，考據訓詁之學或有衰微之現象，其末流往往有「瑣碎」、「好勝」之弊，故學者乃詬病之，以是：「不務明正通達而務其難，則往往昧其大體而玩其細節。……苟專務其難以求施我考釋之功，則前人學術大體有不暇問，而惟求於小節僻處。」〔註1〕此即專務於細節而不能窺知全豹，用力於微難處而不能明於根本，乾嘉考據學至此則式微。不過，仍有部份晚清學人能繼承前儒的識見，稟持訓詁考據之方法與態度，深入經、子、史學的探索，從以發明前儒所未發，如梁啓超說章太炎：「應用正統派之研究法，而廓大其內容，延闢其新徑。」〔註2〕故晚清學者之治史學、今文經學，以至於致用之學、地理水文之探勘，甚至鑽研西學仍受到訓詁考據的影響，此蓋乾嘉學術典範的延伸。而晚清學者之研究諸子學，亦能運用乾嘉學術之方法，並加以擴充與創新，故晚清攝入訓詁考據的子學識見仍有可觀處。本章以魏源運用考據的《老》學的義理改造為課題，以是魏源親身經歷晚清的鴉片，又參與《皇朝經世文編》的編纂，係晚清論述西學的先驅，故其學有啓後之作用，因此放在第一順序；再論述嚴復、劉師培以創新、保守態度對《老》學的考據詮說，嚴復為晚清翻譯西學的前輩，其所翻譯之作品影響晚清思想甚巨，而劉師培屬於晚清末期人物，可謂清學之殿軍，故把兩者放在一起比較也有助於釐清晚清近七十年學術思潮之嬗變；最後，再比較俞樾、章太炎的子學

〔註1〕錢穆：《中國近三百年學術史》（北京，商務印書館，2005年），下冊，頁670。
〔註2〕梁啓超：《清代學術概論》（臺北，里仁出版社，2002年），頁81。

考據，俞樾爲正統派之學者，其與章太炎是爲師徒關係，俞樾至章太炎這學術脈絡可爲考察晚清學術的流變提供一線索，而章太炎之學甚至影響至現代國學的發展，因此以學術思想的影響而論，則本文把俞樾至章太炎這一組合列爲章節之最後，以是該命題有承先啓後的作用在，如下。

第一節　魏源《老子本義》結合考據學的義理改造

　　儒學獨尊後，儒家以外的子學地位下降成爲普遍現象。本在漢初爲顯學的黃老道家也由官學的高度走入民間，如董仲舒上「天人三策」所言：「以爲諸不在六藝之科孔子之術者，皆絕其道，勿使並進。邪辟之說滅息。」〔註3〕儒學的興起實代表他家子學的沒落，如道家漸失官方的支持而遁入民間，學術聲望已不如文景時期，道家典籍亦爲神仙術與宗教所援取，成爲道教鍊丹派與符籙派的經典。〔註4〕到了漢末魏晉，玄佛會通成爲風氣，道家亦被融入玄談並受到貴族與士大夫的側重，「三玄」在士人的探析下，已非先秦學術的原貌，然此時玄談所著重是爲道家學理的創造性與思辨性，故玄學在義理上發揮又較兩漢爲之濃厚。

　　入清後，學者在解經的過程中亦留意諸子義理之探析，乾嘉考據學興起，

〔註3〕班固：《漢書》收入《百納本二十五史》（浙江，杭州古籍出版社，1998 年），頁 472。

〔註4〕大抵道家於漢代本盛於文、景時代，於官學立有博士官職，《漢書》以爲「天下眾書往往頗出，皆諸子傳說，猶廣立於學官，爲置博士」，當時富有盛名者如蓋公、黃生、汲黯等，皆倍受統治者重視而權傾一時。黃老之學頹靡後，其發展由官學轉爲民俗，成爲神仙術、隱士修習的範疇，且在結合符籙與神仙法術後也另發展爲宗教系統，章太炎便以爲「道士與老子無關，……漢末張道陵注老子，其孫魯亦注老子，以老子牽入彼教，殆自此始。……神仙家道家〈隋志〉猶不相混，清修四庫，始混而爲一。其實鍊丹一派，於古祇稱神仙家，與道家毫無關係。」黃老衰微後，便遁入民間漸爲神仙術與符籙派所擷用。依章氏的說法，則道家與道教兩者本無淵源，道教的產生本是東漢「劾禁」派所建立，其來源較近於原始宗教一脈（故章太炎說是近墨家），此派附會道家以老子爲宗師，在後人誤解下道家遂與道教混淆。又《後漢書》亦云：「聞宮中立黃老、浮屠之祠，……或言老子入夷狄爲浮屠。」蓋老子與佛陀同調，乃成爲神佛祭祀的對象了，《後漢書注》也說張陵所創「五斗米教」的施法：「祭酒主以老子五千文，使都習，……主爲病者請禱。」《老子》五千言竟成可治人疾病的經術一類，故道家被神仙術與符籙派重加詮解後，在學術上的聲望已非可比擬漢初。見章炳麟：《國學略說》（臺北，文史哲出版社，1987 年），頁 166～167。

子學緣考據學的發展又受到士人關懷，在解經方法上學者講究經、子互證或以子證經的途徑，諸子學於釋經上的意義上乃受到重視。不過，此時諸子學仍只是經學研治的附庸，清初與乾嘉的子學大抵都不違離此趨勢，如張爾岐《老子說略》、陳夢雷《老子紀事》、畢沅《老子道德經考異》、紀昀《老子道德經考證》皆然。梁啓超也說：「清儒之有功於古學者，更一端焉，則校勘學也。……及考據學興，引據惟古是尚，學者始思及六經以外，尚有如此可珍之籍。」〔註5〕清儒因爲經學校勘的需要，重新審視子學的價值，遂使子學漸有發展，故清代子學興起乃得於六經研治之餘韻是明確的。

　　晚清時，魏源（1794～1857 AD）亦承襲乾嘉考據學的方法，〔註6〕所著《老子本義》一書大抵以考據成篇，並援引歷代註家之說而辨證其中思想，如博徵於河上公、王弼、傅奕、陸德明、蘇軾、呂惠卿之言，又能旁及《莊子》、《淮南子》、《列子》等道家之論，可謂善用文字訓詁以蘄求義理。而魏源又推崇《老子》爲「救世」之書，稱其能由「上古之道」的角度立說，並據「禮家」與「兵家」之言，可「無爲治天下」而「不期服人而人自無不從之也」。魏氏認爲這種「以無爲本」、「無爲無欲」的意識，有利於平息民眾生活上的「巧僞」，與放寬法律刑罰的嚴酷，使人民得以生養修息，進而達到政治上與民治上的「和諧」。〔註7〕此種與中晚清之世，學界所推崇「經世致用」的意識實不謀而合。大陸學者羅檢秋以爲：「《老子本義》所具有的學術特色使之成爲清代子學發展的分水嶺。此書之後，隨著經世致用思想潮激盪不已，主張以先秦諸子經世濟民的言論逐漸增多。」〔註8〕因此，魏氏《老子本義》的價值是多方面的，除了積極會通儒道思想外，並廣搜前人的集解注解，其「好作經濟談」的爲學態度，亦能由此書而窺探。

　　再次，在典籍詮釋方面，魏源並非一味固守儒學來理解《老子》，而是能投入當代「經世致用」的視野，並重新以考據法來定位老子其人其書的思維，

〔註5〕梁啓超：《清代學術概論》，頁52。

〔註6〕魏源，字默深，湖南邵陽人，嘗官至高郵州知州。其活躍於道光、咸豐年間，善考據學、堪輿學、佛學等，爲中晚清學人吸收西學的先驅之一，嘗鼓吹「師夷之長技以制夷」，欲調和中西方之經濟、工藝、國防等，所關懷在於當代的社會民生，故魏氏亦旁通於經世致用之學。

〔註7〕魏源：《老子本義》收入《新編諸子集成》（臺北，世界書局，1991年），第三冊，頁48。

〔註8〕羅檢秋：〈從魏源《老子本義》看清代學術的轉變〉收入《近代史研究》（北京，中國社會科學院近代史研究所，1995年第一期），頁86。

如〈論老子〉四篇的意趣便頗不同於前儒說法,而對《老子》章節的編排亦異於前學。其又借助「儒老會通」、「以經證子」、「以子證子」方法,進而落實了其義理改造的思維,故魏氏的《老子本義》大抵能繼承乾嘉學術又能開創晚清子學的視野,在清代經典詮釋史上實有其可觀處。

一、以考據法審視《老》學源流

魏源的注解《老子》實不出乾嘉考據的共法,然魏源以今文學者的身份治子學,所著重在義理思想,則考據學不過是其闡釋義理的初步工具。審視清中葉之後的學術,則考據法是爲清儒治學的「共法」,學者莫不以此探尋「貴創」、「博證」、「致用」之學,〔註9〕章太炎在〈太炎先生的第二書〉云:「前因論《墨辨》事,言治經與治諸子不同法。昨弟出示適之來書,謂校勘訓詁,爲說經說諸子通則,並舉王、俞兩先生爲例。按校勘訓詁,以治經治諸子,特最初門徑也。經多陳事實,諸子多明義理。」〔註10〕因此考據學之運用係爲清儒治學(包含經、子、史)的「最初門徑」,然經學在於求事實,子學的標的在於義理闡述,因此子學研究者在此不同的趨向下,便可能附會文字以尋求義理。張博勳在《《老子本義》研究》一書嘗提及魏氏《老子本義》的缺失,其中在考據的缺失部份則列有「對於章句的校讎不嚴謹」、「考據不詳實」、「收取的資料多有意識上的偏頗」等論,其說:

> 歷代所遺留下的考證與注說仍是甚多,就學術研究而言,仍多有可資參考與比較者,但魏源似乎未在其上多所著力。尤其是對老子其人與《老子》其書的考證,其可採用作爲評斷的資料應是更多,但魏源所引證者不過寥寥數語,……但就考證資料的詳實度而言,卻是有所欠缺的。〔註11〕

張氏乃以爲魏源注《老子》大抵不能因循前儒的文字訓詁,在考據上又不詳實,所以在文字、詞意的整理上,以至於對義理的解析都有所偏差。不過,魏源作爲一今文學家,對於義理的論析本勝於對文字訓詁的觀察,故「微言大義」的闡發才是其終極原則,此觀點也影響其諸子學的態度,梁啓超說:「今

〔註9〕 此「貴創」、「博證」、「致用」的闡發,是爲梁啓超論述顧亭林開清一代學術風氣之特色。見《清代學術概論》,頁14～16。

〔註10〕 胡適:《胡適文存》(合肥,黃山書社,1996年),第二集,頁127～128。

〔註11〕 張博勳:《《老子本義》研究》收入《古典文獻研究輯刊》(臺北,花木蘭文化出版社,2007年),第十八冊,頁128～129。

文學之健者，必推龔、魏。……考證之學，本非其所好也，而因眾所共習，則亦能之，能之而頗欲用以別闢國土。」〔註12〕所以龔、魏由考據治經學實另有指向，諸人對前儒的注解則往往採取選擇性的一二策而已，遂「其精神與正統派之爲經學而治經者則既有以異」，此在在說明今文學家的意趣必然與古文學家有異，且爲周延其義理思想則「不惜抹殺證據或曲解證據」（此梁氏評康有爲語）。〔註13〕而清代今文學家非但在治經上如此，在治諸子、史學的課題上亦如此，也就是雖能經由考據著手，但往往爲義理的疏通不惜曲解文字語意。總之，今文學家並非古文學家，或能運用考據方法爲治學的初步，但如何更進一步的申辨義理思想，才是其心繫所在了。整理上述可知，魏氏《老子本義》的成書係以「義理」的闡發爲主幹，而訓詁考據的運用雖爲其治學的初步，但並非是魏氏所側重的最終目的，因此考據法大抵可視爲魏源義理改造的工具，確不能盡判爲其學術研究的最後依歸了。

魏源既以考據爲論學初步，故其考據識見仍有數點可留意處。一是老學出於史官，老子學問皆來自古學的薰陶；二是以爲老學與黃帝之學一脈相承；三承認老子是春秋時人，且是「述而不作」的人物，故老子所撰述的五千言皆闡釋古道，而不另闢新論，魏氏曰：

> 徵諸柱下史也。國史掌三皇五帝之書，故左史在楚，能讀墳索。尼山適周，亦問老聃。……至經中稱「古之所謂」，稱「建言有之」，稱「聖人云」，……故班固稱道家出古史官。……孔子觀周廟而嘉金人之銘，其言如出老氏之口。考《皇覽》、《金匱》，則金人三緘銘，即漢志黃帝六銘之一，爲黃老源流所自。藏室柱史，多識擇取，學焉得其性之所近。〔註14〕

此認同《史記》、《漢書》道家出於史官的說法，《老子》五千言即是老子向關尹口述的上古道說，大抵老子爲周王室的史官，既爲國史係「掌三皇五帝之書」，而老子又曾管理周王室的圖書館，即「主柱下方書」，故關尹才能由老子的口中得知屬於王官收藏的古代道說（或說是上古容成氏所論述的道說），故《老子》一書即老子整理的古代道論總匯也。因此魏氏說老子是「懷德抱道，白首而後著書，其意不返斯世於太古淳樸不止也。」〔註15〕此直以老學

〔註12〕梁啓超：《清代學術概論》，頁66。
〔註13〕梁啓超：《清代學術概論》，頁67。
〔註14〕《老子本義》，頁2。
〔註15〕《老子本義》，頁2。

是嚮往古道的學術，老子爲懷古之眞人，而《老子》書則是欲由古說經世濟民的文獻了。實際上，《老子》五千言實多有藉古說今的意趣，如〈十四章〉「執古之道，以御今之有，能知古始，是謂道紀」、〈十五章〉「古之善爲道者，微妙玄通」，所以《老子》欲闡述古道的意圖是顯明的，而王弼注也說「上古雖遠，其道存焉，故雖在今可以知古始也。」〔註16〕此乃以古道而知曉今事，是以王弼也承認道家所致力的「道」實淵源於上古道說。與魏源同時的龔自珍也說「出乎史，入乎道，欲知大道，必先爲史。此非我所聞，乃劉向、班固之所聞。向、固有所徵乎？我徵之曰：『古有柱下史老聃，卒爲道家大宗』。」〔註17〕蓋龔氏也贊同論「道」者，必有史學的高度，其引證司馬遷、劉向、班固的觀點，以爲老子曾任「柱下史」，遍覽史籍，以史事應證古道，故能成就道家大宗師的地位，此說實與魏氏的說法相呼應，因此魏源「道家出於古史官」的說法並非是無所據的。

再者，魏氏又承認兩漢黃老之學與先秦道家的一脈相承，故有「金人三緘銘即漢志黃帝六銘之一，爲黃老源流所自」的說法，此直把上古傳說中的金銘歸爲黃老學說的源流，魏源贊同的理由爲：

> 夫治始黃帝，成於堯，備於三代，殲於秦。迨漢氣運再造，民脫水火，登扔衽席，亦不啻太古矣。……老氏書賅古今，通上下。上爲者，羲皇關尹治之以明道，中爲者，良參文景治之以濟世。〔註18〕

魏氏以爲，老子所述皆「太古之道」，所存爲「太古之心」，故其學必然是直追上古的理想治世，因此「治始於黃帝」把治世的起源歸爲傳說中的黃帝事蹟。〔註19〕老子之時雖沒有上古的盛況，但老子撰著五千言是爲了後代的安

〔註16〕 王弼注：《老子道德經注》收入《新編諸子集成》（臺北，世界書局，1991年），第三冊，頁8。

〔註17〕 龔自珍：〈尊史〉收入《龔自珍全集》（臺北，河洛圖書出版社，1975年），頁81。

〔註18〕 《老子本義》，頁2。

〔註19〕 所謂「黃老之學」盛行於漢初，是指以黃帝與老子之學相併列的學術，不過黃帝事蹟多見於傳說，而非正史所能敘述，故後學者又把黃帝託名爲道家人物，以爲黃帝也持守清靜無爲，並以「道」爲天地萬有生成的本源，且擅長刑名治國之術，蓋刑名術也成爲黃老之學的特色。司馬談〈論六家要旨〉對當代道家（即黃老之學）有一番說法，以爲：「道家使人精神專一，動合無形，贍足萬物。其爲術也，因陰陽之大順，采儒墨之善，撮名法之要，與時遷移，應物變化，立俗施事，無所不宜，指約而易操，事少而功多。」從此看，漢初的黃老道家不但吸收了先秦道家之長，也採取部份陰陽家、儒家、

治立法，即「淳樸忠信之教，不可謂非其時，而啓西漢先機」，故到了漢初時能「氣運再造」，其無爲純樸的民風，亦如同太古治世的復甦也。平心而論，《皇覽》、《金匱》中的「金人三緘銘」未必便是傳說中的黃帝銘文，但魏氏大抵以此爲界說，以爲上古黃帝之治與漢初治世是相應的，故魏氏又從「致用」的角度論述「黃老」的關係：

> 黃老靜觀萬物之變，而得其闔闢之樞，惟逆而忍之，靜勝動，牝制
> 牡，柔勝剛，欲上先下，知雄守雌。……漢人學黃老者，蓋公、曹
> 參、汲黯爲用世之學，疏廣劉德知足之學，四皓爲退隱之學，子房
> 猶龍，出入三者，體用從容。漢宣始承黃老，濟以申韓，其謂王伯
> 雜用，亦謂黃老王而申韓伯也。〔註20〕

魏源以爲，黃、老都以「靜」、「觀」而馭萬物開闢的變化，故黃老之術所致力的，即欲由一陰柔的工夫，消化萬物的動、剛、強等態勢。如用在政治上，便同漢初蓋公、曹參、汲黯、張良的「用世之學」，內可自「保」外可濟世，亦同於《黃帝四經・經法》所說「唯執道者能上明於天之反，而中達君臣之半，密察於萬物之始終，……故能至素至精，浩彌無形，然後可以爲天下正。」〔註21〕故「道」乃不離「反」、「始終」、「無形」的姿態，遂黃帝帛書所論述的「道」，與《老子》的內容或有聯繫，而魏源與古學的觀點亦不違離。總而論之，魏源乃視上古黃帝、老子之書與漢初的治世，皆是「黃老」之術運作的結果了。漢初司馬談亦謂「道家無爲，又曰無不爲，其實易行，其辭難知。其術以虛無爲本，以因循爲用」，〔註22〕此充份說明道家的「虛無爲本」是達到不擾民的致治方法，蓋司馬談爲漢初史官，必然是眼見當代文景之治的盛況，其說有相當的可信度；清陳澧也說「漢初果以黃老致刑措矣。……漢以清靜而治，……清靜者，遠受其福也。」〔註23〕以爲漢初以黃老治世而廢棄

墨家、名家、法家的學說，後學者亦多有以爲漢初的治世是黃老之學的運用。《漢書・藝文志》收有一系列黃帝之學的典籍，然而今多已亡佚，如《黃帝四經》四篇、《黃帝銘》六篇、《黃帝君臣》十篇、《雜黃帝》五十八篇。現今唯有疑似《黃帝四經》的篇章於長沙馬王堆漢墓出土。見《史記》收入《百納本二十五史》，第一冊，頁 294。

〔註20〕《老子本義》，頁 4。
〔註21〕谷斌等注釋：《黃帝四經注釋》（北京，中國社會科學出版社，2004 年），頁 10～11。
〔註22〕司馬遷：《史記・太史公自序》收入《百納本二十五史》（浙江，杭州古籍出版社，1998 年），頁 295。
〔註23〕陳澧：《東塾讀書記》（臺北，臺灣商務印書館，1997 年），頁 209。

刑罰，此說乃推舉道家之清靜無爲，故與魏源的「用世」觀點是同調的，魏氏大抵是以「經世」的觀點承認「黃帝→老子→漢初」的一脈傳承，而漢初的黃老之學終收先秦以來的成效，而老子著書於上古與漢初中間的春秋時期，能會通古往未來，而達到「書賅古今，通上下」的功效，故可謂是道家的重要傳承人物。

其三，魏源又承認老子爲春秋時人，且爲「述而不作」的人物，此說法大抵受到《論語》影響，《論語·述而》云：「述而不作，信而好古，竊比於我，老彭。」〔註24〕以爲「老彭」愛好古道，故只傳述古事，而不另創新論，此段話也成爲先秦文獻載記老子其人的一個例證。後世學者又兼採《史記》觀點應和，如邢昺就說「老彭即莊子所謂彭祖也。李云名鏗，堯臣封於彭城，……在商爲守藏史，在周爲柱下史，年八百歲，鏗音硜，一云即老子也。」〔註25〕把老子視爲八百歲的長壽老人，其年代跨越殷、周，早先在殷爲「守藏史」，在周則爲「柱下史」，此與《史記》謂老子「與孔子同時」、「或言二百餘歲」，或說「太史儋」爲老子等語，皆重視傳說的部份。魏源亦採取此類老子爲春秋時人的說法，以爲《論語》所載記的老彭即傳說中的老子，其考據《史記·老韓列傳》則援引朱子的說法曰：

> 或謂老彭即老子。余嘗亦疑此，以〈曾子問〉中言禮數段證之。即述而不作，信而好古。可見聃周之史官，掌國之典籍，三皇五帝之書，如五千言，亦或古有是語而老子傳之。〔註26〕

照魏源所說，其原先對老子是否爲「老彭」的說法也頗懷疑之？不過最終仍循《禮記》說法給予肯定，〈曾子問〉有「聞諸老聃曰」一語，註家多以爲是孔子問禮於老子的證據，魏氏也採信之，故總合上述，則魏氏便底定老子係孔子曾向其問禮的春秋學者，且只論述古道，不以己意著書的史官了。

在魏源之前，明代陳士元《論語類考》曾整理宋明儒之論老子生平、與老子其人的著述問題，該論或可與魏氏說法相呼應，其載：

> 儋與聃同《左傳》所謂太史儋是也。邑於苦之賴鄉，賴即萊也。故又曰：「老萊子」。以三十六法治心理性，究忠盡孝，桓莊世柱下史，

〔註24〕何晏注、邢昺疏：《論語注疏》收入《十三經注疏》（臺北，藝文印書館，1976年），頁60。
〔註25〕《論語注疏》收入《十三經注疏》，頁60。
〔註26〕《老子本義》，頁5。

簡靈世守藏吏，孔子嘗學禮焉。孔沒十九年而儋入秦西，歷流沙八十餘土化胡成佛壽四百有四十歲。據其說則老、彭爲二人，孔子稱其述而不作，信而好古。彭祖雖無考，而老子則有明證。楊中立氏云：「老子五千言以自然爲宗，謂之不作可也。」朱子亦云：「以〈曾子問〉中老聃言禮數段證之，可見述而不作，信而好古，蓋聃周之史官，掌國之典籍，三皇五帝之書，如五千言亦或古有是語，而老子傳之未可知也。故列子引《黃帝》書與《老子》谷神不死章相同。」楊慎氏云：「佛經三教論謂五千文者，容成所說，老爲尹談，蓋述而不作也。」又莊子引容成氏曰：「除日無歲，無外無內。」則容成氏固有書矣。述而不作，此其明證。〔註27〕

陳士元首先由文字上闡釋，其認爲老子便是「太史儋」，蓋「聃」與「儋」音近，二字在先秦爲通假字，老子是爲苦縣賴鄉人，「賴」與「萊」又音近，故老子又名「老萊子」。陳氏又參考《論語》與《禮記》說法，以爲孔子嘗學禮於老子，故老子爲春秋時人，曾作過「柱下史」、「守藏吏」等官。而陳氏之證成老子爲「述而不作，信而好古」，則參考楊時「五千言以自然爲宗」，一來老子稟守自然無爲之道，必不專務於著述，且朱子也贊同「〈曾子問〉中老聃言禮」，此證明老子乃爲周王室的史官一類，所掌管爲古禮古說，故只傳述古道而不加以創作。此外，謂《老子》是載紀上古之道者，如《莊子》「容成氏」說與楊慎的引論皆可參考之，大抵以爲老子思想仍可追溯於上古，甚至得自於傳說中的黃帝、容成。此與魏源所論觀點相近，即：「今考老子書『谷神不死』章，列子引爲皇帝書，而或以五千言皆容成氏書，……班固謂道家出古史官，莊周亦謂古之道術有在於是者」，〔註28〕皆承認道家係出於古史官，並贊同《莊子》、《列子》循傳說部份所論述老子與黃帝、「容成」的關係淵源。

　　不過，反對老子爲春秋時人的案例亦有之，梁啓超從《老子》的用詞評議曰：「《老子》書中用王侯、侯王、王公、萬乘之君等字樣者凡五處，用取天下字樣者凡三處，不似春秋時人語。」〔註29〕梁氏以爲，《老子》所說「王侯」、「侯王」、「取天下」這些詞語應晚至戰國才有機會出現，故《老子》書

〔註27〕陳士元：《論語類考》收入《景印文淵閣四庫全書》（臺北，臺灣商務印書館，1983 年），經部，第二百零七冊，卷十七，頁 16～17。

〔註28〕《老子本義》，頁 1～2。

〔註29〕梁啓超：《飲冰室文集點校·評胡適之中國哲學史大綱》（雲南，雲南教育出版社，2001 年），第五集，頁 3060。

應不可視爲春秋時期的著作。崔述《洙泗考信錄》則言：「《老子》文似戰國諸子，……孟子但距楊、墨，不距黃、老。果老聃在楊、墨前，孟子何以反無一言闢之。」〔註 30〕這是說，孟子既然排詆楊、墨等異端，假使《老子》書成於孟子之前，何以孟子未及一語。崔氏的懷疑也非無道理，其以諸子年代爲考察的方向，提出《老子》成書應出於孟子之後，故如以詞彙用法與諸子年代析論，則《老子》是否出於春秋當時？且是否眞抱持「述而不作」態度？則仍有商榷的餘地了。

　　總上而說，在魏源之前後已有諸多學者提出對《老子》源流的疑問，宋明學者由經籍的載紀闡釋，而清儒則專以考據探析，諸儒說法仍未有一致，故老子其人與其學的淵源至今則未有定論。魏源匯輯前儒之說，重視義理的解析，以考據爲輔助，其對注疏的整理工夫實不可小覷。但是，魏氏首以「義理」的闡釋爲優先，往往爲義理的疏通，不惜曲解文字語意，此固然爲其治學的特點，但疏於對文字與訓詁的嚴格要求，則使其結合考據的義理改造，在論述上無法達到縝密無誤的程度，所以說，魏源的老學研究有其優點亦有其缺點，是爲瑕瑜互見也。

二、《老子本義》由訓詁成書的考據思維

　　魏氏已明言《老子》是一「太古書」，其「道」爲一「太古道」，〔註 31〕因此魏氏亦持以「考古」爲著書的目地，以爲「庶竊比於述而好古者」，有追尋古字古義的意識在。然其求古所依循是爲「考據」，所以魏氏《老子本義》大抵是恪守這種清儒的治學共法，以致使達到「訓詁明則義理明」的嚴謹態度。魏氏於《老子本義‧序》已自言整理《老子》的諸多考察與發現：

> 河上公注不見漢注，隋志始有之，唐劉知幾即斥其妄。所分八十一章與嚴君平《道德指歸》所分七十二章，王弼舊本所分七十九章，皆大同小異。又谷神子以「曲則全」章末十七字爲後章之首。……近日姚氏鼐，又各以意合併之，而姚最舛。史遷統言著書五千餘言，而妄人或盡剪語詞以就五千之數。傅奕定本又多增浮文。王弼稱「佳兵不祥」章，多後人之言。……韓非最古，而所引恆遜於淮南。〔註 32〕

〔註 30〕崔述：《洙泗考信錄》（高雄，啓聖圖書公司，1972 年），頁 20～21。
〔註 31〕《老子本義‧序》，頁 1。
〔註 32〕《老子本義》，頁 4。

此引出《老子》歷來的注本問題。首先是對版本的考察，魏氏對歷來注疏的態度是抱持不拘泥一家，能擇善而從，比如其重視劉知幾視之非漢人古本的說法，大抵認為河上公本是不著錄於《漢書・藝文志》，因此魏氏部份章句雖參考河上公注，但也是有所保留，即列出其說法但不完全盡從，如「故致數輿無輿」，魏氏以為河上公本為「車」亦可參考，但其終依王弼本的「輿」字。〔註33〕又「躁則失君」，魏氏依王弼本作「失君」，但也列出《經典釋文》的「失本」與河上公本「失臣」。〔註34〕此外，在版本上魏氏又認同「韓非最古」，可知在近代郭店楚簡出土之前，學界乃普遍認為《韓非子》所引的《老子》文字可能是最古本之一。只是魏氏以為《韓非子》的文字「所引恆遜於淮南」，判斷其書所引雖是古本但並非是最善本，因此在版本問題上，魏氏仍是有所選擇的。

　　其次是章節刪減問題，此亦可見魏源的考據學識見。魏源大抵留意到河上公注有八十一章，而嚴君平《道德指歸》分七十二章，王弼舊本分七十九章的情況。不過，魏氏其書並不依照通行本《老子》的章節編排。通行本有八十一章，內容為河上公本，然魏源《老子本義》則縮為六十七章，其大幅剪裁河上公本，斟酌各章的文字、詞句與詞義間的聯繫而訂定。至於縮減的詳細，如《老子本義》的第五章，合併通行本第五章「天地不仁」與第六章「谷神不死」為一章。其理由則是：「姚氏鼐以多言守中合下谷神為後章。蓋二句乃承上轉下之語，故上屬下屬皆可相通，而義終未備，惟《永樂大典》所藏王弼本及吳澄本合為一，今從之。」〔註35〕故魏氏之變動章節並非無有依據，乾嘉姚鼐已有更動的先例，魏源乃衡量段落的文氣語意，再由《永樂大典》的王弼殘本加以參校，故其改動並非是無所依據，魏氏認為改動章節反而有益於對《老子》其書的「求是」。另外其《老子本義》之第十六章，合通行本第十七章與第十八章與第十九章為一章，魏氏認為永樂大典與王弼本皆合第十七與第十八為一章，頗有參考價值，而吳澄合三章為一章，在文義更為完備，所以魏氏此是依吳澄本。而《老子本義》之第二十章，合通行本第二十三章與第二十四為一章，此亦是依吳澄本，蓋以為吳澄本「於義尤備」。可知，魏氏之改動章節，除了有文字章句的判斷外，在哲理上亦有所參酌。

〔註33〕《老子本義》，頁32。
〔註34〕《老子本義》，頁14。
〔註35〕《老子本義》，頁5。

　　三是留意到《老子》的文字增損與文字更動的問題，魏氏說「史遷統言著書五千餘言，而妄人或盡剪語詞以就五千之數。」歷代注家對《老子》的文字或增或損，是欲符合《史記》所論及的「五千餘」字數，此王弼、傅奕皆是有所更動。如通行本十七章，王弼本作「信不足焉，有不信焉。」〔註36〕共八字，然魏氏《老子本義》作「信不足，有不信。」魏氏本有六字，蓋句末少了二「焉」字，故魏氏注解曰：「二句末，王弼皆有焉字，傅奕上句有焉字。」〔註37〕河上公本與傅奕本同，也是七字。不過郭店竹簡《老子乙‧丙》作「信不足，安又（有）不信。」〔註38〕共七字，而馬王堆的帛書《老子甲》作「信不足，案有不信」，帛書《老子乙》作「信不足，安有不信。」〔註39〕三書的文字數目語義頗相近。因此如單以「信不足」句言，則魏氏少「焉」字與三古本皆同，雖「安有不信」句多了「安」字，但比之河上公本、王弼本、傅奕本以句末語氣詞「焉」字補入，則魏氏本仍有其考據價值。

　　又，王弼本有「夫佳兵者，不祥之器」一段，然魏氏說「王弼稱『佳兵不祥』章，多後人之言。」以為此文字有後人妄增的可能，魏氏《老子本義》作「夫佳兵者不祥」，直比王弼本少了二字。然馬王堆出土的帛書《老子甲》作「夫兵者，不祥之器也。」〔註40〕《老子乙》亦作「夫兵者，不祥之器也。」〔註41〕此兩文皆少了「佳」字。從字數來看王弼本與帛書本同，而魏氏只取六字，並把形容詞「佳」字去掉，固然有太簡的狀況，所以其考證未必就是正確無誤的。不過，魏氏在注解也提示了「他本有之器二字」，這也說明魏氏雖有裁減文字之舉，但仍對可疑處採取客觀的方法，並納入注解中保留。

　　至於文字之更動問題，魏氏亦多考辨，如其解《老子》「治人事天，莫若嗇」一段，曰：「陸希聲本作治民，韓非、王弼作莫如。」〔註42〕也就是說，魏氏不採取陸德明的「治民」說，但保留了「治人」即「治民」與「莫若」

〔註36〕王弼注：《老子道德經注》收入《新編諸子集成》（臺北，世界書局，1991年），頁9。
〔註37〕《老子本義》，頁13。
〔註38〕《老子乙‧丙》收入《郭店楚墓竹簡》（北京，文物出版社，2002年），頁19～20。
〔註39〕《帛書老子乙》收入《續修四庫全書》（上海，上海古籍出版社，1995年），子部，第九百五十四冊，頁62。
〔註40〕《帛書老子甲》收入《續修四庫全書》，子部，第九百五十四冊，頁31。
〔註41〕《帛書老子乙》收入《續修四庫全書》，頁66。
〔註42〕《老子本義》，頁49。

即「莫如」這個訓解。歷來以「人」、「民」二字通者，在經傳已有之，如《左傳》襄公二十一年，武仲說：「而後可以治人，夫上之所爲，民之歸也。」〔註43〕治人是爲政之要，故上者之作爲是欲讓民眾有所歸往。故於此「人」與「民」對舉。《說文》言「民，眾萌也。」而「眾，多也。」〔註44〕從訓詁學的觀點來看，「眾」字從目從三人，故「眾」有多人之意，因此「民」與「人」之義亦有互通處。河上公本《老子道德經》之注也說「治人，謂人君欲治理人民。」〔註45〕此注以人民連用，亦認同治人就是治理人民。因此魏源在此並雖無援用陸氏之言，不過所舉「治民」意與河上公本「治人」之意實同。在「莫若」與「莫如」用法上，則二者皆可解爲「不如」之意，故古人書寫或有相通用法，因此韓、王本皆用「莫如」。而馬王堆的《老子甲》、《老子乙》亦作「治人事天，莫若嗇」，與河上公本同。近代出土的郭店竹簡《老子・乙》亦作「給（治）人事天，莫若嗇。」〔註46〕郭店簡爲戰國文獻，馬王堆本則漢初文獻，在考古上可說更接近《老子》原本，故自然更有可信度。蓋魏氏從「治人」而不從「治民」、從「莫若」而不作「莫如」，故在文獻材料方面又接近古本《老子》一步了。

由上述而論，《老子本義》之成書的確在考據訓詁上作了一翻工夫，故其〈序〉言之呼籲即「著其是，舍其非，原其本，析其歧。」〔註47〕要釐析文字，改訂章節訛誤，以還原《老子》是書本義爲宗旨。因此從版本、章節、字數語義三方面來看，則魏氏「竊比於述而好古者」是有相當意義的，蓋所好古者即《老子》之原來面目也，雖然其辨證並非完全無訛，但以「考據」成書的用意仍是可留意之。

三、《老子本義》「經、子互證」的義理改造

如前所論，子書可用於對考證經書之用，此於晚清之前已多有論述，而清末考據大家俞樾也說：「其書往往可以考證經義，不必稱引其文，而古言古

〔註43〕孔穎達：《左傳正義》收入《十三經注疏》（臺北，藝文印書館，1976年），頁590。
〔註44〕許慎：《說文解字》（香港，中華書局，2000年），頁265、169。
〔註45〕河上公注：《老子道德經》收入《無求備齋老子集成初編》（臺北，藝文印書館，1965年），第八冊，卷下，頁16。
〔註46〕《老子乙・丙》收入《郭店楚墓竹簡》，頁1。
〔註47〕《老子本義》，頁4。

義，居然可見。」〔註48〕故「考證經義」係爲子學的一大功能，清儒在治經之餘，旁治子書亦能裨益於經術。劉仲華《清代諸子學研究》也以爲：「以子證經、證史，這種緣起決定了清儒研究諸子也要以考據爲主。校勘子書，訓詁子書，輯佚子書，辨僞子書等都是緣於利用子書的需要而進行的。」〔註49〕清儒以考據爲學術研究的通法，故子書能佐證經、史，此爲乾嘉學者治學的共識，但考據亦是研究子書的方法。所以，子學在晚清被重視後，其「以子證經」的情勢漸被扭轉，不再只是經學之附庸，且在當代著重「經世致用」的前提下，子學思想的價值重新被評估，其學術地位旋以提高，甚而有「經、子互證」、「經子會通」、「以經證子」的詮解意趣形成，本文乃由儒老會通、以經解老、以子解老等議題討論之：

（一）儒老會通的撰著意識

《老子本義》一書大抵是以「儒老會通」的意趣開展，所謂「儒老會通」之著重即認爲儒、老的議題是可以相互延伸與論證，而不局限於儒、道單一家派或經典的詮解，陳耀南《魏源研究》云：「魏源的學術精神，在於不拘章句、不限一經、甚至不爲儒者之經所囿。」〔註50〕事實上，魏源著作干涉多方且「旁通百氏」，此「不拘章句」、「不爲儒者之經所囿」的態度亦影響其治老學，故陳氏遂以爲魏源的學術意趣有「融會儒、道、佛三家的心性、才性與治術之學」的傾向，其《默觚》、《孫子集註》、《淨土四經》等作皆抱持此種會通的意識，故以此而論則《老子本義》之「儒老會通」的命題應是可成立的。固然黃麗頻在〈魏源《老子本義》以儒解老之現象及其分析〉一文認爲魏源在解構《老子》有其詮釋的矛盾，即：「儒道相異是魏源的基本觀點，卻又在注解時會通儒道，豈不矛盾？」〔註51〕黃氏謂此「儒道相異」乃針對老學陰柔而儒學陽剛所闡發，在這種「儒老之間並不相合」的現象下，黃氏基本上是否定《老子本義》「儒道會通」的方向，而專以「以儒解老」取代之。但綜觀黃麗頻的說法仍有許多可補充處，本文以爲「以儒解老」固然是爲魏氏詮解《老子》的方法之一，但「儒老會通」實是魏氏治老學所抱持的重要

〔註48〕俞樾：《諸子平議·序目》收入《新編諸子集成》（臺北，世界書局，1991年），第八冊，頁1。

〔註49〕劉仲華：《清代諸子學研究》（北京，中國人民大學出版社，2004年），頁262。

〔註50〕陳耀南：《魏源研究》（香港，昭明出版社，1979年），頁2。

〔註51〕黃麗頻：〈魏源《老子本義》以儒解老之現象及其分析〉收入《輔仁國文學報》（臺北，輔仁大學中文系，2005年7月），第二十一輯，頁125。

態度，故不可忽略之。「儒老會通」應可由《老子本義》所蘊含的「道體」、「道用」、「聖人」等觀點加以析論，即魏源如何論析道的體、用？與如何解構「聖人」在其書的寓義而論。

首先，就「道體」而言，魏源對儒、老之「道」的理解，實際上有其相同的指向。大抵魏源對儒、老的定位是同出而異用，也就是同出於「道」，而有陽用與陰用的不同，魏源自己也說「道一而已，……天下果有不一之道乎」，〔註52〕這明顯承認天地的事理皆出於「一」，也就是萬有都在「道」一的規定下而形成，因此不論是儒或老，二學皆須由「道」的規範所宰制。且魏氏亦認同老子之「道」係上古道化的一隅，即「老子道，上古道」的界說，其曰：

> 然則太古之道徒無用於世乎？蓋毒痛乎秦，酷劑峻攻乎頂，一旦清
> 涼解之，漸進飲食而勿藥自愈。……孰謂末世與太古如夢覺不相
> 乎？……老氏書賅古今、通上下，……儒者自益亦然，深見深，淺
> 見淺。〔註53〕

故各種學說的「道」或有古今闡釋的問題，而不能認為「道」是不同。假使老子之道與「道」的本質有異，且視為異端，則老子之道該如何為上古與西漢執政者所用？而儒者又如何能於其中得益？因此，老子的「道」必然與原始的「一」相關，故能行於上古、今世與末世，因此「動極必靜，上極必下，……誠如此則無一物不歸其本」，動靜雖為「道」不同的姿態，然卻是循環往覆的，故屬於「上古」之「靜」亦歸依於「本」源，即「道」。《周易・繫辭下》也說「天下同歸而殊塗，一致而百慮。」〔註54〕即使萬事萬物有無限的造化，可衍生無盡的枝節，但其作用的根源仍在於「一」，故儒學所認同形而上「道」與老子「道」的詮解雖未必相同，然該本體的實質係是不變的。

〈繫辭上〉又云「一陰一陽之謂道。」孔穎達正義：「一謂之無，無陰無陽，乃為之道。……故在陰之時而不見為陰之功，在陽之時而不見為陽之力，陰陽自然，無所營為，此則道之謂也。」〔註55〕此以「無」為陰陽二氣的調和，「無」即是「道」運作時的狀態。而老子也說「道常無名樸」、「萬物負陰抱陽，沖氣以為和」，老子以沖、虛、無名為道之和，故在此規定下陰、陽相

〔註52〕《老子本義》，頁2。
〔註53〕《老子本義》，頁2。
〔註54〕孔穎達正義：《周易正義》收入《十三經注疏》（臺北，藝文印書館，1976年），頁169。
〔註55〕《周易正義》，頁148。

須爲用，相濟而行，則「陰」不過爲「陽」的「反」，「陽」則因「陰」位而穩建其內涵，故以「道」緣虛無的觀點實爲儒、道二家所採取（然〈易傳〉之著重仍在於陰陽）。魏源自己也說：「故夫經之《易》也，子之《老》也，兵家之《孫》也，其道皆冒萬有，其心皆照宇宙，其術皆合天人。」〔註56〕「道」皆統攝萬有而合於天人，可見魏源認爲《易》、《老》、《孫子》之「道」，是俱備相近的意義，故對於「道」體的闡發，魏氏亦稟持「儒老會通」的態度無疑。

固然，黃麗頻論「以儒解道」時，以爲「魏源主要從社會價值層面闡述《老子》，有關形而上的虛玄哲理及養生修道之術都不是他的關注範疇」，〔註57〕雖《老子本義》有濃厚的致用思想，但如以爲魏源不重視老子的「形而上」議題，此顯然忽視了魏源以義理成書的內在意涵。事實上《老子本義》作爲一闡述義理思想的典籍，如謂其不能留意「形而上的虛玄哲理」，則必不能盡窺魏氏撰著的全豹。察《老子本義》中，論述「道」、「無爲」、「無名」、「無形」、「有、無」等形上議題，大抵有三分之一以上章節，如前十章便有第一、二、三、四、五、十章嘗提及（可參考附錄表）；而論及動靜、開闔、求道、修身、爲道工夫者，亦佔《老子本義》的極大篇幅。顯然，魏源視形上「道」體爲老子著「救世之書」、行「太古之治」的最高「宗恉」是無可置疑的，《老子本義》的第一、二章便以「常」、「玄」、「無」、「虛無」的思維來理解老子的「道」，《老子本義》云：

> 老子言道，必曰常，曰玄。蓋道無而已。……老子之意，蓋以虛無爲天地之所由以爲天地者，莊子所謂建之以常無有也，以氣化爲萬物之所得以爲萬物者。莊子所謂主之以太一也。故其道其德，以虛無自然爲體。〔註58〕

> 道，即所謂常道也。道以無名爲常，故但可以名以無名之樸而已。
> 樸之爲物，未瑂未琢，其體希微而不可見，故無名。〔註59〕

假使魏源盡抱持「以儒解老」的態度來詮解《老子》，則必然不會出現「玄」、「常」、「虛無自然」、「樸」這種濃厚道家意趣的詞彙，況〈易傳〉所論述的

〔註56〕魏源：《古微堂集》收入《續修四庫全書》（上海，上海古籍出版社，1995年），集部，第一千五百二十二冊，頁379。

〔註57〕〈魏源《老子本義》以儒解老之現象及其分析〉，頁128。

〔註58〕《老子本義・第一章》，頁1。

〔註59〕《老子本義・第二十七章》，頁25。

「道」大抵針對「太極」義，而以天地、陰陽、乾坤爲論說，然魏氏之闡釋
老子「道體」則非全依循於此。可知，「以儒解道」雖是魏源詮解《老子》的
方法之一，但未必便是《老子本義》所秉持的唯一態度，客觀的說，魏氏在
其不拘章句、「不爲儒者之經所囿」的意識下，「儒道會通」、「儒老會通」大
抵較適用其研治老學的理念。

　　再次，魏源所認爲儒、老的不同，應是在於道「用」的部份，魏源嘗云：
「聖人經世之書，老子救世之書。」此論也導出儒、老都嘗致力於對人間世
的「致用」，但二者「用」的內容仍有差異。魏氏《老子本義》嘗論述二家「致
用」的意旨，其說：

> 老子與儒合乎？曰：「否否」。天地之道，一陽一陰，而聖人之道，
> 恆以扶陽抑陰爲事，其學無欲則剛。……老子主柔賓剛，……其體
> 用皆出於陰。〔註60〕

蓋老子之用主「陰」柔，儒家之用則在於「陽」剛，故老子說「上善若水」、
「專氣致柔」，此表現了道家之「用」在於以柔弱姿態克服萬有的蛻變，袁昶
在《老子本義・跋》也說：「老子之道，常居陰而治陽，處靜而觀動，……體
柔以御剛。」〔註61〕「柔」在於能由弱克「剛」，此說實是對魏氏老學「道」
用的最好闡釋；而儒家則不然，其主張「陽貴而陰賤」，故大致上是抱持「扶
陽抑陰」的意識，如《周易・泰卦》云：「泰。小往大來，吉亨」，觀「泰」
的卦象，係乾在下、坤爲上，內卦陽剛而外卦陰柔，遂陽氣之能凌駕陰氣的
態勢是乃亨通的、吉祥的，〈象傳〉也說「內陽而外陰」是爲「君子道長」，〔註
62〕孔穎達則說「建子之月爲正者，謂之天統。以天之陽氣始生爲百物得陽氣。」
〔註63〕把「陽」視爲天之正氣，萬有能得此正「陽」便可進一步化育，此與
老子的靜觀、柔弱是大異其趣的。總的來說，二家乃存在不同的致用觀點是
顯明的。魏源之前的學者也曾指出儒學與老學在「用」層面的不同。乾隆朝
徐大椿云：

> 老氏之學與六經旨趣各有不同。蓋六經爲中古以後文物極盛之書，
> 老氏所云養生、修德、治國、用兵之法皆本于古聖人相傳之精意，

〔註60〕《老子本義》，頁 4。
〔註61〕《老子本義》，頁 71。
〔註62〕《周易正義》，頁 41。
〔註63〕鄭玄注、孔穎達正義：《禮記正義》收入《十三經注疏》（臺北，藝文印書館，
　　　　1976 年），卷六，頁 114。

故其教與黃帝並稱。其用甚簡，其效甚速。漢時循吏師其一二，已稱極治。〔註64〕

此所指出「旨趣各有不同」，亦在於二家在「用」層面的不同。也就是六經出於中古（應指殷、周）文物昌明之時，著重禮典、教化、以仁義治國；而老子在修養上講究貴簡、貴樸、主靜，在政治上或與黃帝之法相近，重視無爲治國、歇兵、不擾民，故實近於古道。從此來說，二家的異趣應在於對修養、治國、治民的課題上，此亦是「用」範疇的差異可知。

再者，魏源也指出儒經與《老子》仍有「經世」與「救世」方向的不同。所謂「經世」較接近於經濟當世，或說是欲以經典而圖治當世。「救世」則含有解救危亡之意，《老子》「聖人常善救人，而無棄人；常善救物，而無棄物，是謂襲明。」魏源解曰：「善言善行，……乃所以爲善救之具。……蓋潛移默運，銷之於未然，轉之於不覺，救人而無救之之迹，豈非重襲不露之天明乎。」〔註65〕蓋此「救」在於無爲無事，所謂「善行」、「善言」、「善計」即實現不行爲行、不言爲言、不用爲用之妙用，老子以爲「民多利器」、「人多伎巧」的蔓延是造成世俗紛亂的原由，因此關閉欲望的門戶，減損人爲的紛爭，以「玄德」的妙用來解救世弊，即是魏氏所謂能「思以眞常不弊之道」而「救世」的行迹。〔註66〕

以先秦文獻而論，《莊子·齊物論》已有闡述「經世」之要，曰：「春秋經世，先王之志，聖人議而不辯。」把《春秋》所論述的經世大論，歸爲先王的志業。成玄英疏云：「經者，典誥也。先王者，三皇五帝也。誌，記也。夫祖述軒、頊，憲章堯舜，記錄時代，以爲典謨軌轍。」〔註67〕成玄英認爲「經世」應當是循經典而致治，如儒學的祖述堯舜、憲章文武皆是在效法先王治世的典範，成氏這種說法也承認六經的載紀皆來自上古先王的傳承。乾嘉學者汪縉〈衡王篇〉言：「其知王道者乎？命也。性也。心也。化也。王道也。一中而已矣。中也者，亙今橫四海，而無弗在焉者也。龍川陳氏聞其風而悅之，修皇帝王霸之學。見聖賢之精微。流行於事物而不息。於是力持三

〔註64〕徐大椿：《道德經註·凡例》收入《景印文淵閣四庫全書》（臺北，臺灣商務印書館，1983 年），第一千零五十五冊，頁 2。

〔註65〕《老子本義》，頁 21。

〔註66〕《老子本義》，頁 1。

〔註67〕王先謙集解：《莊子集解》收入《新編諸子集成》（臺北，世界書局，1991 年），第三冊，頁 41。

代以下。爲經世。」〔註68〕其所闡述之「王道」，不外乎先王之道，故古今聖賢依先王之道以恩德加諸四海者，是爲「經世」。

魏源在前儒的基礎下亦有所發微，〈子思子章句序〉亦云：「蓋易論語明成德歸，詩書禮春秋備經世法。」〔註69〕魏氏亦認同六經乃爲「經世」法的淵源，可知歷來倡言「經世」者，必不違離儒典而論說，遂儒經所闡發的「經世」行舉，與老子以虛無妙用來「救世」的意趣便有不同的指向。事實上，這種觀點也影響後儒，如章太炎云：「若夫《春秋》者，先王之陳跡，詳其行事使民不忘，故常述其典禮，後生依以觀變聖人之意盡乎斯矣。」〔註70〕《春秋》經典之載記係爲先王之陳跡，按照先王的陳跡行事，亦即「經世」的原則。上述「經世」的層面皆有引用王道論說，並依據先王經典治世的意味在，故《莊子》才說那是「先王之志」，而成、章諸氏也緣此論說，以爲凡「經世」者皆需依儒經而行事。

總歸來說，魏源以爲儒學與老子的「道」，應爲同一「道」所規定，而二家的「用」則有所不同，故儒學的「經世」與老子「救世」才有濟世上的差異，因此儒、老並非是「道不同不相爲謀」，而只是因運用方法不同而有論說的別異。不過，魏氏在陽用陰用皆能「盡道」的意趣下，則稟承「儒道會通」的態度以調和儒老，認爲儒老之用亦可相輔相成，此從魏氏《老子本義》的「聖人」觀亦可窺探一二。魏源採取王雱解老的意圖，曰：「無道之世，末勝本衰，利欲在乎厚生，而貪求生於外慕，於是車徹足迹交乎四方矣。考《論語》、《孟子》之終篇，皆稱堯、舜、禹、湯、聖人之事，蓋以舉其書而加之政。亦若是也。老子抱太上之德以處末世，故其志亦如此耳。」〔註71〕魏氏以爲，天下諸多紛擾在於人的相互競爭，而儒典所推舉的聖王治道便在於平息世道的紛亂，老子雖「抱太上之道」以守柔、靜觀爲志業，然亦響往上古聖人的行舉，故儒、老一剛一柔，所致力皆在於「道」化的圓融。況且，老子之道既能夠「明道」、「治身」甚至「治人」，故也是「內聖外王」的一隅，儒家所謂「身修而後家齊，家齊而後國治，國治而後天下平」，〔註72〕其終極

〔註68〕賀長齡：《皇朝經世文編》收入《近代中國史料叢刊》（臺北，文海出版社，1966年），第七十四輯，第七百三十一集，第一冊，卷一，頁107～108。
〔註69〕賀長齡：《皇朝經世文編》收入《近代中國史料叢刊》，第一冊，卷五，頁256。
〔註70〕章柄麟：《齊物論釋》（臺北，廣文書局，1970年），頁87。
〔註71〕《老子本義》，頁66。
〔註72〕孔穎達正義：《禮記正義》收入《十三經注疏》，頁983。

目的在於治平天下而成就「聖王」功業，老子貴「虛無」而尚太古之道，在事功上則「忠質文者遞以救弊」、「以太古之治，矯末世之弊」，〔註73〕故論其「救世」的功業，則魏源詮解下的「聖人」亦兼具內聖與外王，與儒學的觀點非有極遠的偏差。章太炎〈道本〉篇說「道者，因貳以濟民，行一端不足以盡之。」〔註74〕此謂「道」術以有、無二端來濟民，如只行其一隅是不足夠的，所以說，有、無應是相輔相成，且應相互爲用。宋翔鳳亦以爲孔、老的「用」應是相爲表裡：

> 老子著書以明黃帝自然之治，即〈禮運〉篇所謂「大道之行」，故先道德而後仁義。孔子定六經，明禹、湯、文、武、周公之道，即禮運所謂「大道既隱，天下爲家」，故中明仁義禮知，以救斯世。故黃、老之學與孔子之傳，相爲表裡者也。〔註75〕

此說更把「黃帝之治」與〈禮運〉所謂「大道之行」融爲一爐，遂傳說中的黃帝與禹、湯、文、武、周公的治道便無有隔閡，亦皆爲兼具修身治國平天下的聖王。《孔子家語》說：「先王所以承天之道，以治人之情，列其鬼神，達於喪祭鄉射冠婚朝聘。……聖人修義之柄，禮之序，以治人情。人情者，聖王之田也。」〔註76〕蓋聖王修養德性，而兼以禮義治國，故既有聖人材質又兼備王者風範。所以即使儒家的聖王治道與老子的聖人事業內容未必全同，但魏源顯然認爲聖人應是「內聖外王」皆備，黃麗頻也以爲：「魏源心目中的理想聖人，一方面要有儒家仁德兼備的道德情操，一方面則能與天地同道，合乎自然韻律的體道境界。」〔註77〕客觀的說，魏氏以爲儒、老所尊循的「道」是一致的，但「用」則有差異，然「聖人」在內聖外王兼修的姿態下，內在既要尋求「虛」、「無」、清靜的修養，外在亦須致力淑世的功業，故儒老所認同的聖王大抵是有共同意趣的，此亦魏氏「儒老會通」的思路也。所以說，何以魏源一方面既承認儒、老有不同處，但另一方面確又強調儒、老皆可致用，以是兩者雖在「用」方面不同，然實殊途同歸，故所致用乃可「相爲表裡」故。

〔註73〕《老子本義》，頁3。

〔註74〕章炳麟：《章太炎卷》收入《中國現代學術經典》（河北，河北教育出版社，1996年），頁212。

〔註75〕朱謙之：《老子校釋》（北京，中華書局，2000年），頁152～153。

〔註76〕《孔子家語》收入《景印文淵閣四庫全書》（臺北，臺灣商務印書館，1983年），第六百九十五冊，卷七，頁17。

〔註77〕〈魏源《老子本義》以儒解老之現象及其分析〉，頁136。

（二）以經解子的訓詁方法

「以經解子」者，即是由經傳的文字、典制、名物的援引，再進以疏解子書的語言文字、義理等，魏源即以此訓詁法爲融通儒、老的論證。不過，早於魏晉王弼之時，「以經解子」的方法已常被使用，如其解《老子》四十七章「不出戶，知天下。不闚牖，見天道」，〈老子注〉云：「事有宗而物有主，途雖殊而同歸也，慮雖百而其致一也。……執古之道，可以御今，雖處於今，可以知古始。」王弼於此即引《周易・繫辭下》的「子曰：『天下何思何慮？天下同歸而殊塗，一致而百慮』。」〔註78〕說明天下之事物、思慮，其途徑雖皆不同然都是同歸於「道」。固然〈繫辭〉原文未指出「一」爲何？但王弼則投以《老子》的「天得一以清，地得一以寧」，即以道爲「一」的思路，企圖要調和《老子》與《周易・繫辭》二者的詮釋，使天下能「殊途同歸」而終於「道」。因此，王弼所欲融通《老子》「道」與〈繫辭〉之「一」，即孔穎達正義所謂「言得一之道心既寂靜」之「道」了。再由〈繫辭〉之「殊途同歸」而闡釋，則《老子注》所謂「執古之道，可以御今，雖處於今，可以知古始」，便能因歸於「天道」而成爲可能。又六十四章「學不學，復眾之所過」，則王弼注云「不學而能者，自然也。喻於不學者，過也。故學不學，以復眾人之過。」〔註79〕其對「不學而能者」之闡釋在於援引《孟子》一書。《孟子》云：「人之所不學而能者，其良能也。」〔註80〕孟子以爲不學而能者，是本心固有的機能，雖王弼以爲此「自然」是天然的本能，王弼刻意從《孟子》的文字切入，雖二者有不同的義理指向，但以本然之良能解釋「自然」，人所天生本有的自然契機則更加清晰。總之，魏晉以降玄學發達，玄學家所著重並非只是對原典的詮釋，而是期望能透過對經書的援引而爲己所用，以至於對玄理的闡發與建立。

到了乾嘉時期，考據學發達，學者治經與治子皆投入訓詁的方法，道、咸以降，子書研究由「以子解經」的附庸，轉而成「以經解子」的獨立地位，子學漸脫離「治經之餘」，而能與經相提並論。王念孫《讀書雜誌》在「以經解子」的方法上多有運用，如釋《晏子春秋》「夫子之祿寡耶？何乘不任之甚

〔註78〕王弼注：《老子道德經》收入《新編諸子集成》，第三冊，下篇，頁29。
〔註79〕王弼注：《老子道德經》收入《新編諸子集成》，下篇，頁39。
〔註80〕趙岐注、孫奭疏：《孟子注疏》收入《十三經注疏》（臺北，藝文印書館，1976年），頁232。

也？」之「不任」，曰：「不任本作不佼，佼與姣同，好也。……〈陳風・月出篇〉『佼人僚兮。』〈毛傳〉『僚，好貌。』」〔註81〕此所援引在於《詩經》與〈毛傳〉，「任」同於「佼」、「姣」，「佼」可釋爲好貌，所以「不任」即是不好之義，因此「何乘不任之甚」便可解釋爲「何以所乘坐很不好？」

又，王氏釋《荀子・禮論》的「卑絻」，其則以「考禮」的方式承現，乃據諸經典以考釋之，曰：「卑絻疑當爲睥冕，即今弁字也。……〈曾子問〉曰『天子賜諸侯大夫冕弁服。』〈禮運〉曰『冕弁，兵革。』昭元年《左傳》曰『吾與子，弁冕端委。』九年《傳》曰『猶衣服之有冠冕。』宣元年《公羊傳》『已練可以弁冕。』《穀梁傳》曰『弁冕雖舊，必加於首。』」〔註82〕此蓋以「禮」證「禮」的方式，考《荀子》的「卑」字爲「弁」字，所援引在於《禮記》、《左傳》、《公羊》、《穀梁》等經典，王念孫《讀書雜志》的「以經解子」方法實爲乾嘉學者以考據治子的代表，充分體現了訓詁在義理研究的重要性，其方法亦影響清末學者治子的視野。

此種以儒家的典籍經傳解子的思維，於晚清的子學研究是爲一風氣，俞樾《諸子平議》也大量運用此種詮解法，如〈晏子春秋平議〉在《晏子春秋》的〈叔向問事君徒處之義奚如晏子對以大賢無擇第二十〉「考菲履」一文，便以爲「考」字有「擊」義，其曰：「樾謹按，《詩・山有樞》篇，毛傳曰：『考，擊也。』《廣雅・釋詁》文同此。考字亦當訓擊。《孟子・滕文公》篇『梱履。』趙注曰：『梱猶叩椓也。』然則考履與梱履同義。」〔註83〕俞氏由《毛詩》、《孟子》的文字訓詁證明「考」字有扣擊義，所以考可訓擊，「梱」有叩擊意，故考與「梱」亦通，此亦爲清學者「以經解子」的實例也。

魏源本爲清代今文學者，故留意儒經與《老子》思想的會通，《老子本義》之內容亦多有運用「以經解子」作疏解處。如其在「載營魄抱一，能無離乎？專氣致柔，能嬰兒乎？……天門開闔，能爲雌乎？」一段，便言：

> 惟抱之爲一，使形神相依，而動靜不失。……專，即《易》「其靜也
> 專」之「專」。言專一純固，無所發露，所謂純氣之守也。〔註84〕

此大抵是由〈易傳〉論「易」「以言乎邇則靜而正」的脈絡下所理解，蓋〈易

〔註81〕王念孫：《讀書雜志・晏子春秋雜志》（臺北，世界書局，1988 年），卷二，頁 17。

〔註82〕王念孫：《讀書雜志・荀子雜志》，卷六，頁 16。

〔註83〕俞樾：《諸子平議》收入《新編諸子集成》，頁 78。

〔註84〕《老子本義》，頁 8。

傳〉認爲「乾」在靜時能守「專」、在動時也梗直，而「坤」的動靜正成爲天地生化的合闢關鍵。而魏源在解釋修道者所持抱的「一」，便通過「乾」的「其靜也專」、「其動也直」，認爲《老子》所修習的「專氣致柔」亦是「動靜不失」，此蓋是以〈易傳〉之「專」，論述《老子》之「專一」。從此而論，則《老子》的「道說」與〈易傳〉或可聯絡，皆可能通過魏氏所認爲的道說而聯繫。魏氏在〈論老子〉也說：「黃老靜觀萬物之變，而得其闔闢之樞，惟逆而忍之，靜勝動，牝制牡，柔勝剛，欲上先下，知雄守雌。」〔註85〕此「動靜」、「剛柔」、「開闔」、「牝牡」之例爲魏源解釋老子思維的相對詞彙，但實際上實通於《易》「陰陽」論，亦反應了魏氏認爲《易》、《老子》「其心皆照宇宙，其術皆合天人」的思想旨趣。故由《易》而解老，進以疏發黃老之學的例子，於《老子本義》中是有跡可循的。

　　在《老子》「五色令人目盲，五音令人耳聾，……聖人爲腹不爲目」一段，魏源則採取《論語》的說法加以論述，其循董思靖之說，〔註86〕云：

> 凡所欲之物，皆害身者也。聖人但爲實腹而養已，不爲悅目而物。……
> 凡染塵逐境，皆在於目。故始終言之，此顏子四勿所以先視，而剗
> 除六根以眼色爲首也。〔註87〕

此乃採取《論語‧顏淵》篇的「克己復禮」一文詮解。孔子曉諭顏回，以爲「仁」的完成，必須由「克己復禮」著手，也就是克制自我的諸多欲念而合於禮，故「克己復禮」的實質便必須由「非禮勿視」、「非禮勿聽」、「非禮勿言」、「非禮勿動」等，即視、聽、言、行四個目次實踐。魏氏則認爲「非禮勿視」應與老子的「爲腹不爲目」是可通貫的，畢竟老子意趣在於捨去聲色犬馬的耳目之「欲」，而孔子所曰「非禮勿視」、「非禮勿聽」亦然，因此《老子本義》又進一步說「此顏子四勿所以先視，而剗除六根以眼色爲首也」，把眼目的享樂視爲欲壞之首，此充份由孔子所云「非禮勿視」來解釋老子「五色令人目盲」可證也。固然，孔子的原意在於復禮爲仁，而未與老子的「爲

〔註85〕《老子本義》，頁2。

〔註86〕案魏源《老子本義》原文作「葉思靖」，然察諸《老子》註，雖有引用葉夢得之註解，然此語應當出於「董思靖」語爲是，吳澄《道德眞經註》在《老子》「五色令人目盲」一條亦引有「董思靖」語，與魏源所引近似，蓋魏源作「葉思靖」應爲「董思靖」的訛誤。查「董思靖」其人，元代吳澄《道德眞經註》、明代焦竑《老子翼》皆有引用其說，清代黃虞稷《千頃堂書目》則著錄有董思靖《道德集解》二卷，又謂其人爲清源天慶觀道士。

〔註87〕《老子本義》，頁9。

腹不爲目」全合，故魏氏所採取大抵有曲解之意。然此也說明晚清「以經解子」方法的建構，不再完全以經學爲主導，經、子詮解主客立場的變換已成爲一種趨勢。

總之，從「以經解子」而論，則晚清子書的文字、語言、名物、制度研究，依然不脫離考據學的矩矱，學者之治子大抵也取決於此，故由解經以至解子，皆是以考據爲共法。不過，子書藉考據爲初步的治學方法，在子學價值提升後，則形成了更爲全面，也更爲嚴密的子學研究，因此子學已不再是經學的附庸，而是能在「訓詁明而義理明」的學術視野之上，發揮更爲之專業的思想體系。

（三）以子解子的義理會通

「以子解子」即通過子書的文字、義理而解釋子書，此非但是由子書的名物訓詁入手，也著重子學之貫通，亦有溝通子書與子書思想的思意在。而「以子解子」則存在兩種詮釋的意識，一是以同一子學脈絡詮釋之，如以《莊》解《老》，或以《淮南子》的黃老之言解《老》等，此是由相近的思想系統而疏解之。〔註88〕另一則是以不同子學思想探索，如以兵學解《老》，或以《淮南子》解《墨》等，或從反方向伸辨之，或只限於文字、名物的解釋。然上述兩種詮釋意識並非衝突，而是交互參用而相輔相成。

前者如東漢高誘的《淮南子注》，多以《老》、《莊》之言詮釋《淮南子》，〈原道訓〉：「夫道者，覆天載地」，此原意是欲說明「道」的界畔無限，所以能覆天載地又含括萬有，而高氏注云：「道，無形而大也。」〔註89〕以爲「道」無有形態且無以局限其寬廣。不過，高氏此認同道之「無形」，並非是出於己見，而是上溯於《莊子》論述，〈大宗師〉說「道」是「無爲無形」，顯然此「無形」之詮，高氏固然是參校於《莊子》之論。而高氏又以爲「道」爲「大」，《老子》二十五章正有「字之曰道，強爲之名曰大」之說，「道」不可「道」，如強以字稱，則名曰「大」，所以「大」乃「道」的另一別名明矣。另《老子》

〔註88〕案《漢書·藝文志》列《淮南子》爲雜家，然因此書著於西漢初，且多言道、陰陽、黃老之術，故思想脈絡與道家通，而《道藏》亦收入，故視爲先秦道家發展的餘緒亦可。高誘《淮南子注·序》也說「其旨近老子，淡泊無爲，蹈虛守靜，出入經道。言其大也，則燾天載地。」見高誘注：《淮南子注》收入《新編諸子集成》，第七冊，頁1。
〔註89〕《淮南子注》，卷一，頁1。

十八章、三十四章、五十三章又有「大」與「道」連用的「大道」一詞，可知以「大」釋「道」頗適合闡述「道」無崖無垠的情狀。又〈原道訓〉：「是故不道之道」一段，高氏說「道不可道，故曰不道之道。」〔註90〕其亦援引《老子》第一章的「道不可道」解釋「道」的無法言說。因此，按照高誘對《淮南子》的注解，則充份表露了「以子解子」的方法，其目的無疑是要以同一系統的論述能相互補充與論證。

　　晚清以降，學者之詮解諸子亦頗能善用此方法，察《老子本義》之直接或間接引用《莊子》有 13 處，引用《韓非子》有 4 處，引用《孟子》有 3 處，引用《關引子》有 1 處，引用兵學則有 4 處。魏源之解《老子》第五十章「以其無死地」即引用《韓非子》之言，曰：

> 若夫後其身而身先，外其身而身存，入世出世，超然無死地者，則天下一人而已。《韓非子》所引民之生，生而動，動而皆之死地，雖未必原文，然義昭然。〔註91〕

韓非以為，唯有「愛精神而貴虛靜」的「聖人」，可以真正免於落入死地。一來其心境空虛，不以生死為牽掛，一來則稟持無所為，故虎兕的凶猛不能觸及其身。魏源也認同韓非此說，把可以超然於死地者歸之於虛靜無為的「聖人」，故說「天下一人而已」。魏源又釋《老了》五十四章的「以家觀家，以鄉觀鄉，以邦觀邦，以天下觀天下」，其引《莊子・大宗師》云：

> 苟吾身之德既修，則以我之身，觀人之身，彼此無異。……同此身即同此德，其同然之理，豈能外此而別有所知哉，不外吾身而得之矣。古之藏天下於天下者，用此道也。〔註92〕

老子呼籲為道者應建德於內，放棄一人一家的成見，兩忘生死貴賤的枷鎖，其事業才得以長久保全。魏氏則以〈大宗師〉的「藏天下於天下」為喻，認為擁有天下之人，如所建立在於外在的聲名，終究也會失去，唯有把天下藏於天下，以無為而為，則精神與萬有統一，所建立的事業才得以永恆保有。

　　又如魏源《老子本義》釋《老子》二十五章的「夫樂殺人者，則不可得志天下矣。」其曰：「蓋不樂殺人而後可言兵，孫吳之論兵，審虛實、辨奇正，其言詳矣。然虛實奇正之本，孫吳未必知之。老氏云：『恬憺為上，勝而不

〔註90〕《淮南子注》，卷一，頁 8。
〔註91〕《老子本義》收入《新編諸子集成》，第三冊，頁 40。
〔註92〕《老子本義》收入《新編諸子集成》，第三冊，頁 45。

美。』……然即以兵法論之，恬憺則靜，靜者，勝之本也。」〔註93〕以爲不愛殺人者才可言兵，故爲道者之治兵，在於持守「虛靜」、「恬憺」，因此如孫子之用兵反不能透徹攻伐之本。魏氏所引爲《孫子‧兵勢篇》的「三軍之眾，可使必受敵而無敗者，奇正是也。兵之所加，如以碫投卵者，虛實是也。」〔註94〕不過其援用這一段文字並非是在說戰爭之態度，故魏氏以爲《老子》是以「道」治兵，而《孫子》以戰養兵，二者之言兵有極大的差距，此亦勾勒出《老子》與《孫子》二書不同的兵學思想。總言之，魏氏舉諸子之文字詮釋，但用意一來在於補充《老子》之說，再者也是欲由反證的方式，而深化《老》學思想。

以子解子的訓解方法，晚清學者亦多有運用。如俞樾解《老子》十二章「五色令人目盲，五音令人耳聾，五味令人口爽」，但其以爲河上公：「爽，亡也。」王弼注：「爽，差失。」解釋口之失去功能有不足處，〈老子平議〉曰：「《列子‧仲尼篇》曰：『目將眇者，先睹秋毫；耳將聾者，先聞蚋飛；口將爽者，先辨淄澠』，……故《莊子‧天地篇》曰『五味濁口，使口厲爽』。《淮南子‧精神篇》『五味亂口，使口爽傷』。……可知口爽即口喑，正與聾盲一律矣。」〔註95〕俞氏認爲口爽即口喑，「喑」即無法出聲，引伸在口喑，則意味口因品食五味而有所障礙。俞氏引同屬道家思想的《列子‧仲尼篇》與《莊子‧天地篇》、《淮南子‧精神篇》等，解釋「五味」混雜可使口舌昏濁，以致暫時失去本有的功能，此例證的文字明顯較河上公與王弼注更爲之精確。

這種解子方法也影響到稍後學者，如民初楊樹達著《老子古義》，其釋「道生一，一生二，二生三，三生萬物，萬物負陰而抱陽，冲氣以爲和」，言「《淮南子‧天文訓》『道始於一，一而不生，故分而爲陰陽，陰陽合和而萬物生。』……《文子‧上德篇》『和居中央，是以木實生於心，草實生於莢。』」〔註96〕所引即《淮南子》、《文子》，其中《文子》於《漢書‧藝文志》則著錄九篇，屬道家之流，而《淮南子》多黃老之言，此二書皆蘊含豐富的道家思想，故楊氏之援用亦有溝通同一子學脈絡可知。

楊樹達的《老子古義》亦多引諸子書詮釋《老子》，除道家類的《莊子》、

〔註93〕《老子本義》收入《新編諸子集成》，第三冊，頁 25。

〔註94〕曹操等注：《孫子十家注》收入《新編諸子集成》（臺北，世界書局，1991 年），第八冊，頁 3～4。

〔註95〕《諸子平議》，頁 85～86。

〔註96〕楊樹達：《老子古義》（上海，上海古籍出版社，2007 年），頁 49。

《文子》、《列子》外，又如儒家類的《孔叢子》、《新語》，雜家類的《呂氏春秋》、《淮南子》，名家類的《尹文子》、《人物志》，法家類的《韓非子》等，皆有條例，如五十七章「以正治國，以奇用兵，以無事取天下」，其引《尹文子‧大道下篇》云：「政者，名法是也，以名法治國，萬物所不能亂。奇者，權術是也，以權術用兵，萬物所不能敵。」〔註97〕故《老子》之「政」，即名份、法令，而所用之「奇」，則是權謀治術一類，二者皆可視爲治理人民之方法，是爲政者的權柄。由文字而論，《老子》的「政」、「奇」與《尹文子》的「名法」、「權術」並不相違，不過楊氏引《尹文子》的用意顯然把《老子》的治術視爲刑名法術一類，但是否就能符合《老子》以道爲治的本意，則仍有辨解。

　　總之，以子解子方法乃爲晚清以後的註解家所善用，除了能以同脈絡的思想詮解外，以他家子書互證之輾轉運用，也說明諸子書多元且豐富的理論思想並非是衝突的，而是有相互補充的可能。

四、小結

　　從上述論證可知，魏源《老子本義》的成書係以考據的運用爲治學初步，而目的則在於「義理」的闡發，因此考據法大抵可視爲魏源義理改造、會通儒、道、諸子的工具。魏氏結合考據學的義理改造有下列幾點可留意：

（一）《老子本義》對老子源流的論證有一定的學術價值

　　魏源對於《老子》其書，與《老子》作者的論辨有其學術貢獻。其以爲《老子》是一「太古書」，其「道」爲一「太古道」，此說間接承認了《老子》爲古學之淵藪，而與戰國、漢初的黃老之學亦有了聯繫，老學脈絡於此則漸具明朗。

　　再者，魏源進一步視老學出於史官，且老學與黃帝之學一脈相承，又承認老子爲春秋時人，爲「述而不作」的代表人物。其說法大抵能匯輯前儒之說，重視義理的解析，以考據爲輔助，對歷來老學研究的注疏作了初步整理，其論證雖未必完全精密無誤，但對於老子源流的釐清實有一定的學術價值。

（二）魏源以考據成書對於釐清《老子》的文字、義理有所助益

　　《老子本義》所秉持係「訓詁明則義理明」的治學態度，故其在版本、

〔註97〕《老子古義》，頁70。

章節、文字增損等議題之考察，亦有助於還原《老子》文字、義理的本義。如其〈序〉文所云：「著其是，舍其非，原其本，析其歧」，魏氏欲由文字訓詁的層次著手，進以闡明原旨、辨析歧義，蓋魏氏以考據成書的用意，仍在於「訓詁明則義理明」的意趣，故亦可視爲乾嘉考據方法的延伸。

《續修四庫全書提要》評《老子本義》云：「論其分章之得失，每節之末，校注異文，解釋往往先下己意，次引舊說，大體尚平允無疵。」〔註98〕該書的註解、評論往往有其特色，又能「引舊說」辨證，故在字義的闡釋上大體是「無疵」的。總之，魏源循乾嘉考據方法而成書的企圖，對於《老子》文字、義理的還原亦有其不可忽略的學術價值。

（三）《老子本義》實影響晚清子學「經、子互證」的學術視野

諸子學在晚清復起後，清初、乾嘉的「以子證經」風氣漸被扭轉，子書不再只屬於經學附庸。且在當代著重「經世致用」的前提下，子學的價值被重新評估，其學術地位旋以提高，形成了以子學爲主導的闡釋意趣。而《老子本義》作爲晚清老學研究的代表作之一，魏源特意抬高老子其人其書的地位，並積極強調《老子》義理的深度，無形中也影響了後學「經、子互證」與「儒、道會通」的學術視野，此在魏氏的「道體」、「道用」、「聖人」觀皆可曉知一二。在魏源《老子本義》中亦可見晚清子書研究對於文字、語言、名物、制度析論所存在的一些方法共識，如「經、子互證」、「經、子會通」、「以經證子」方法的運用，此也反應了晚清諸子學研究方法之趨向。

（四）《老子本義》內容亦寄託「救世」的社會關懷

再者，《老子本義》亦重視老學「救世」、「治人」、「利物」的社會關懷。後學者如俞樾、章炳麟、梁啓超等學者，亦受到此觀點的影響，如梁啓超所評「新思想之萌蘗，其因緣固不得不遠溯龔、魏。」〔註99〕所謂「新思想」的契機則在於經世思想的醞釀，蓋魏源由考據而義理的《老》學意趣，是爲其社會、政治思想開一途徑是爲明確。

〔註98〕王雲五等：《續修四庫全書提要》（台北，台灣商務印書館，1970年），子部，頁 2125。

〔註99〕梁啓超：《論中國學術思想變遷之大勢》（上海，上海古籍出版社，2007年），頁 127。

附錄表：《老子本義》各章節所論述之議題

章　節	重要議題
〈論老子〉	老子其人與《老》學源流、黃老、內聖外王、聖人、侯王、政治、致用、治國、救世、救人、儒老比較、太古之道、太上之德
第 1 章	道、無、虛無、一、無名、無爲、用、妙用、玄德、常德
第 2 章	道、無、虛無、一、無名、無爲、無形
第 3 章	利用、治國
第 4 章	道、無、虛無、一
第 5 章	德、無名、無爲、無形、修養、修身、養生、治國、救世、救人、內聖外王、聖人
第 6 章	修養、修身、養生
第 7 章	致用、治國、救世、救人
第 8 章	法天之道
第 9 章	動靜、開闔、修養、修身、養生
第 10 章	道、無、虛無、一、有、無、剛、柔、本末、損益
第 11 章	修養、修身、養生
第 12 章	道、無、虛無、一、德、有、無、剛、柔、本末、損益
第 13 章	道、道紀、希、夷、微
第 14 章	求道、體道、動靜、開闔
第 15 章	求道、體道、內聖外王、聖人、
第 16 章	太古之道、太上之德、致用、利物、治國、救世、救人
第 17 章	德、絕學
第 18 章	道、無、虛無、一、德、有、無、剛、柔、本末、損益
第 19 章	道、無、虛無、一
第 20 章	道、無、虛無、一
第 21 章	道、無、虛無、一、內聖外王、聖人
第 22 章	內聖外王、聖人、談兵權謀、威畏
第 23 章	談兵、權謀、威畏、致用、利物、治國、救世、救人
第 24 章	道、無、虛無、一、德、內聖外王、聖人、器

章　　節	重要議題
第 25 章	內聖外王、聖人、器
第 26 章	致用、利物、治國、救世、救人、談兵、權謀、威畏
第 27 章	無名、無為、無形
第 28 章	有、無、剛、柔、本末、損益、修養、修身、養生
第 29 章	內聖外王、聖人、無名、無為、無形
第 30 章	無名、無為、無形、器
第 31 章	內聖外王、聖人、談兵、權謀、威畏、有、無、剛、柔、本末、損益
第 32 章	內聖外王、聖人、無名、無為、無形
第 33 章	道、無、虛無、一、德、有、無、剛、柔、本末、損益
第 34 章	道、無、虛無、一、德、有、無、剛、柔、本末、損益
第 35 章	反、進道
第 36 章	有、無、剛、柔、本末、損益、生畜、氣、陰陽
第 37 章	名利
第 38 章	反、無為
第 39 章	有道、無道、兵
第 40 章	聖人、天道
第 41 章	為道、無為
第 42 章	聖人、心
第 43 章	反、無、生生、生地、死地
第 44 章	道德、自然、生畜
第 45 章	母子、本末、心
第 46 章	無為、謙謙
第 47 章	德、聖人、修身
第 48 章	常德、損益、心
第 49 章	處世應物、利害
第 50 章	本末、治國、以無為本
第 51 章	內外、存心、養性、事天

章　節	重要議題
第 52 章	利害、神、刑法
第 53 章	治國
第 54 章	道、貴、人心
第 55 章	無為、心、聖人、小大
第 56 章	治國、反智
第 57 章	上、卑下、後
第 58 章	明德、儉、慈、福禍、用兵
第 59 章	守柔、謙虛
第 60 章	威畏、謙謙
第 61 章	救世、刑法
第 62 章	治民、貴生
第 63 章	道、無、虛無、柔
第 64 章	損益、謙謙
第 65 章	柔弱
第 66 章	柔弱、德、善
第 67 章	無為、救世、聖人、太上之道

第二節　晚清《老》學訓解之創新與保守趨向評析
——以嚴復、劉師培之詮解《老子》為線索

　　晚清諸子學的發展是多個面向的，一來學者受到「正統派」考據學影響，由名物訓詁入手，堅持「治子通經」的理念。一來又積極聯繫西學、儒學、佛學，欲由嶄新的方法會通、詮釋，以達到改造先秦子學，故可以說晚清子學思想之保守與創新態度是並存的。以《老》學為例，雖然治《老子》之學者認為該書可為當代「經世致用」的範本，如劉師培說老聃之學符合「民約」之意，且「察理至深，明於富貴無常之說」，有君民平等的觀點。〔註100〕魏源

〔註100〕劉師培：《中國民約精義》收入《劉申叔遺書》（江蘇，鳳凰出版社，2010 年），上冊，頁 571。

說《老子》是「救世之書」。〔註101〕而嚴復說「黃老之道」可爲「民主之國」所用。〔註102〕然劉師培與魏、嚴二氏的研究指向仍大異其趣,《二十世紀中國老學》以爲清末民初以降的老學研究:「可分爲傳統與維新兩大流派,這是以往老學研究史上未曾有的現象。所謂『傳統派』,是指研究方法與思想觀念依然沿襲舊軌,……所謂『維新派』,是指研究觀念及其方法已引入了前所未有的新內容、新方法者。」〔註103〕如俞樾的《老子評議》、吳汝綸《點勘老子讀本》、楊樹達《老子古義》、劉師培後期學術的《老子斠補》等,斟酌歷來學者的說法,欲貫通古文古義,重視歷來注本的條例,故可謂之「傳統派」之方法。而魏源的《老子本義》受今文經學薰染,且能投入當代「經世致用」的觀點;嚴復《評點老子道德經》,雖由「評點」入手,然專以西學講評,不受限於舊注的範疇,在訓解上自然有迥異舊學之處,故魏、嚴二書在整體上實較近於創新。

近代西方有所謂「保守主義」(Conservatism)思想的提出,英國人埃德蒙・伯克(Edmund Burke 1729～1797 A.D)通過對法國大革命破壞的反思,認爲保存固有體制與傳統價值觀,是爲理性表現的一環,縱使現實中的社會制度須走向變革,也可以在持守傳統的態勢下進行。伯克這種對政治保守的態度,後人也從而延伸至對保存傳統文化、學術的詮說,故有文化保守主義思想的形成。英人羅杰・斯克拉頓(Roger Scruton)在《保守主義的含義》的文藝批評也以爲「當代藝術不斷重申了保守主義的原則」,因此「對於最重要的藝術家,如艾略特、勛伯格,……明確表述現代意識,就是使這一意識成爲一種藝術表現傳統的組成部份。」〔註104〕故文藝創作之變革,並不等於一味的以新方法而創新,而是可以持守傳統的創作理念,並從其中要素汲取養份,即以傳統的研治方法與思維而進行創新。故「保守主義」的說法實有部份觀點可爲本文所援用,如以研究方法而論,則晚清以至民初時期西學、新學研究是爲熱門,中西會通儼然成爲學術上的潮流,不過學者在投入

〔註101〕 魏源:《老子本義》收入《新編諸子集成》(臺北,世界書局,1991 年),第三冊,頁 2。
〔註102〕 嚴復:《評點老子道德經》(臺北,廣文書局,1979 年),頁 9。
〔註103〕 熊鐵基等:《二十世紀中國老學研究》(福建,福建人民出版,2002 年),頁 27。
〔註104〕 羅杰・斯克拉頓著、王皖強譯:《保守主義的含義》(北京,中央編輯出版社,2005 年),頁 27。

這種創新研究範疇之餘，亦有維持傳統治學方法者，大抵學者對於典籍訓解、考察的方法仍深受乾嘉學術影響，如梁啓超說章太炎能「應用正統派之研究法，而廓大其內容，延闢其新境。」〔註 105〕章氏積極運用「正統派」之方法，其學術成績大抵是建立在乾嘉學術的基礎上。故可以說，晚清民初之學風是傳統與創新態度二者併存的，而此種特色也表現在學者對諸子學的論述與注解。

　　大抵嚴復與劉師培之學皆有經傳統學術之啓發，如嚴復之評點《老子》、《莊子》，其引證、註解之方法大抵受到傳統經學之影響，不過其又能以西學會通之，此爲其特殊處，故實可留意之；而劉師培爲晚清民初考據學派的代表人物，其家學爲經學，其研經的態度亦影響其治老、莊之學，故劉氏對《老子》的考證、斠補，也可視爲其治經之餘的呈現。本文則以此二儒的《老》學爲代表，論說晚清《老》學在乾嘉考據學影響下的學術問題，並以此評析晚清《老》學訓解的創新與保守趨勢。

一、晚清考據治子的學術理念

　　清代子學發展的遠因，大抵可追究於清儒考據訓詁的需要，錢穆言「其承接舊傳之部，則有諸子學之發明，龜甲文之考釋，與古史之懷疑。……蓋皆承清儒窮經考古之餘，而稍變其面目者也。」〔註 106〕也就是說清代的子學、金石龜文、古史考辨的開展，必然歸之乾嘉考據訓詁的推波助瀾。乾嘉學者在治經上欲尋求更多的佐證與理據，而諸子頗多古義古說，亦保留許多先秦文字的訓解，因此學者在這種治子通經的態勢下，便援引爲經學研究的輔助，梁啓超說：

> 清學之有功於古學者，更一端焉，則校勘也。……其功尤鉅者，則
> 所校多屬先秦諸子，因此引起研究諸子學之興味。〔註107〕

由對經書的校勘而引發先秦諸子的研治，所以乾嘉學人的治子，大概並不超出經學的藩籬。惠棟著《周易述》、《易例》乃多方引述《老子》之言，宣穎著《莊子南華經解》、王念孫著《讀書雜志》，藉諸子而宣揚經說亦爲明確的。惠棟《易例》之解「太易」言：「視之不見，聽之不聞，循之不得，故曰易也。……

〔註 105〕梁啓超：《清代學術概論》，頁 81。
〔註 106〕錢穆：《國學概論》（臺北，臺灣商務印書館，1998 年），頁 318。
〔註 107〕梁啓超：《清代學術概論》，頁 52～53。

《禮記‧曲禮正義》引河上公註云：『能生天地人，則當大易之氣也』。」〔註108〕此把「太易」作爲天地未分判的原始，故是「未見氣」的狀態，未見氣即無形無聲無象，惠棟顯然是以老子「道」的繩繩不可名狀來詮解「易」的狀貌了。宣穎《莊子南華經解》亦說：「向使莊子之才，而得親炙孔子，其領悟當不在顏子下。……不幸而聖人沒，微言絕，百家並噪，……莊子於是不能自禁而發爲高論，綺言以刪葉尋本，披枝見心。」〔註109〕此以爲《莊子》是闡釋孔子天道、微言之書，而《莊子》的成書甚至是爲了張揚儒家，杜絕戰國百家爭鳴而撰著的，故宣穎又說「《莊子》之書與《中庸》相表裡」。〔註110〕《莊子》思想與《中庸》實不必盡同，然而經學畢竟引領當時的學術，宣穎在此種氣氛下，其治子的目的亦不外乎「通經」。而劉師培也以爲其斠補《老子》、《莊子》「以讎異同，故解舛訛亦附正焉」，其目的在於補「王俞郭孫」所未詮。〔註111〕因此其用心也無異是與乾嘉學術以來的儒者同理。

晚清以降，經由今文學研究所帶動，新學研究成爲風潮，學者對於考據訓詁的態度也隨之一變。民初胡適《哲學史大綱》曾論說晚清哲學研究的趨勢：

> 校勘訓詁，這兩層雖極重要，但是作哲學史還須有第三層整理的方法，可叫做貫通。貫通便是把每一部書的內容要旨，融會貫串，尋出一個脈絡條理，演成一家有頭緒有條理的學說。〔註112〕

胡適認同哲學研究，不能只局限在校勘與訓詁的層面，對義理思想的融會「貫通」是爲探析更深層經、子思想的步驟。但胡適也不以爲「貫通」的方法是與「校勘訓詁」相對的，研治義理只運用校勘訓詁容易流於「支離碎瑣」，但「不明校勘訓詁之學，故流於空疏臆說」，亦指責義理研究如不能配合「校勘訓詁」則容易引發空疏無據的弊端。胡適列舉出晚清兩個代表性人物來說明當代「哲學研究」特點，如孫詒讓的《墨子閒詁》在校勘訓詁的工夫，已經是近於完備無可復加，但是在闡釋義理上則稍弱「終不能貫通全書」，而章太炎於考據訓詁外，則別出一種「有條理系統的諸子學」，故章氏的詮解方法又

〔註108〕惠棟：《易例》收入《景印文淵閣四庫全書》（臺北，臺灣商務印書館，1983年），經部，第五十二冊，卷上，頁3。
〔註109〕宣穎：《莊子南華經解》（臺北，廣文書局，1978年），頁2。
〔註110〕宣穎：《莊子南華經解》，頁4。
〔註111〕劉師培：《莊子斠補》收入《劉申叔遺書》，上冊，頁885。
〔註112〕胡適：《中國哲學史大綱》（臺北，臺灣商務印書館，2008年），頁24～25。

較孫詒讓來得全面，因此章氏的〈原名〉、〈明見〉、《齊物論釋》等論在當時是爲空前的著作，也就是能結合考據而擴充義理層次，此格局實已突破治子通經方法的面向。梁啓超也認爲把考據學引領至新方向的，章太炎爲其中先驅，梁啓超說章氏「他本身是考證學出身，……同時也想把考證學引到新方向。」〔註113〕章氏這種運用正統派方法「廓大其內容，延闢其途徑」，也影響晚清學術融會傳統與創新的趨勢。從胡適的論述來看，考據訓詁於晚清並非走入沒落，而是經由不同的途徑呈現不同面貌。大抵晚清學人之治子，皆由考據訓詁入手，但可分判二層面，其一爲正統派治子觀念的延續，稟持此趨向的學人仍致力於治子通經的態度，而治子的方法則僅局限於校勘訓詁，如俞樾《諸子評議》、孫詒讓《墨子閒詁》、王先愼《韓非子集解》等皆屬於此類。孫詒讓序《墨子閒詁》云：

> 〈經說〉、〈兵法〉諸篇，文尤奧衍凌襍。……謹依經誼字例，爲之
> 詮釋。……蓋先秦諸子之譌舛不可讀，未有甚於此書者。今謹依《爾
> 雅》、《說文》，正其訓故，古文篆隸，校其文字。〔註114〕

故孫氏確實是以治經方法治《墨子》，其注〈天志〉引《春秋繁露》、鄭玄《周禮注》，論禮又多引《論語》、《小戴禮記》、《大戴禮記》校勘之，蓋孫氏認爲《墨子》的部份思想是與儒學是相通的。事實上，乾隆時期汪中治《墨子》已認爲〈親士〉、〈修身〉「其言淳實，與〈曾子立事〉相表裡，爲七十子後學所述」，〈曾子立事〉爲《大戴禮記》篇章，汪中竟以爲是七十子後學所述，可又與《墨子》的〈親士〉、〈修身〉相表裡。故孫氏治《墨》以孫星衍、汪中本爲底本，必然也是認同儒墨係「其意相反而相成」、「孔墨必相爲用」的論述了。舒實序俞樾《諸子平議補錄》也說俞氏「于遜清乾嘉諸哲，景仰尤切，……存中清樸學之緒者也」。〔註115〕此實呼應俞樾所自言諸子「往往可以考證經義，不必稱引其文」的識見，也證明部份晚清學者治子，是因循正統派考據學之觀念。

　　其二，認同考據方法爲治學的初步，但在考據方法外亦力求創新，如攝入今文學、西學、佛學的範疇，而其研治的重心在於貫通義理，不必盡在於經學。錢穆說此種趨勢有其必然，畢竟「諸子則專家之學，不能通其大義而

〔註113〕梁啓超：《中國近三百年學術史》（臺北，里仁書局，2002年），頁42。

〔註114〕孫詒讓：《墨子閒詁》收入《新編諸子集成》，第六冊，頁4～5。

〔註115〕俞樾：《諸子平議補錄》（臺北，世界書局，1984年），頁3。

徒求於訓詁名物，無當也。」〔註116〕其舉治《老子》為例，以為考據訓詁雖
然是研治的初步，但《老子》本質上為一哲學之書，如不能辨析其義理，則
必然無法進入其堂門。宋翔鳳以治《公羊》學名於世，其著《老子章義》雖
然在方法上是以儒解老，但其由今文經學成書，所側重實在於義理的貫通，
其解《老子》「玄之又玄，眾妙之門」云：

> 乾為道門，坤為義門，道義為眾妙所存，故曰「眾妙之門也。」又
> 按孔子以坤乾之義贊《周易》，故曰「玄聖。」《莊子》曰「夫虛靜
> 恬淡。」玄聖，素王之學也。〔註117〕

宋翔鳳並非單由文字訓詁進行以莊解老或以《易》解老，其所攝入的乾、坤、
道、玄、妙、素王等語，皆是《老》、《莊》、儒學的重要義理概念，察其《老
子章義》的論述誠然全篇的興趣是在於哲理上了。又如黃裳《道德經講義》
不專由文字訓詁入手，而以參同儒、道、釋思想為指歸，其曰：「道之為道，
必有精微奧妙，不可以言語跡象求之者也。」〔註118〕黃裳之訓解方法仍不違
離乾嘉考據學，不過其所著重乃在於「誠」、真空，甚至於煉丹之事，以為由
陰陽變化論《老子》亦可疏通。〔註119〕雖然，宋翔鳳、黃裳等能充份運用考
據學而整理諸子，不過子學富含義理思想嚴然已成為研治的核心，其學術價
值之提升，已非是乾嘉時期經學研究的輔助工具了，梁啓超《清代學術概論》
亦言：

> 洪頤煊著《管子義證》，孫詒讓著《墨子閒詁》，王先慎著《韓非子
> 集釋》，則躋諸經而為之注矣。及今而稍明達之學者，皆以子與經並
> 重。〔註120〕

清代中葉以降，如洪頤煊、孫詒讓、王先慎等儒在治子上，已稍能援用諸經
為之詮解。但到了晚清民初，子學地位又更為之提升，學者扭轉以往治子通
經的目的，進而把子學當成一門獨立的學問，子學從而能與經學並列。

而學者之會通子學與西學亦有其脈絡。梁啓超以為清一代的學術趨勢是
漸進的，其目的乃在於「復古」，由清初的去王復朱、乾嘉時期的漢宋之爭，
以至於晚清的復先秦之古，皆為清學「復古」的脈絡。而子學也在此種著重

〔註116〕錢穆：《國學概論》（臺北，臺灣商務印書館，1998年），頁320。
〔註117〕宋翔鳳：《老子章義》收入《無求備齋老子集成續編》，第七函，頁6。
〔註118〕黃裳：《道德經講義》收入《無求備齋老子集成續編》，第九函，頁1。
〔註119〕梁啓超：《中國近三百年學術史》（臺北，里仁書局，2002年），頁42。
〔註120〕《清代學術概論》，頁52～53。

稽古的觀念下有所發展，研治者不再拘束於「治子通經」的範疇，逐漸擺脫經學的附庸而使子學成為獨立的學科。不過，這種對於古學的「復古」，仍有待嶄新研究方法的提攜，在這層意義上，姑且不論是漢學、宋學或今文經學、古文經學爭論的影響，西學相對於子學研究，其蘊含的創新意義又更進一步，汪榮祖說：

> 傳統思想具有綿延性、權威性與堅韌性。「突破」有賴于新觀念或新典範的產生，而後能「衝決」傳統的「羅網」。大凡衝決羅網者，多半是傳統思想中的一份子。……就晚清而論，要求在思想上求「創新」（innovation）的人，從魏源、馮桂芬到王韜、鄭觀應，以及薛福成、嚴復，其「意願」幾乎全是受到近代西方文明的啟發。〔註121〕

此所謂「突破」是相對於傳統思想而論，晚清學術的發展已非局限於中國固有的學術上，故晚清中學之「創新」理念，於西學的援用、吸收是為一重要課題。以政治上來看，經鴉片戰爭失利後而有曾國藩、李鴻章的提倡洋務，洋務運動固然在甲午戰爭後以失敗坐收，但在船炮、器具、工業上的革新仍為中國的西化起了開端。之後康、梁結合《公羊》「三世」說與西洋君主立憲的戊戌維新運動，欲更進一步在體制上革新，雖終究失敗，但學者以西法倡言改制批判時政的風氣已開，然後民國前後，孫文推動了政治革命，其參考歐美的三權分立，進而建構了民國的憲法與政治體制，此也是近代中國西化運動的重要突破。

　　子學在這種西學東傳的氛圍下，亦有相當的發展，學者對中西會通的議題皆相當熱絡，西學之攝入乃影響子學研究的廣度與深度。晚清鄧實、劉師培等儒創辦《國粹學報》以提倡古學之復興，亦積極聯繫中西學術的畛界，〈社說〉云：「自外域之學輸入，舉世風靡，既見彼學足以致富強，遂詆國學而無用。……有用無用，在乎通大義，知古今，而不在乎新與舊之分。」〔註122〕蓋西學的諸多理論未必盡與中學相符，然學者在古學復興的口號下，乃尋求兩學方法理論的契合，中西學術會通之要在於能「通大義」而「知古今」了。而晚清子學亦可說是對先秦學術「復古」的一環，在此西法的投入下亦有其創新的意義在。俞樾為《墨子閒詁》作序，也認為《墨子》對器物的觀點是

〔註121〕汪榮祖：《康章合論》（北京，新星出版社，2006 年），頁 59〜60。
〔註122〕鄧實等：《景印國粹學報舊刊全集》（臺北：臺灣商務印書館，1974 年），第十冊，頁 3179。

為西方科學的基礎，曰：「近世西學中，光學、重學，或言皆出於《墨子》，然則其備梯備突備穴諸法，或則泰西之權輿乎？」〔註123〕此種說法未必盡可信，畢竟西學是否真與《墨》學有所牽涉仍需考證，然而俞樾以考據大家之姿重視西學淵源，可知子學與西學的調和於晚清學界已蔚為風潮。

晚清能由子學聯繫西學者，則嚴復之《評點老子道德經》、章炳麟《齊物論釋》、梁啓超《墨學微》、《墨子學案》和《墨經校釋》為代表。其中梁啓超為清末民初研究《墨子》的大家，其《墨學微》乃以西方的「宗教思想」、「功利思想」、「倫理思想」、「科學思想」進一步調和《墨》學的天志、兼愛。而《墨經校釋》以「正統派」方法成書，但攝入西方的名學、邏輯學論說墨經〈經上〉、〈經下〉、〈經說上〉〈經說下〉等四篇，故梁氏之疏解《墨子》已非乾嘉畢沅、孫星衍、汪中「治子通經」的態度，胡適也認同其訓解「有許多地方與張惠言、孫詒讓等人的校釋大不相同。……有許多『新穎的校改』，很可供治《墨》學的人的參考。」〔註124〕從此而論，梁氏雖仍以「正統派」方法解詁〈墨經〉四篇，但在訓解態度不同的情況下，其研治的成果與畢沅、汪中、孫詒讓畢竟是迥異的。

章太炎的「援西入子」，則表現在會通《莊子》、華嚴與西方學術上，章氏並不受限於東西方哲學理論層次的問題，而是能由相近的概念入手，從而疏解闡發（固然章氏終不認同西方科學可作為現象界事物的最終依歸）。〔註125〕如其在《齊物論釋》詮解〈齊物論〉的「天地與我並生，萬物與我為一」的齊物思想，章太炎說：

> 轉至動物。如一人體，含有無始以來種種動物形性，至單細胞而止，依此人力又能生起各種細胞，而彼細胞唯是細胞果色，又食牛羊雞鶩者，此異性肉亦化為人肌肉。〔註126〕

〔註123〕《墨子閒詁》，頁2。

〔註124〕梁啓超：《墨經校釋·後序》收入《無求備齋墨子集成》（臺北，成文出版社，1975年），第十九冊，頁1。

〔註125〕蘇美文在〈《齊物論釋》詮釋方法之探討〉一文說「章氏在說明齊物思想時都是帶著佛法思想來與之應合，幾乎分不清說的是莊子或是佛法」，然考察《齊物論釋》全文，則章氏不過是欲借各家觀點而貫串其說，以成就一家之言，故不論「以佛解莊」或「援西治子」都是為研治上的方便。見蘇美文：《章太炎《齊物論釋》之研究》收入《古典文獻研究輯刊》（臺北，花木蘭文化出版社，2007年），第四編，第十九冊，頁101。

〔註126〕章炳麟：《齊物論釋》（臺北，廣文書局，1970年），頁79。

章氏於此以人、動物為例，以為人跟動物雖為兩種不同的物類，但能經由「細胞」能量的轉換以至於「齊一」。因此「細胞」成為物種溝通的媒介，而人能「食牛羊雞鶩」，細胞媒介的轉化便達到與動物間質能的消長。章氏為了論證現象界的「齊物」，便刻意調和《莊子》「齊一」、西學「細胞」、「原子」的觀點，章氏大抵認同莊子視萬物的種種皆為「道」所規範，因此「恢恑憰怪，道通為一」，則「齊物」、「法界」、「細胞」、「原子」亦可融通論說。不過，章氏的究極理念並非是在這種生物學上的「細胞」，故其又說：「依幻有說萬物與我為一，若依圓成實性，唯是一如來藏，一向無有，人與萬物何形隔器殊之有乎！」〔註 127〕「細胞」為生物學上的概念是具備形體的，章氏則依據佛法的空義，認為「細胞」比之於「如來藏」仍是幻有，因此「細胞」雖可用來解釋物我質量的轉化，但終非本心實存的範疇。可見章氏之援引「細胞」析辨，亦不過是一種物質無礙的界說而已。

　　然章氏此論比之於郭象實更有新意，《莊子注》：「苟足於天然而安其性命。……萬物未足為異，而與我同得」。〔註 128〕以為萬物與人皆同列為自然所出，蓋一切有情的性命都安於天然之理，如何能不齊一？不過郭象這種「萬物萬形，同於自得」的看法，仍然全維繫於一自我（真君）與「無形」的觀照，但這種物質間如何齊一卻仍有工夫上的問題。而章氏以物質上的「原子」、動植物「細胞」的分化合成論說齊一，又以佛學述說「如來藏」之幻滅，則章太炎結合西學與佛學的論點顯然更具體於郭象的理解了。

　　總而言之，晚清考據學末流存在章句繁瑣的問題，而同時期的新學則能專由今文學、西學、佛學的詮解出入經典，固然諸多說法存有附會、乖誕的現象，但重視創新、微言義理的風格漸受到學者重視，也影響晚清學術風氣的轉移。皮錫瑞說：「若嘉、道以後，講求今文大義微言，並不失之於瑣，學者可以擇所從矣。」〔註 129〕皮錫瑞以為今文學能專言大義微言，不失於章句的瑣碎，是值得推廣的。事實上晚清新學經過龔自珍、魏源、康有為、梁啟超的推波助瀾，導致學術風氣一變，子學在這種講究創新、變革的氛圍下亦有了獨立發展的契機。

〔註 127〕《齊物論釋》，頁 82。
〔註 128〕王先謙：《莊子集解》收入《新編諸子集成》，第三冊，頁 39。
〔註 129〕皮錫瑞：《經學歷史》（臺北，藝文印書館，2004 年），頁 383。

二、嚴復《評點老子道德經》會通中西學術的義理詮解

　　嚴復（1854～1921 A.D）爲福建閩侯人，生於清咸豐 3 年，亡於民國 10 年。其活躍年代爲晚清至民國初期，時間含括甲午戰爭至新文化運動時期。嚴復早年入福州船政學校學習，之後留學英國，以翻譯西書聞名當世，所翻譯《原富》、《天演論》、《群學肄言》、《法意》等爲西方哲學、政治學、經濟學的重要著作，頗受到晚清民初學界重視。蔡元培〈最近五十年之中國哲學〉說：「五十年來，介紹西洋哲學的，要推侯官嚴復爲第一。他譯的最早，而在社會上最有影響的，是赫胥黎的《天演論》。……又譯斯密司的《原富》，以傳播經濟哲學。譯孟德斯鳩的《法意》，以傳播法律哲學。」〔註130〕故晚清推廣西方典籍嚴復爲先驅人物，其介紹西方的社會學、經濟學、名學、法學，雖說是以翻譯爲主要，但也並非單純的照文句翻譯，而是在翻譯之餘，加入自己的評語見解，欲由評語方式勾勒出其中的義理價值。其〈天演論自序〉云：

> 司馬遷曰：「《易》本隱而之顯，《春秋》推見至隱」，此天下至精之言也。……及觀西人名學，則見其于格物致知之事，有內籀之術焉，有外籀之術焉。內籀云者，察其曲而知其全者也，執其微以會其通者也；
> 外籀云者，據公理以斷眾事者也，設定數以逆未然者也。〔註131〕

《周易》能由微隱的言詞推斷人生命運，而《春秋》則經顯明的史事，寄托微言大義，嚴氏此把西學的內外分析哲學，比之於《周易》、《春秋》。雖然嚴復此種評比忽略了中西方哲學基礎之不同，然嚴復爲了使譯文更爲清析詳細，便採取中學的觀點加以析論，畢竟西學典籍之專業詞語堅澀難明，如能運用國人所熟悉的文字詞彙加以解釋，使其觀念暢通，則必能拉進中西學術的距離。因此嚴復的西文翻譯仍俱有中學色彩，而其中學研究也不避諱融入西學之義理，蓋中西會通的理念也著實影響嚴復學術，在譯書上所謂「至原文詞理本深，難於共喻，則當前後引襯，以顯其意」。〔註132〕其用意在於能使之「詞達」，故不避諱加入中學的文辭句式，嚴復又以爲「是以生日者，乃轉於西學得識古之用焉」，嚴復亦認同可經由西學而鑽研中學，因此調和中西的方法實爲嚴復所善用。

〔註130〕蔡元培：《蔡元培文集・哲學卷》（臺北，錦繡出版社，1995 年），頁 376。
〔註131〕赫胥黎著、嚴復譯：《天演論》（鄭州，中州古籍出版社，2000 年），頁 15。
〔註132〕《天演論》，頁 26。

嚴復的子學著作有《評點老子道德經》、《評點莊子》等，其《評點老子道德經》以《老》學為主幹，經學、釋學、西學為詮釋的輔助，可視為其融通中西方思想的子學創作。嚴復之積極融通中西有其理由，他認為中學的道理太過深奧，要進一步了解其中微言，必須由特殊方法解構，因此「欲讀中國古書，知其微言大義者，往往待西文通達之後而後能之。」〔註133〕這種欲由「西哲之啓迪」然後中學的「微言大義」才得以益明的觀點，也可知嚴復是認同西法可闡釋中學的。不過嚴復自始自終都沒有低估中學的價值，固然嚴復在詮解上刻意抬高西學的地位，但在研究方法上嚴復所遵循仍是傳統的脈絡。大抵《評點老子道德經》的有三個層次可留意，第一為尊循「正統派」方法，由訓詁與評點進入。嚴氏《評點老子道德經》由評點成書，「評」為講解評析，「點」則是標點或圈點，一般是對原文字句段落的標記，由紅黑筆作圈點而得名。「評點」之方法發展於宋代，於明清時期大為流行，康來新說：「說到『精研』，評點之作原是針對『詩』與『古文』而來。特別是後者，因宋代以來科舉制度以文取士，為應考生需求，批註古文的參考書籍應運而生，此類書籍莫不以解析章法，並示人門徑為其旨趣。」〔註134〕故評點之開展原是因應科舉需要而發生，之後才延伸至文評、詩評甚至小說評點之範疇，如《彥周詩話》所說，「詩話」有「辨句法，備古今，紀聖德，錄異事，正訛誤也」的功能，而「詩話」所憑藉亦不脫離「評點」方法。〔註135〕明、清學人也大量運用「評點」在經、子、史傳、文集的研治上，學者之由字句訓詁而深入原文，往往能達到「精研」的程度。康熙《御選古文淵鑑》即是以評點方法析探歷代古文，《四庫提要》說：

> 睿鑒精深，別裁正當，不同德秀之拘迂。名物訓詁各有箋釋，用李善注文選例而考證，明確詳畧得宜，不同善之煩碎。每篇各有評點，用樓昉古文標注例而批導竅要，開發精微，不同昉之簡畧。備載前人評語，用王霆震古文集成例，而蒐羅賅備，去取謹嚴，不同霆震之蕪雜。〔註136〕

〔註133〕嚴復：《教授新法》收入《嚴復集補編》（福州，福建人民出版社，2004年），頁73。
〔註134〕康來新：《晚清小說理論研究》（臺北，大安出版社，1999年），頁35。
〔註135〕許顗：《彥周詩話》收入《景印文淵閣四庫全書》（臺北，臺灣商務印書館，1983年），集部，第一四八三冊，頁1。
〔註136〕愛新覺羅‧玄燁：《御選古文淵鑑》收入《景印文淵閣四庫全書》，集部，第一四一七冊，頁10。

可見康熙雖然是選評文章加以點校，但仍然相當重視訓解工夫，蓋「名物訓詁各有箋釋」且「標注例而批導竅要」，對於字詞的訓解、段落的標注皆能留意，又能「備載前人評語」廣為搜羅前人評注，以《御選古文淵鑒》共六十四卷而言，這種「評點」成書的質量仍是相當可觀的。

嚴復《評點老子道德經》的章節結構可分為上下兩個部份，下方為《老子》原文點校與訓解的部份，上方則是嚴氏對《老子》的講評及對時事的疏發。其點校亦不違傳統古籍的撰著方法，《老子》原文以大字書寫再配以句點，句點的標示則以分判段落為主，但如果該段落有重要的字句或詞彙，則作者在每一字旁都加以圈號，並且在上方部份加以講解。嚴氏亦留意《老子》的名物訓詁，其在原文大字的下方會以兩行小字作論述，比如第五章「天地之間，其猶橐籥乎！」嚴氏言「橐，排橐也。籥，樂籥也。橐籥之中，空洞無情、無為。故虛而不得窮，屈動而不可竭盡也。」〔註137〕此訓「橐」、「籥」都為中空的器具，既然空洞無物便能載負無窮，可知嚴復以微言義理析探為目的，但亦重視名物訓詁，此比之於乾嘉徐大椿《道德經註》言：「囊之無底曰『橐』；籥，樂器笙簫之類。」〔註138〕「橐」為無底皮囊，「籥」則為中空的樂器，皆為空洞之物，此註解與嚴復應合。又《老子》第六章「谷神不死」，《老子道德經》說「谷神，谷中央無谷也。無形無影，無跡無違，……此至物也。」〔註139〕谷之所以「神」，在於「無形無影」，在無動靜知覺中便造成其谷。而徐大椿《道德經註》言「谷，虛空也。其所以宰此虛空者，則有神存焉。谷本無形質。」〔註140〕以「谷」無形質故能主宰虛空，故為「谷神」，相比較下，嚴、徐所訓的「谷神」都是處於虛空能生成主宰之「物」。蓋《四庫提要》說徐大椿訓解《老子》「其訓詁推求古義，……其所詮釋主乎言簡理該」，考察嚴復之名物訓詁亦能踵武乾嘉考據之理念了。

不過基於《老子》五千言篇幅短少的關係，嚴復著《評點老子道德經》的規模並不如其《評點莊子》，嚴氏《評點莊子》的方法非常多樣，依曾克耑所分即有五個部份，即「內篇總評」、「總評」、「證評」、「註釋」、「圈點」。〔註

〔註137〕《評點老子道德經》，頁5。

〔註138〕徐大椿：《道德經註》收入《景印文淵閣四庫全書》，子部，第一零五五冊，卷上，頁4。

〔註139〕《評點老子道德經》，頁6。

〔註140〕徐大椿：《道德經註》，卷上，頁4。

〔註141〕胡楚生：〈嚴幾道「莊子評點」要義闡釋〉收入《文史學報》（台中，國立中興大學，1991年三月），頁1。

141〕而嚴復評點《老子》則集中在「證評」、「註釋」、「圈點」等範圍。但在評點內容上則同於《評點莊子》，能夠極盡「校正文字、疏釋章句、駁正古注、申釋大義、印證西說」之工夫，〔註 142〕故如單由體裁與方法來看，《評點老子道德經》實可視爲一純正的訓詁考據之書。

　　第二，析辨儒、老、釋，並會通其中哲理。《評點老子道德經》之成書又以儒、佛會通子學爲特色，此六朝的郭象注《莊》、張湛注《列子》已留意其中課題。郭象《莊子注》由儒學調和孔老，又導入「以不治治之」消弭名教、自然之隔閡，張湛序《列子》則云：「所明往往與佛經相參，大歸同於老莊」，故可以說魏晉玄學的崇門無非就是參同儒、佛、道之界畛。〔註 143〕晚清時這種融通儒、老、釋又成爲趨勢，如楊文會《道德經發隱》、《南華經發隱》、章炳麟《齊物釋論》皆積極以儒、釋的觀念解子，章炳麟在〈自述治學〉言：「後爲諸生說莊子，遂有所得。端居深觀，而釋〈齊物〉，乃與《瑜珈》、《華嚴》相會。次及荀卿、墨翟，莫不抽其微言。」〔註 144〕章太炎的《齊物論釋》便是以佛學析釋《莊》學之作，章氏並不否認其藉助儒、釋的微言而理解《莊子》。嚴復《評點老子道德經》則以諸家哲理論述《老子》的「道」與工夫義，如其在《老子》第二十五章「字之曰道，強爲之名曰大」，曰：

　　　老謂之道，《周易》謂之太極，佛謂之自在，西哲謂之第一因，佛又
　　謂之不二法門，萬化所由起訖，而學問之歸墟也。〔註 145〕

諸家義理發展條件迥異，亦有不同的層次脈絡。老子的「道」周行而不改、獨立而不殆，靜觀沖虛，似一形而上之則理；又如《周易》的「太極」統攝陰陽、規範乾坤，可以說是「天道」的另一稱謂；而佛家以「眞如」心之清淨爲自在解脫，本心的通達無礙便直指佛性，故「眞如」於佛學實有其無可復加的高度。但嚴氏認爲諸家最高哲學範疇皆是殊途同歸，畢竟這些第一因皆是「萬化所由起訖」，亦是天地萬物能夠成立的關鍵，嚴氏這種識見頗有魏晉格義思想的精神在。嚴氏自己也認同《老子》「同出而異名，同謂之玄」的看法，因此西人所說的「第一因」，《周易》所稱「道通爲一，無極、太極」，皆含括於《老子》所析釋「有」、「無」之意境，故嚴氏又說「同字逗，一切

〔註 142〕胡楚生：〈嚴幾道「莊子評點」要義闡釋〉，頁 1。
〔註 143〕張湛：《列子注》收入《新編諸子集成》，第四冊，頁 1。
〔註 144〕章炳麟：《菿漢微言》收入《章氏叢書》（臺北，世界書局，1982 年），下冊，頁 961。
〔註 145〕《評點老子道德經》，頁 23。

皆從同得玄。」〔註146〕諸家義理的最高範疇，皆可經由此「眾玄之門」來規定，外在稱謂不同然實質內容卻是近似的。再者，夏曾佑為《評點老子道德經》作序，又認為該書的特質是要藉《老子》之疏解，引出一天人相合的命題，曰：

> 智識者，人也；運會者，天也。智識與運會相乘而生學說，則天人
> 合者也。……老子生古代之季，古之世稱天以為治，主宰前定之義
> 原於宗教而達於政治。……老子既居其極備，……故其所言，皆其
> 古來政教之會也。〔註147〕

老子以自然通貫道、天、地、人，道不違自然，則天亦法自然，夏氏認為《老子》之書便是這種自然運會趨勢下的人為智識，而嚴復以「天演」說《老子》，恰能達到《老子》「天人適相合」的高度。故夏曾佑認同嚴復注解較前人為佳，實在於嚴復能由天人相勝觀點論述，以至於「天人政教」的析論。故可知嚴復不單單欲由儒、釋會通《老子》，其終以西學的天演結合《老子》自然「天」意義，甚而評論政治教化，干涉當代時事，此即為《評點老子道德經》的第三個層次特點。

劉韶軍〈論嚴復《莊子評語》的學術背景與闡釋特點〉說嚴復：「其代表作為《老子評點》、《莊子評點》。評點這種形式，表面上看似乎仍是中國傳統學問的陳套，但稍加深入，即可發現嚴複的評點，已比舊式的經典注釋及評點之學有了截然不同的新義。概括地講，嚴復對《老子》《莊子》的『評點』或『評語』，是對中西學術及其理念做互釋互證的工作，力圖從公例層次會通中西學術。」〔註148〕可知，嚴氏之評點《老子》，以考據為初步的意識是明確的，但是嚴氏終不再以「治子通經」為的鵠，而是積極攝入西學、儒學、佛學，此為嚴氏欲在詮解上所尋求之「突破」。因此，固然嚴氏是以傳統評點方式成書，其疏注亦涉入乾嘉名物訓詁的方法，不過嚴氏論述《老子》的終極興趣，則在於援引西學天演而疏發「天人→政教」，嚴復說：「蓋欲救中國之亡，則雖堯舜周孔生今，捨班孟堅所謂通知外國事者，其道莫由。……吾聖人之精意微言，亦必既通西學之後，以歸求反觀，而後有以窺其精微而服其

〔註146〕《評點老子道德經》，頁2。
〔註147〕《評點老子道德經》，頁5。
〔註148〕劉韶軍〈論嚴復《莊子評語》的學術背景與闡釋特點〉收入《湖北大學學報》
（湖北，湖北大學，2009年），第三十六卷，第2期，頁39。

爲不可易也。」〔註149〕欲由通貫西學再上達於古代學術的「精意微言」，而這種觀照正是欲「救中國之亡」，並切合於當代的政治時事，此即嚴復析釋《老子》的本義。亦可以說，嚴復是欲由儒、道、釋學之演譯，旁通以西學而建構其治世救弊的學說了。事實上，晚清詮解《老子》以推論時事者，嚴復並非第一人。宋翔鳳《老子章義》已說《老子》的「自然之治」是能符合〈禮運〉的「大道之行」，且「與孔子之傳，相爲表裡」。〔註150〕魏源《老子本義》成書於晚清致用之學發展之際，亦認同《老子》是「救世之書」，又以爲《老子》書有「賅古今，通上下」的價值。而嚴復強調《老子》的經世功能，其藉《老子》與西學反映時事，乃在於調和老子的「自然」與「天演」學說所派生的社會學意義，曰：

> 以下三是老子哲學與近世哲學異道所在，不可不留意也。今夫質之趨文，純之入雜，由乾坤而馴至於未既濟，亦自然之勢也。……故今日之治，莫貴乎崇尚自繇，自繇則物各得其所自致，而天擇之用存其最宜，太平之盛可不期而自至。〔註151〕

所謂「太平之盛」是乃對當代救亡圖存之反映，嚴復認爲盛衰盛亡都是一種時勢的消長，明白天道之自然，故執政者應該任由人民「自繇」自由而不該加以干預，萬物乃至於社會在此自然運作下便能自致協調，則太平盛世可「不期而自至」，此乃嚴復致治之義。嚴復本認同達爾文天演學說中的「天擇」作用，故社會人民能依據「自然」、「自繇」而發展，此亦爲其天演理念的疏發，與當代自由民主的思潮亦是相呼應的。湯一介《郭象與魏晉玄學》云：「古今中外對一種書的注解，許多並不眞正是解釋原書，而是藉注解用來發揮他們自己的思想。但既是注書，因而注解總和原書有著千絲萬縷的聯繫。」〔註152〕魏晉玄學家的撰著理念大抵如是，而比較於此，嚴復之會通《老子》、西學亦有其學術企圖，其《評點老子道德經》固然是擷取傳統乾嘉學術方法，然嚴氏經由「天演」學說而演譯《老子》道說，欲改造《老子》以自成一家，此才是嚴氏之闡釋社會達爾文主義，並創新子學命題的學術意義。

〔註149〕王蘧常：《嚴幾道年譜》（臺北，臺灣商務印書館，1977 年），頁 24。
〔註150〕《老子章義》收入《無求備齋老子集成續編》，第七函，頁 2。
〔註151〕《評點老子道德經》，頁 17。
〔註152〕湯一介：《郭象與魏晉玄學》（臺北，谷風出版社，1987 年），頁 154。

三、劉師培以儒學考察的《老》學旨趣

　　劉師培（1884～1919 A.D），字申叔，號左盦，江蘇揚州儀徵人，晚清民初的經學家、教育家，「國粹運動」發起人之一，與章太炎、梁啓超、蔡元培、陳獨秀、章士釗頗有深交。劉氏的政治立場與思想有多次革變，其嘗在清末加入同盟會提倡民族革命，主張夷夏之防，欲保全漢人固有的民族特性，甚至以爲太平天國「洪、楊之光復，猶波蘭志士求獨立也」，更急呼滿清之統治係戕害漢族，而「漢人受此壓迫者，至今不覺」。〔註153〕但之後劉氏由日本歸國後則一改前說，其加入兩江總督端方的幕僚，配合清廷鎮壓四川、湖北的「保路運動」，又於民國創建初期結合楊度、嚴復、孫毓筠等人組籌安會鼓吹帝制，錢玄同以爲：「前九年癸卯，至上海與章太炎、蔡孑民諸先生相識，主張攘除清廷，光復漢族。……但自前五年丁未秋，至前四年戊申秋，思想變遷，憙言無治。」〔註154〕可知劉氏早期有濃厚的反滿思想，其在流亡日本期間更有支持無政府主義、共產思想之行舉，但在 1907 年回中國後反而加入投入清廷，故謂其政治立場乃游移漢、滿之間，甚有「民主→君制」轉變亦可。劉氏的著作遍及經、史、子、集，著有《左盦集》、《左盦外集》等，其在《國粹學報》撰寫的學術、時事評論對當時的社會思潮有一定影響力，後人搜羅其著作編爲《劉申叔遺書》，共計六類七十四種。錢玄同以爲其學術可分爲前後兩期，其〈劉申叔先生遺書總目〉說：「余區劉君之思想及學問，爲前、後二期。自民元前九年癸卯至前四年戊申爲前期；自民元前三年己酉至民國八年己未爲後期。」〔註155〕劉氏「論古今學術思想之文，皆前期所作」，此點出其留意先秦、兩漢、宋明之學，亦推崇陽明心學、顏元、戴震、章學誠的識見，而該時其治學求是客觀，治《左傳》能以《公羊》佐證，不以今古文經的門戶自限，治小學則尋求文字學與社會學的會通，能「用中國文字證明社會學者所闡發古代社會之狀況」，錢玄同以爲劉氏這種結合「應用」與「考古」的識見，是爲其學術的「精卓」處。〔註156〕不過，其後期則嚴然一變，治學轉趨保守，篤信漢儒經說，又抵斥今文經學，駁廖平、康有爲的孔子改制思想爲非，而其政治趨向也因「後期環境改變，倡君政復古之說」，一反先前所

〔註153〕《中國民族志》收入《劉申叔遺書》，上冊，頁 625～626。
〔註154〕劉師培：《劉申叔遺書》，上冊，頁 5。
〔註155〕劉師培：《劉申叔遺書》，上冊，頁 7。
〔註156〕劉師培：《劉申叔遺書》，上冊，頁 29。

推崇的民主憲政反而鼓勵君權復辟，蓋其後期思想與前期不同是爲可證，故論述劉師培之學，則其前後期思想之迥異實不能不辨。

　　劉師培於弱冠之際，便主筆多所報社的社論，〈劉申叔遺書序〉言：「《蘇報》案起，《國民日日報》繼續發揚民族主義，未幾亦因費絀停刊。申叔鳩合同志，再建《警鐘報》，自任主筆，以光復漢族爲職志。……《民報》中攗斥東胡之文字亦多出其手。」〔註157〕當《蘇報》案起，《國民日日報》創刊、停刊皆在 1903 年，該年劉氏已寫成《中國民約精義》與《攘書》，而《警鐘日報》創於 1904 年，其時劉氏不過二十一歲之譜，後流亡日本期間爲《民報》撰文亦不過二十四歲之齡，而劉氏三十歲則儼然成爲當代的國學專家，所出版《國學發微》、《中國民族志》、《倫理教科書》、《春秋左氏傳答問》、《春秋左氏傳古例詮微》爲當代經學、社會學、教育學名作，三十四歲任北京大學教授，總上述而說，劉氏之學術青年有成，而其成就或可歸之家學的影響。劉氏家學以治《左傳》聞於清代中晚期，其曾祖劉文淇爲道、咸之世的學者，與劉寶南齊名，撰有《春秋左傳舊注疏證》；其祖父劉毓崧亦治《左傳》，著有《春秋左傳大義》，皆爲揚州學派的代表人物。而劉師培在其家學的薰陶下，亦以經學者自居，或有學者以爲劉氏乃克紹揚州學派之學風，爲晚清該學派的大家，尹炎武〈劉師培外傳〉說：「揚州學派，盛于乾隆中葉，任、顧、賈、汪，……淩曙、劉文淇後起，而劉出于淩，師培晚出，席三世傳經之業，門風之勝，與吳中三惠九錢相望，而淵綜廣博。」〔註158〕此也點出劉師培之家學淵源，嘉、道學者淩曙以治《春秋》成名，爲劉文淇之舅父，劉文淇又專治《左傳》，其家四代治經，劉氏在此渲染下，自少即承襲前人事業，並服膺於漢學經說且通考據訓詁，故可說其家學的訓練也使其學術有深厚的根柢。

　　劉氏除治經之外，亦兼治諸子學，劉氏重視子學考據的範疇，依錢玄同之分判，其諸子學多歸於著作的「丙類」，所謂「校訂各書，或名『補釋』或名『斠補』，大致前期所著名『補釋』，後期所著名『斠補』。」〔註159〕其子學前期多以「補釋」爲名，後期則用「斠補」，因此劉氏不論前後期，皆重視考據訓詁治子，其子學與經學研治方法相同，如治《賈誼新書》，〈賈子新書斠補自序〉自言：「近儒匡盧失者，惟俞氏《平議》、孫氏《札迻》，嗣外則德清

〔註157〕劉師培：《劉申叔遺書》，上冊，頁 26。

〔註158〕劉師培：《劉申叔遺書》，上冊，頁 17。

〔註159〕劉師培：《劉申叔遺書》，上冊，頁 7。

戴望，……均有校訂之詞。……師培幼治此書，以爲南宋以前故本今不克睹。」
〔註160〕劉氏所斟酌即盧文弨、俞樾、孫詒讓、王先愼所整理的子書校釋，所
謂「爰取唐宋類書子鈔所引，與各本互勘」，援引古說古義，以歷代類書子鈔
爲之考證，此無異乾嘉學者的校勘《墨》、《荀》。再次，劉氏之研治諸子學亦
著重義理，由訓詁而通義理，本爲乾嘉學者的研經態度，如戴震說惠棟「欲
學者事于漢經師之訓故，以博稽三古典章制度，由是推求義理」，事實上戴震
所持守亦訓詁明而義理明之脈絡。〔註161〕而劉氏也以爲義理乃存乎詞義，求
詞義則在於尋求文字音韻的透徹，〈中國哲理起源考〉也說「凡與茲聲相近之
字，均含有茲義之一部，則以古代文字通用存乎聲音，音近之字其用皆同，
不足也。」〔註162〕由對字形的辨析而通音韻，再進而闡明詞義、義理之奧，
此也凸顯劉氏之治學以小學爲本的態度，因此其「好以古書證新義，如六朝
人所謂格義之流，內典與六藝、九流相配擬。」〔註163〕劉氏重視義理思想的
闡釋，此大抵是由研治宋明理學轉而治諸子的心得，亦是其治經方法的轉移。

劉氏對先秦的道家大抵抱持肯定的態度，其說「道家明於禍福，熟於成
敗，稟要執本，以反玄虛，多以社會之學相符。」〔註164〕此由道家救世解弊
的觀點而闡釋，劉氏以爲道家所提倡的清靜、無爲對先秦漢初的治術仍是有
助益的，故與「社會之學相符」，劉氏也說老子其人「啓賢君謙讓之風，斥愚
主自尊之念。」〔註165〕《老》學亦提倡損減、謙讓、節約之風，蓋劉氏承認
老子的爲人與治術並非只以陰謀爲體，其守慈勸弱的識見不啻爲「察理至深」
的哲人，總之不論從哲理或治術的觀點，劉氏皆承認道家是爲先秦重要學派。
而劉氏不以爲漢代的游仙之術、道教與託名老莊的玄談可列入道家，甚至抨
擊「以符籙召鬼神而託名老聃」的行舉是淆亂道家，以爲有假託黃老、仙術、
符籙之嫌，從此而論，劉氏大抵是認同先秦道家之學而排斥漢代以降的道教、
清談明矣。〔註166〕劉氏關於《老》學的著作大抵可分爲二個部份，一是發表
於各著作中之散篇，以隨筆或札記論方式述老子，如《攘書·孔老論》、《中

〔註160〕劉師培：《左盦集》收入《劉申叔遺書》，下冊，頁1275。
〔註161〕戴震：《戴氏雜錄》收入《戴震全書》（合肥，黃山書社，2010年），第六冊，
　　　　頁498。
〔註162〕劉師培：《左盦外集》收入《劉申叔遺書》，下冊，頁1498。
〔註163〕劉師培：《劉申叔遺書》，上冊，頁17。
〔註164〕劉師培：《國學發微》收入《劉申叔遺書》，上冊，頁490。
〔註165〕劉師培：《中國民約精義》收入《劉申叔遺書》，上冊，頁571。
〔註166〕劉師培：《國學發微》收入《劉申叔遺書》，上冊，頁490～491。

國民約精義‧老子》、〈倫理學史序〉等，其中干涉《老》學之政治觀、社會觀，與老子的義理、源流等問題；二是以專書形式寫成的《老》學專著，如《老子斠補》、《老子韻表》專以訓詁考據闡述老子的文字、詞義、音韻，並以釐清《老子》原文的義理爲的鵠。而劉氏《老》學大體可歸爲晚清諸子學的範圍，如《攘書‧孔老論》爲民國前八年之作、《周末學術史序》撰於民國前七年、〈老子韻表〉撰於民國前六年，而《老子斠補》該書錢玄同則列爲「作年不詳者」之類。然此書以「斠補」爲稱，故應爲劉氏後期的著作，即宣統元年至民國八年期間所撰，劉氏的《莊子斠補》大概作於民國元年，錢玄同《劉申叔先生遺書‧總目》嘗言及該書的編次之法，有所謂「以原書之時代爲次」的原則，而《老子斠補》列於《莊子斠補》之前，故視《老子斠補》乃醞釀於民國元年或之前係爲合理。〔註167〕總體而論，判劉氏之《老》學爲晚清子學的一環大體是可信的。其《老》學思想有二點可留意：

（一）以考據訓詁為尚的斠補觀點

劉氏對考據訓詁實抱持推崇的態度，固然以爲考據後學有其弊病，然考據以求實爲宗，學者能「學窮典奧」，相較於詞章、理學末流的浮誇、空疏，漢學的實事求是堪稱學術典範。〈清儒得失論〉曰：「清儒之學以求是爲宗，而卑者或淪於稗販。其言詞章、經世、理學者，則往往多污行，惟篤守漢學者，好學慕古，甘以不才自全。」〔註168〕劉氏以爲，漢學者治學篤實嚴謹是爲優點，雖不如理學者、詞章家能以理學、文學爲執政者所欣賞，然漢學者好學深思往往能建立博洽的學問，也就是「惠、戴之術可以備師儒而不足以備王佐」，案劉氏之說則治學莫不先由考據訓詁著手爲佳。劉師培之學術，首要亦在於宗法漢學，曾聖益〈劉師培之斠補思想要義〉一文，以爲劉氏學術受到其家學的濡染，亦精通考據訓詁脈絡，其說：

> 就其斠讎的書目中，顯見其對象是先秦兩漢的著述，用的方式則是

〔註167〕案錢玄同《劉申叔先生遺書‧總目》，劉氏的《老子斠補》曾出現三種版本，即最原始的劉氏手抄本，再次是發表於《中國學報》與《國學匯林》的部份段落。察《中國學報》與《國學匯林》都是民國之後所出版的刊物，然而劉氏著作未必都是採取「隨作隨登」，因此可以合理懷疑劉氏《老子斠補》係民國元年前醞釀之作品，且錢玄同所接觸爲第一手資料，其「以原書之時代爲次」的編纂原則誠爲可信，故本文乃採用之。見劉師培：《劉申叔遺書》，上冊，頁4；頁7。

〔註168〕劉師培：《左盦外集》收入《劉申叔遺書》，下冊，頁1539。

將考證與斠讎合一。此與其先人的斠讎工作雖有不同，但於儀徵劉氏學中，卻有傳承可循。蓋劉文淇作《左傳舊疏考正》，即透過文獻斠讎的方式以證明孔穎達《左傳正義》沿襲劉炫說的觀點，劉毓崧《周易舊疏考正》、《尚書舊疏考正》二書，劉貴曾《禮記舊疏考正》均賡續劉文淇而作，論證的方式亦大抵相同。〔註169〕

劉氏受其家學影響，乃深習乾嘉學術的研治方法，故劉氏也把治《尚書》、《左傳》那種辨章學術、考鏡緣流的態度推而廣之，從而鑽研諸子、史學、文學，其《中國民族志》、《周書補正》、《管子斠補》、《荀子斠補》、《楚辭考異》等皆以考據訓詁成篇，劉師培之著作屬於傳統漢學範圍實佔有大半，曾氏又說：「斠讎群書與學術流變的論述，同為劉師培重要的學術成就，各有代表性。」〔註170〕察劉氏之學，其甲類為經學，丙類為諸子，二類共四十六種之多，實佔去其著作七十四種的半數之譜，此在清末民初考據學式微之際實為罕見，丁惟汾〈劉申叔遺書序〉言「其篤守家法，敦古不疑，歸然作清儒後勁者，惟餘杭章太炎、蘄春黃季剛與申叔數人而已。」〔註171〕此把章太炎、劉師培、黃侃同列為清末民初研治漢學的重要學者，相對於當代新學的萌興，則劉氏以青年之姿提倡漢學，實更具有復古色彩。

劉師培治《老子》，也普遍採取考據訓詁之法，其特色有二，一在於劉氏能稟持經學大義，通過以經解老、以子解老的方法，補充前儒所未論說，如其《老子斠補·序》自言：「《老子斠補》二卷，以補王、洪、俞、孫所未備，若夫宣究義蘊，以經、史大誼相闡明。」〔註172〕該書以「斠補」為名，其中「斠」有校讎之意，「補」則是補充、補注，劉氏的用意在於欲還原古義，並斟酌前人說法，以補充前儒所未備，而其所持守的撰著原則，在於嫁接經、史、諸子大義，進以會通《老子》。如第十章「滌除玄覽，能無疵乎？愛民治國，能無知乎？天門開闔，能無雌乎？明白四達，能無為乎？」劉氏以為每一句的「能」字，又可訓為「而」，其採取經說、諸子與清儒說法加以論證，劉氏說：

又此六章能字，均當作而，能、而古文相通，互相借用。如《詩·

〔註169〕曾聖益：〈劉師培之斠補思想要義〉收入《國文學報》第四十五期（臺北，國立臺灣師範大學國文學系，2009年六月），頁30。
〔註170〕曾聖益：〈劉師培之斠補思想要義〉收入《國文學報》第四十五期，頁33。
〔註171〕劉師培：《老子斠補》收入《劉申叔遺書》，上冊，頁25。
〔註172〕劉師培：《老子斠補》收入《劉申叔遺書》，上冊，頁872。

苊蘭》「能不我知」，《荀子・解蔽篇》「則廣然能棄之矣」。《管子・
任法篇》「是貴能戚之」五語，王引之均訓爲而。又《韓詩外傳》「富
能分貧」與「貴而下賤」對文，《管子・侈靡篇》「強能不服」與「智
而不牧」對文，亦能、而互通之證。〔註173〕

其中《詩・苊蘭》爲經文，而《韓詩外傳》是爲漢代經說，可知劉氏係通經
而治子，此與王氏父子與俞曲園的子學論著並無二異。另《管子》、《荀子》
爲先秦子書，以子解子亦爲劉氏斠補諸子的重要方法，其子學著作實多有運
用。又如《老子》第一章「道可道，非常道」，劉氏云：「案《易・象下傳》『未，
變常也』。虞注『常，恆也』。常訓爲恆，即久遠之意。」〔註174〕此以〈易傳〉
與虞氏注爲訓解，視「常」爲久遠之意，劉氏以爲釋「常」爲久遠乃「周漢
諸子釋常道、常名之義也」，如《文子》、《韓非子》、《淮南子》亦採用之，故
說劉氏之解《老》乃稟持經、子會通趨向亦無不可。

　　第二，劉氏以古義的求索爲的鵠，故著重對版本、文字、音韻的闡釋，
以期能還原古藉原貌。如其論證《老子》版本與舊疏的問題，便撰有超過五
百字之譜，以爲能詳盡《老子》之義者，蓋《莊子》、《韓非》、《荀》、《墨》、
《淮南子》等書，故詮解《老子》亦必須從先秦漢代典籍入手，《老子斠補・
序》言：

> 老子傳於今者，莫古於唐景龍碑。注莫古於王弼，次則釋文所詳異
> 字，唐宋各類書所引異文，亦多故本。然王弼以前，本書訛挩已多，
> 弼注又疏於詁，故欲繹舊文故誼，必求諸東周秦漢之書。蓋《老子》
> 之文恆爲莊列所述，韓非〈解老〉、〈喻老〉詮釋尤晰，迄至西漢則
> 《淮南》所述爲詳，文之書又襲《淮南》。其他述《老子》者，於周
> 則荀、呂、商、墨，於漢則陸、賈、桓、揚、劉或明著其文，或述
> 其誼而殊其詞。〔註175〕

劉氏認爲，《老子》原本傳世最早不過爲唐代的景龍碑，最古注本則爲王弼注。
然而不論是景龍碑或王弼注，都有文字訛寫或者疏解過當的缺失，因此如欲
還原《老子》的原貌，則需經由先秦群籍與漢代諸儒的校解爲之斟酌。故劉
氏又說「《老子》漢註今既不傳，欲稽古說，惟資諸子，諸子而外，則他籍文

〔註173〕劉師培：《老子斠補》收入《劉申叔遺書》，上冊，頁875。
〔註174〕劉師培：《老子斠補》收入《劉申叔遺書》，上冊，頁873。
〔註175〕劉師培：《老子斠補》收入《劉申叔遺書》，上冊，頁871。

同《老子》而漢儒作解者，亦足匡王弼諸家之缺。」〔註176〕從此來說，劉氏並不完全信任王弼古注的文獻資料，而是投以客觀的方法，以周漢古籍對王注的誤失加以釐清。又如第四十七章「不出戶，知天下；不闚牖，見天道」，劉氏則以爲並非古本之文，其曰：「案《韓非子·喻老篇》引作『不出於戶，可以知天下；不闚於牖，可以知天道』，當作《老子》古本。今本經後人刪改。」〔註177〕劉氏採取《韓非子》之說大抵可信，比較於1973年馬王堆出土的《帛書老子》甲、乙本，皆作「不出於戶，以知天下；不窺於牖，以知天道。」〔註178〕此與《韓非子》的用字較之接近，故總合上說，則《老子》第四十七章有無經後人「刪改」，則又多一分證據。事實上，劉氏能以古籍校之，其說誠然比王注本、景龍本又爲可信，故從此而論，則劉氏解《老》推崇先秦漢代典籍，又較其他古本客觀，故有其參考價值。

劉氏也以爲文字的古形、古音是爲尋求古義理之始源，故其著重對文字形、音的求索。《老子韻表》言：

> 夫三代之文多雜韻語，不惟六經爲然也。即《老子》、《荀子》、《離騷》、《莊子》諸書亦莫不奇偶相生，音韻相協，欲考古韻之分合，必考周代有韻之書，而周代之書其純用韻文者，舍《易》、《詩》、《離騷》而外，莫若《老子》。〔註179〕

古籍或有排比、協韻的書寫，故通過對古韻文的推敲，乃可進一步理解古代的音韻現象，故劉氏不啻對六經的韻文加以析辨，亦斟酌《老子》、《荀子》、《離騷》、《莊子》之原文。蓋尋求古音、古韻亦是學者識古的一環，江永《古韻標準》援引顧亭林之言：「韓文公篤於好古而不知古音，非具特識，能爲是言乎！有此特識權度在胸乃能上下古今，考其同異，訂其是非。」〔註180〕古人或有忽視古音的問題，故往往重義不重音，但部份的學者以爲通過對古音的鑑識，治學才能達到「上下古今、考其同異、訂其是非」的高度，此也說明音韻的審訂是考據訓詁之學的重要範疇。劉氏以漢學家的考據訓詁方法治諸子，故其求古、尋古的途徑，對音韻的考察亦是其中要點，《老子斠補》解第二章「長短相較」一段，也說：

〔註176〕劉師培：《老子斠補》收入《劉申叔遺書》，上冊，頁872。
〔註177〕劉師培：《老子斠補》收入《劉申叔遺書》，上冊，頁880。
〔註178〕高明：《帛書老子校注》（北京，中華書局，2002年），頁50。
〔註179〕劉師培：《老子韻表》收入《劉申叔遺書》，下冊，頁1469。
〔註180〕江永：《古韻標準》收入《景印文淵閣四庫全書》，經部，第二百四十二冊，頁4。

　　　河上公本作「長短相形」。案《文子》云「長短不相形」。《淮南子·

　　　齊俗訓》曰「短修相形。」疑《老子》本文亦作「形」，與生、成、

　　　傾協韻，「較」乃後人旁註之字以「較」釋「形」，校者遂以「較」

　　　易「形」矣。〔註181〕

此說比較《河上公》本與《文子》、《淮南子·齊俗訓》的用字，認爲古字應
爲「長短相形」，而非「長短相較」。因「形」與「較」字有協韻的關係，故
古人以「較」字釋「形」，以致產生誤解。事實上，從「音訓」的訓詁思維來
看，二字如果韻同亦可能義近，故古人運用這種音韻關係，大抵也有一種「假
借」或「引申」的效果，劉氏也以爲「古代文字通用，存乎聲音，音近之字
其用皆同，不足異也。」〔註182〕因此文字的聲、韻是否相涉，也成爲文字運
用能否繫聯的關鍵，由求聲而求義，則音韻也成爲尋求文義的重視途徑。胡
楚生《訓詁學大綱》亦云：「音訓只是古人在解釋字義時所施用的方法之一而
已，它也像形訓一樣，有著它本身的缺點。一則，音訓的目的，是尋求事物
命名的所以然，並不是對於那些『名』『物』的本身，作出一種確切不移的定
義。……一則，音訓之法，只是任取音同音近的一字，以說明被訓字的意義。」
〔註183〕從此論，「較」、「形」畢竟有韻同義近的現象，文字的形成往往有假借
或約定俗成的現象，故「較」、「形」的通用亦可能只是書寫習慣使然。不過，
如謂「較」、「形」二字能完全借代使用，則必然有其不通處，劉氏能夠發現
此種字詞間訛用的問題且加以釐清，可知其對音韻、訓詁之用力了。

（二）聯絡儒、道的終極「道」論

　　「道」的論說，先秦兩漢學者已有之，案「道」字本有道路、進路之義，
《說文解字》云：「道，所從道也，從辵從首，一達謂之道。」〔註184〕故人的
目標指向便是「道」，廣義的說舉凡天地萬物人物所能從達的脈絡，皆爲「道」
所及的範圍。「道」于人爲事物則爲人道，孔子之道以人道爲論說且強調「仁」
的意涵，或說孔子是以人倫的種種關係來理解「道」，故又有「仁道」之論，
《論語·學而》：「君子務本，本立而道生。孝弟也者，其爲仁之本與」，根本
建立了，則道術從此而生，最根本的孝悌則爲人道的根本。此人「道」之說

〔註181〕劉師培：《老子斠補》收入《劉申叔遺書》，上冊，頁873。
〔註182〕劉師培：《左盦外集》收入《劉申叔遺書》，下冊，頁1498。
〔註183〕胡楚生：《訓詁學大綱》（臺北，華正書局，2000年），頁85～86。
〔註184〕許慎注、徐鉉校：《說文解字》（香港，中華書局，2000年），頁42。

也符合「道」從首從辵的意趣，君子的行舉皆爲「道」所指向，所持守在於親親、愛民，從而「樂道」、「志於道」，蓋孔子之道實爲關懷人情的仁道可證。儒學發展到了戰國，〈易傳〉對「天道」有更詳盡的詮說，所謂「形而上者謂之道，形而下者謂之器」，〈易傳〉規定了「道」、「器」二端，進而使儒學之「道」理則化且具有形而上的意趣，〈易傳〉的「道」代表了天地萬物的根本，爲陰、陽派生的始源，故〈易傳〉之「道」可視爲「天道」。思孟學派則進一步統合「天道」與「人道」，《中庸》：「誠者，天之道也；誠之者，人之道也。誠者不勉而中，不思而得，從容中道，聖人也。」〔註185〕「誠」爲天道的實質，能實現「誠」者是爲聖人，聖人亦是通達天道與人道的踐履者，能盡「誠」遂能與天道合流，張載說：「仁知合一存乎聖，……性與天道合一存乎誠。」〔註186〕故「誠」的境界惟通達天人的聖人能爲之契合，儒家也以成聖爲人道的最高表現。孟子亦有盡心、盡性、知天的說法，能貫通心性達到天人合德，亦是仁道的履踐者，蓋思孟學派此種結合天人之道的觀點亦爲後代之儒學所援取。

　　劉氏則認爲老子之「道」與儒學有近切處。道家以「道」爲終極的本體，無名、無爲，老子強名以「大」，「大」又爲「逝」、「返」，以是其「物」無爲無形而實有，故說「有物混成，先天地生，寂兮寥兮，獨立而不改，周行而不殆」，能先天地生，則此「道」規範天地，以沖虛、減、損爲用，以有、無爲體，又稱爲天地之「始」、「母」，王弼以爲「萬物由之以成，……有所由然後謂之道。」〔註187〕「道」爲天地萬物所從，故能進一步規則萬有，是以「道」非但可視爲一統合天地萬物之本體，亦能以一形而上的規範理解之，包括人之所作所爲亦不違離此「道」的脈絡。劉師培則以爲《老子》的「道」可與〈易傳〉、朱子理學所言的「理」統合，此大抵是從「道」的本體、規範義論說，劉師培〈中國哲學起源考〉云：

　　　乾卦之〈文言〉曰：「元者，善之長也。」……《公羊》「元年，春，
　　　王正月。」……何休注云「變一爲元，元者，氣也。無形以起，有
　　　形以分，造起天地，天地之始也」。……元訓爲一，又訓爲初。《春

〔註185〕孔穎達正義：《禮記正義》收入《十三經注疏》（臺北，藝文印書館，1965年），第五冊，頁894。
〔註186〕張載：《張子全書》收入《景印文淵閣四庫全書》，子部，第六百九十七冊，卷二，頁33。
〔註187〕王弼：《老子道德經》收入《新編諸子集成》，第三冊，頁14。

秋說題辭》曰：「元，清氣以爲天，渾沌無形體。」宋均註云：「言
元氣之初如此也。渾沌未分也。言氣在《易》爲元，在《老》爲道，
義不殊也。」此説最確。〔註188〕

劉氏以爲《老子》的道與〈易傳〉的「元」是可會通的。〈易傳〉以「元」爲
一，元是爲元氣，而元與一、太極同出異名，則太極便爲元之初始，或說〈易
傳〉以陰陽規定氣化世界，太極爲陰陽的起始亦爲氣化的整體，於是天道的
實質即是「元氣」。故《公羊》所論述的「元」，也可進一步理解爲元氣。劉
氏引用宋均的《春秋說題辭注》以爲，《老子》之道或可與《周易》的元氣相
通，故說「言氣在《易》爲元，在《老》爲道」，則道與太極、元、一在「氣」
的規定下，皆可等同於元氣的範疇。劉氏《理學字義通釋》又說：

若老、莊之學稱爲道家，於空虛恍惚之中堅求道體，以道字爲絕對
之詞，與眞宰眞空相若，此則視道爲至高。蓋老子之義，以世人奉
行之道，不過由風俗習慣政治法律而生，然於習俗未成，政法未備
之前，別有一自然之道，故於世人奉行之道，悉加摧毀，以求道體
之本然。……兩宋諸儒以道爲形上，乃隱襲道家之說。〔註189〕

劉氏又以爲道家所言「道」的虛玄、空寂，是爲理學家所接引，故理學家判
爲絕對的、至上的形而上「理」則，與《老》學最高本體的「道」亦相涉。〈中
國哲學起原考〉又說「韓伯注易〈繫辭〉云『道者，何無之稱也。』劉巘《周
易義》曰『自無出有曰生。』則取道家有生于無之說以釋儒書。若宋儒言先
天亦漢儒太始太初之變詞，後天由先生而生，即有生于無之義。近儒以宋儒
易圖出於道家，非無稽也。」〔註190〕此也認爲，韓康伯注〈易傳〉實以道家
的「有」、「無」爲主題，而宋儒所認同的「太極圖」亦是經由道家所啓發。
蓋劉氏承認儒、道所言的「道」本爲一物，古人「欲溯學術之起原，必溯宇
宙之起原。……故古人之言哲學也，亦多窮究此理。」〔註191〕也就是古人治
學必然追溯那最原始本初的「宇宙眞理」，但在地有南北、時有古今，且學術
不斷發展與分化的情勢下，各個學派對宇宙終極原理的詮解便可能產生異
議，所以「周代之時，道字之訓日歧」，非但諸家對「道」的詮說有異，關於

〔註188〕劉師培：《左盦外集》收入《劉申叔遺書》，下冊，頁1493。
〔註189〕劉師培：《理學字義通釋》收入《劉申叔遺書》，上冊，頁474。
〔註190〕劉師培：《左盦外集》收入《劉申叔遺書》，下冊，頁1501。
〔註191〕劉師培：《左盦外集》收入《劉申叔遺書》，下冊，頁1492。

此本體的用字名稱亦迥然不同，劉氏此說大抵是從訓詁學的思維而理解。〔註192〕總而言之，劉氏欲復原古義古說的用心是顯然可見的，其所理解老子的「道」，並非單由道家而闡述，而是能進一步融通儒、老，甚至《呂氏春秋》、《淮南子》的範疇，進以體現其「以經、史大誼相闡明」的治子理念。

不過，劉氏在會通〈易傳〉、《老》學、《公羊》、朱子理學之元氣論，亦有其缺失，以是先秦兩漢的元氣論，未必能全然等同《老子》的「道」與朱子理學的「理」。大抵《公羊》的「元」，是爲先秦兩漢氣化宇宙論的範疇，此「元」乃廣爲董仲舒與何休所擷取，徐復觀說：「『元者氣之始也』。這是由陰陽二氣上推，而認爲應有陰陽未分，爲陰陽所自出的氣。……按照董仲舒的意思，天之端來自元；天之功用表現在四時。」〔註193〕陰陽爲「元」所出，天之端亦爲「元」，故「元」爲萬有生成與作用的起始，然而「元」終究仍爲「陰陽所自出的氣」，雖元氣已近乎形而上的範疇，但在「天地之氣，合而爲一，分爲陰陽，判爲四時」的趨勢下，氣質之可聚可散亦成爲原則，故「元」仍只爲天地分判之初的一氣，其立論是爲氣化宇宙的一隅明矣；再次，朱子理學分道、氣爲二，固然理氣綜合的說是「不離」，然分開說仍必須有形上之道、形下之器之別，朱子乃以「氣」爲形下之器，故「氣」是爲雜染之質，與「純然」的形而上之「理」仍是有異的，大陸學者張立文說：「在朱熹看來，如果把作爲世界本根的『道體』看成『太虛』或『氣』，則是把形而下當作形而上了。」〔註194〕故朱子嚴然分判形上、形下的畛界，理、氣概括的說可視爲體用關係，但如強以形下氣質爲形上理則，則勢必有違於朱子理學，《朱子語類》云：

> 天命之謂性，是專言理，雖氣亦包在其中，然說理意較多。若云，兼言氣，便說率性之謂道不去。如太極雖不離乎陰陽，而亦不雜乎陰陽。〔註195〕

〔註192〕所謂「宇宙眞理」是爲劉師培的用法，〈中國哲學起原考〉云「是爲哲學一元論，大抵謂宇宙眞理無質無形，僅以不可思議之妙理，顯不可思議之作用而已。」該篇即爲調和中國古代思想之終極本體而撰著，道家之「道」、儒學的「一」、「初」、「元」、「理」或佛學的「眞如」，皆爲其論說的範圍。見劉師培：《左盦外集》收入《劉申叔遺書》，下冊，頁1492。

〔註193〕徐復觀：《兩漢思想史》（臺北，學生書局，1999年），卷二，頁354～355。

〔註194〕張立文：《朱熹思想研究》（北京，中國社會科學出版社，2001年），頁185。

〔註195〕朱熹：《朱子語類》收入《朱子全書》（上海，上海古籍出版社，2002年），第十六冊，卷六十二，頁2016。

太極、道皆不雜乎陰陽，此說也表明朱子的理、氣有清、濁之異，故必需「對待而言之」，所以太極與道「不雜乎陰陽」亦是顯明。再者，《老子》言氣化流行處亦不多，惟數章言及「氣」的梗概，其中四十二章所言最詳，曰：「道生一，一生二，二生三，三生萬物，萬物負陰抱陽，沖氣以爲和」，所以萬物的生成仍有待於陰陽的調和，不過依上述推論由「道」而一而二而三，則氣與陰陽實非可理解爲「一」，亦不可上溯至「道」的層面，以是「道」以有、無爲天地起始，而陰、陽又拘於天地之「有」，故《老子》之「道」論非氣化流行可以局限亦是顯明。故綜合的說，劉氏之會通儒、老、理學雖有追溯古代學術之企圖與用心，但對於其中的理路實未必能完全融會貫通，故仍有諸多可斟酌處了。

四、小結

　　由上述可知，嚴復、劉師培之研治《老》學仍堅持「正統派」考據訓詁爲研究共法，但二儒於創新或保守的研究態度則大有不同，其中的用意與目的實大異其趣，此也造成嚴、劉二人在闡釋《老子》異多於同。本文經歸納整理之後，乃由二個層次窺探其中理路。

　　第一，在研治方法上，嚴、劉二氏皆以乾嘉考據訓詁爲初步，然嚴氏觀念創新，而劉氏趨於保守。嚴復對《老子》的注解，以評點爲基本功夫，評點大抵發展於宋代，明清學者則運用於對經學、詩歌、古文、小說文學的研治，故評點亦是傳統研究方法的一環，《古書句讀釋例》便以爲：「句讀之事，視之若甚淺，而實則頗難。……惟高郵王氏自刻之書，如《廣雅疏證》、《經傳釋詞》等，皆自加句讀。」〔註196〕句讀固然是小學的課題，但由於古書研讀的不易，往往一個句讀的誤解，可能使整段文句有所偏差，因此王念孫便把句讀提升至校勘學的層次。而朱子更認爲句讀是爲研讀古書的重要步驟，《朱子語類》引韓喻「所謂『沈潛乎訓義，反覆乎句讀』，須有沈潛反覆之功，方得所謂審問之。是表裡內外無一毫之不盡，方謂之審。」〔註197〕故能致力於訓解、句讀，反覆斟酌其中議題，才能謂之精審詰問，此乃朱子慎重嚴謹的讀書態度。故直以評點方法而論，則嚴復重視對《老子》原文的評語與文

〔註196〕楊樹達：《古書句讀舉例》收入《古書疑義舉例等七種》（臺北，世界書局，2004 年），頁 3。
〔註197〕朱熹：《朱子語類》收入《朱子全書》，第十七冊，卷一百零四，頁 3430。

字段落的句讀，也可謂是對於傳統讀書、考據方法的繼承；而劉師培對《老子》古注的輯錄亦不違離考據訓詁的範圍，劉師培學術大抵有其家學的影響，其在清末民初以正統派學者身份從事創作，陳鐘凡〈劉先生行述〉說劉氏之治經乃「廣徵古說，足諍馬、鄭之違」，其經學實可與晚清孫詒讓、俞樾之學相發明。劉氏對先秦諸子的斠補則仿傚王念孫《讀書雜志》、俞樾《諸子平議》之例，專由名物訓詁斟酌先秦諸子，故劉氏亦可視爲乾嘉正統派之餘緒。章太炎也說他治學「上通故訓，下諧時俗，亦可以發思古之幽情」，實不失乾嘉學人求古的嚴謹態度，此也證明劉氏之研治子學實能恪守乾嘉正統派的矩矱。〔註198〕

然而，嚴復評點《老子》的用意畢竟在於會通西學、《易》學，以成就其「天演」哲學爲標的，故其研治方法雖持守正統派考據訓詁，但其實乃在於改造《老子》以尋求新意；而劉氏之成書則以考校古義爲目的，其本意在於恢復古說，此種稟持求古的保守意識又與嚴氏的態度不同。因此可以說，嚴氏以評點來發微《老子》、西學、《易》學、佛學的「天人」思想，其對於當代子學研究實有創新意義，而劉氏則完全由乾嘉學術的態度以斠補經、子的古注古義，並由求古義而通訓詁，其復古的意味又較嚴復濃厚了。梁啓超在〈釋新民之意〉對當代「進取」、「保守」思潮的說法，亦可爲嚴、劉二子的理念作一註腳，梁氏說：「世界上萬事之現象，不外兩大主義：一曰保守，二曰進取。人之運用此兩主義者，或偏取甲，或偏取乙。或兩者併起而相衝突，或兩者並存而相調和。」〔註199〕此用之於晚清學術亦合適，則嚴復之「創新」與劉師培「保守」治學雖似相對，然嚴復闡述《老》學莫不由乾嘉學術進入，而劉氏在求尋古義之際亦期以古學爲當世所重視，故實際上「創新」與「保守」的態度是可併存或者相互容納的。

第二，對《老子》思想的闡釋態度，二儒亦有不同。嚴復《評點老子道德經》在於發明《老子》，欲樹立一道家、西學趨向的經世致用。而劉氏的《老子斠補》、《老子韻表》則在於保存古義古音，並稟持治子通經的漢學意趣，即「由聲音以明文字之通假，按詞例以定文句之衍奪，而又廣搜群籍，徧發類書以審其同異而歸於至當。」〔註200〕以考校《老子》古注古說爲的鵠，由

〔註198〕劉師培：《左盦外集》收入《劉申叔遺書》，下冊，頁1725。
〔註199〕梁啓超：《飲冰室全集》（臺北，文化圖書公司，1981年），頁7。
〔註200〕劉師培：《劉申叔遺書》，上冊，頁17。

訓詁考據脈絡恢復古學的原貌，是爲劉氏研治諸子的最大用心。如前所述，《評點老子道德經》的思想在於能闡釋《老》學、西學、《易》學、佛學之理論，嚴氏對《老子》的新意，乃在於會通中西學並開展其天人思想、政治思想，章太炎也說：「老子論政，不出因字。所謂『聖人無常心，以百姓心爲心』是也。嚴幾道附會其說，以爲老子倡民主政治。」〔註201〕晚清談「民主思想」者，如康有爲以《公羊》三世說講述「君主立憲」以至於大同理念的烏托邦民主，孫文以《三民主義》的「民權主義」論述政治上的平等、自由，康、孫爲政治改革者，其學說理論皆期許於當代社會之致用。而嚴復以道家《老》、《莊》的無爲、逍遙調合西學的「自由」、「自繇」，其最終用意也在於提倡民主政治，此亦符合其經世治世的理念。嚴復序《群己權界論》言：「是以西哲又謂，眞實完全自繇，形氣中本無此物，惟上帝眞神，乃能享之。……獨人道介於天物之間，有自繇亦有束縛。……盧梭《民約》，其開宗明義，謂斯民生而自繇。」〔註202〕所謂「群己權界」必然涉及人與社會群體之糾葛，亦是針對政治論說，故嚴氏「以事理言，中國之民，宜常爲世界之先進」，〔註203〕如此可知嚴氏調和中西學術之用意，莫不是欲使晚清民初成爲致治之世。蓋嚴氏疏發《老》、《莊》、西學、《易》學、佛學，其目的在於藉諸家義理建構其政治思想也。

　　至於劉師培的治《老》，則秉持「以經、史大誼相闡明」的視野，其以爲經、子、史皆古學的精要，故有加以保存的必要。是以劉氏子學斟補古注古說背後的意義莫不在於還原古學之風貌，其曾在《國粹學報》抨擊輕忽舊學的弊害，〈國粹學報三週年祝辭〉言：「蓋惟今之人不尚有舊復，介于大國惟強是從。是以校理舊文，亦必比勘西籍，義與彼合，學雖絀而亦優，道與彼歧，誼雖長而亦短。」〔註204〕此以爲當世之人，凡與西學相涉的事物皆認爲好，與西學無關縱使有高妙的道理亦冷漠對待。故劉氏所不滿乃在於「用夷以變夏」、「淺夫舍舊而謀新」的態度，這些學術上的短視近利必將造成「典籍日湮，叢殘莫掇」的亂象，終使古學不振而被棄廢。因此劉氏對於發揚漢學、保存舊學不遺餘力，使「國學不墮」是爲其治學的一大志向也。察劉氏

〔註201〕章炳麟：《國學略說》（臺北，文史哲出版社，1987年），頁161。
〔註202〕約翰‧穆勒著、嚴復譯：《群己權界論》（臺北，臺灣商務印書館，2009年），頁22。
〔註203〕《群己權界論》，頁101。
〔註204〕劉師培：《左盦外集》收入《劉申叔遺書》，下冊，頁1791。

嘗改其名爲光漢，又命其書齋爲「光漢室」，可知其對國故保存之用心了。

　　總上述來說，嚴復會通西學、《易》學而說《老子》，實較著重《老子》義理創新的一面，其消弭諸多學術的界域，莫不在闡發其學說之天道人事變化，故其學術意義在於藉《老子》之道說而闡發，進以自成一家；相對的，劉師培較重視《老》學義理保守的一面，其雖不攝入西學、新學的方法，而專以經、史之大義爲論說，以訓解古注古音爲的鵠，其以經、子互證，以道家、理學相發明的方法，實也寄託其保存國故的理念。故嚴、劉之闡釋《老子》一則創新一則保守，此也可見二者所抱持的撰著旨趣，以及對古學解構的態度是大相逕庭的。

附錄表：嚴復與劉師培之《老》學思想比較

	嚴　復	劉師培
創作時間	《老子評點》完成於光緒 31 年（1905 A.D）。可視爲嚴復前期之作（嚴復於民國成立後，思想則又一變）。	《老子斠補》可歸爲劉師培晚期之作。大抵宣統元年以降作品。
方法	藉「評點」方法講評《老》學。章節結構分爲上下兩部份，上方爲嚴復的講評，下方則是對《老子》原文進行點校與訓解。	以乾嘉考據學爲方法，對《老》學的文字、音韻、訓詁、義理進行探析。
特色	內容著重對時事的疏發。有比附儒學、佛學、西學的情況，對於哲學、宗教、社會學、自然科學皆有論說，可視爲晚清新學的代表作之一。	內容的析論以儒學爲主要，少有對時事的申論，與乾嘉學者的「治子通經」觀點相近。
對《老》學思想之探討	1. 視《老》學「道」爲至高無上的本體，可與太極、第一因、自在聯繫。 2. 有刻意聯繫形上與形下思想的意趣。 3. 認同《老》學的「自然」與西學的天演義可爲一致。 4. 認同《老》學的「無爲」思想，以爲可與西學的民主聯絡。	1. 由儒學的觀點，以爲《老子》的「道」可與《易》的「天道」、理學的「理」相通，亦多引用《韓非子》、《淮南子》的觀點，與前儒對《老》學的詮釋。 2. 把《老子》的「道」判爲元氣流行之下的本體，故與《易》、理學、公羊學的觀點近切。

	嚴　復	劉師培
目的	深化其「天演」哲學觀點，認同《老》學、《易》學、佛學、西學的義理可會通，以成就一家之言為的鵠。	補充前儒對《老》學的論述，故又名之為「斠補」。

第三節　俞樾、章太炎從「通經」到「明道」的子學進路

　　清乾嘉時期，考據學盛行，學者之治學往往重視考證與訓詁方法。通過文字、聲韻、文法的析辨，並以「實事求是」、「無徵不信」的態度深入古經，標榜漢儒之學，故有所謂「漢學」之稱。由清代中葉以降至晚清，學術研究因社會之動盪與西學的流傳而產生變化，考據之於經學已非能單一引領當代學術，學者多藉整理今文學、西學、諸子學的理論進而因應社會的變革與創新，如魏源、廖平、康有為、梁啟超、章炳麟、嚴復等，所著重不異乎經世致用與社會改革的理想。然而考據學的餘波仍存留一方，在與他學的融通下亦有其發展，梁啟超《中國近三百年學術史》說：「考證學直至今日還未曾破產，而且轉到別個方面，和各種社會科學發生影響。雖然，古典考證學，總以乾、嘉兩朝為全盛時期，以後便漸漸蛻變。」〔註205〕考據學固然已非晚清學術的主流，但其研究方法客觀、質實，仍影響當代的學術思想。

　　晚清治考據有可觀者如俞樾（1821～1907 A.D）、孫詒讓（1848～1908 A.D），二子大抵能藉重考據的研究方法，深入古文經學、子學的領域，對於晚清學術研究頗有特殊意義。其中俞樾所師法在於高郵王氏父子，並發展了重訓詁的研究方法，其透過考據學而整理群經與諸子之學，進而影響了黃以周、戴望、崔適、吳昌碩、袁昶、章太炎等學者，因此俞氏之學對於晚清學人是具有啟發意義的。俞氏之學術所重在於經學、諸子學的範疇，治學方法上則擅長以訓詁、辨疑、考證之工夫，探討諸經、諸子之學，並能以訓詁學的方法而鑽研其中的名物、典章、禮制等，其嘗自言《群經平議》是「竊附王氏經義述聞之後」，故從此而說，其治學與乾嘉考據學的方法旨趣，必然是相當緊密且深切的。

　　晚清另一位研治考據學，且對考據方法之運用提出新意者，是為章太炎。

〔註205〕梁啟超：《中國近三百年學術史》（臺北，里仁出版社，2002 年），頁 35。

章太炎早年投身於俞樾門下，學習正統派的經術與治學方法，其自製年譜云：「余始治經，獨求通訓故知典禮；及從俞先生游，轉益精審。」〔註206〕因此章氏之學，頗得益於俞曲園，大抵俞氏之啓發在於訓詁禮典的範疇。不過，章氏對於治經與治子則有進一步看法，其認爲以治經方法治子不過爲「最初門徑」，治子最終目的仍在於義理的透徹。梁啓超曾評議章太炎云：「章太炎（炳麟），他本是考據學出身，又是浙人，受浙東派黃梨洲、全謝山等影響甚深，專提倡種族革命，同時也想把考證學引到新方向。」〔註207〕「把考據學引到新方向」即說明章氏之治學，已非正統派學者一味持守形、聲、義、名物的鑽研，而是能以此爲治學初步，進一步探索子學的哲理內涵。故由俞樾到章太炎的子學訓解來說，既有所繼承亦有所發展。本文乃以三個層面對俞、章之子學訓解作一釐清，並由此探析晚清訓詁思維之遞變，如下。

一、乾嘉學統之繼承至哲學家立場之轉變

梁啓超視晚清是清學的「蛻分期」，乃至學術「碎義難逃」、「儼成學閥」的「衰落期」。以經學發展而論，大抵此時「考據學」已呈現衰微，其中可觀學者唯一二人而已，梁氏又說：「在此時期中，猶有一二大師焉，……曰：『俞樾。』曰：『孫詒讓。』皆得流於高郵王氏。」〔註208〕俞氏於晚清爲重要的經學家，俞氏之學乃師承高郵王念孫父子，故其學實可歸爲戴王一派，此亦梁啓超所說清學之「正統派」，即乾嘉學派。〔註209〕俞樾與乾嘉學派的淵源頗深，其曾主講位於杭州的詁經精舍三十年之久，詁經精舍爲阮元所創，以培養「經學史實學爲主」的學者而聞名，俞樾在〈重建詁經精舍記〉說：「使學者讀許鄭之書，通曉古言推明古制，即訓詁名物以求義理，而微言大義存其中矣。……肄業於是者，講求古言古制，由訓詁而名物，而義理，以通聖人之遺經。」〔註210〕可知該學是爲「正統派」之重鎮，其中名儒輩出，如戴望、王詒壽、袁旭、徐琪、章太炎等皆出於此。

〔註206〕章炳麟：《民國章太炎先生炳麟自訂年譜》（臺北，臺灣商務印書館，1987年），頁4～5。

〔註207〕梁啓超：《中國近三百年學術史》，頁42。

〔註208〕《清代學術概論》（臺北，里仁出版社，2002年），頁11。

〔註209〕《清代學術概論》，頁42～44。

〔註210〕俞樾：《春在堂雜文》收入《近代中國史料叢刊》（臺北，文海出版社，1969年），第四十二輯，頁2～4。

　　「正統派」在治學上著重考證與校勘，論述則必因循凡例而闡釋，有所謂「實事求是，不主一家」的特長，王念孫父子的訓詁學是為中堅，皮錫瑞說：「段玉裁《說文解字注》，昌明許慎之書。……是為音韻兼文字之學，經師多通訓詁假借，亦即在音韻文字之中；而經學訓詁以高郵王氏念孫、引之父子為最精。」〔註211〕段、王皆師於戴震，段玉裁精深文字音韻之學，而王念孫父子在經學訓詁亦有精湛的造詣，能發前人所未發，糾誤「舊注舊疏之失誤」、「就古音以求古義，引伸觸類，擴充於《爾雅》、《說文》，無所不達」，可知其學之廓廡如此，凌廷堪亦以為能傳戴震之小學，以段氏、王氏為最精博。〔註212〕俞樾之學係私淑戴、王一門，而以此為自詡，曾昭旭《俞曲園學記》言：「曲園治學，上承戴學宗風，不離二王矩矱。約而言之，其道有三，曰明門徑，重歸納，嚴條理。」〔註213〕俞氏雖未必直接師承高郵王氏，然所師法得於戴、王甚多，其治學方法與態度受王氏父子所濡染，其學亦精深考據訓詁，《續四庫全書總目提要》嘗評俞氏的《群經平議》，也以為「是書大旨以訓詁為主，所謂高郵王氏之學也。」〔註214〕其研經方法乃致力於訓詁、文字、音韻之考證，此即是循王氏訓詁學方法而開展可知。

　　再者，俞樾以經學家的身份治子，故治子與治經態度相近。其治子學乃首重「校勘」，以為歷來子書有「讎校不精，訛闕殊甚」的問題，從俞氏重視校勘、糾謬的情況來看，是為乾嘉學術的影響。曾昭旭說「曲園治子之原始動機，則仍為考證經義」，〔註215〕其《諸子平議》一書在體例上每每與《群經平議》無異，所重視都在訓詁考證，可知其子學並不違離經學的思維。《續修四庫全書提要》也說俞樾：「撰《諸子平議》與《群經平議》，體例相同，蓋做高郵王氏書為之也。」〔註216〕其《諸子平議》仿王念孫《讀書雜志》而作，《群經平議》則仿王引之《經義述聞》而作。就體例而論，《諸子平議》與《讀

〔註211〕皮錫瑞：《經學歷史》（臺北，藝文印書館，2004 年），頁 365。
〔註212〕《清史稿》載凌廷堪言：「震卒後，其小學，則高郵王念孫、金壇段玉裁傳之；測算之學，曲阜孔廣森傳之；典章制度之學，則興化任大椿傳之；皆其弟子也。」足證明得戴震小學之精粹者，即王、段等儒。見趙爾巽：《清史稿》收入《百納本二十五史》（杭州，杭州古籍出版社，1998 年），第十冊，頁 1514。
〔註213〕曾昭旭：《俞曲園學記》（臺北，中華書局，1971 年），頁 23。
〔註214〕王雲五等編：《續修四庫全書提要》（臺北，商務出版社，1972 年），經部，第二冊，頁 1088。
〔註215〕曾昭旭：《俞曲園學記》，頁 159。
〔註216〕王雲五等編：《續修四庫全書提要》，子部，第十冊，頁 1061。

書雜志》皆爲輯注諸子之作，《讀書雜志》共校注九種，《諸子平議》則有十五種；而《諸子平議》並非全面對諸子書作疏解，而是採取條例的論述方法對子書作闡釋，此與王念孫《讀書雜誌》的撰著態度大抵是相同的。王念孫《讀書雜志·讀管子雜志序》自云：

> 《管子》書八十六篇，……自唐尹知章作注已據僞誤之本，……明劉氏續頗有糾正，憒其古訓，未閑讎校。曩余撰《廣雅疏》成，則於家藏趙用賢本《管子》，詳爲稽核，既又博考諸書，所引每條爲之訂正。……余官山東運河兵備道時，孫氏淵如采宋本與今不同者，錄以見示。余乃就曩所訂諸條，擇其要者商之淵如氏。……又與洪氏筠軒稽合異同，廣爲考證。〔註217〕

此以治《管子》爲例，可知王氏治子的縝密並不下於治經，其要點有三。一是廣求善本，王氏先辨別唐代尹知章與明劉績注本的一些訛誤，最後以家藏趙用賢本爲底本，故王氏對《管子》的諸校本是曾進行選擇的。再者，王氏對該書的校勘考訂頗爲詳細，其云「詳爲稽核，博考諸書，所引每條爲之訂正」，廣求諸書由博而精，以致每個條例皆能正確少誤，其方法大抵是趨於嚴密的；三是善用條例，所謂「就曩所訂諸條，擇其要者商之淵如」，王念孫並非就《管子》全篇進行注疏，而是「擇其要者」以條列式加以訓解，故在論述上又有言簡意賅的特點。上述的方法皆可見王氏考據學所投注的精神與工夫，梁啓超也說：「戴學所以異於惠學者，惠僅淹博，而戴則識斷且精審也。章炳麟曰：『戴學分析條理，縝密嚴漂；上溯古義，而斷以己之律令。』可謂知言。」〔註218〕故說戴王之學有「淹博」、「識斷」、「精審」的特色亦無不可。此審慎嚴謹的撰著精神，俞樾學術大致上是有所繼承的，《群經平議·序》云：「嘗試以爲治經之道有三，正句讀、審字義、通古文假借，得此三者以治經則思過半矣。」〔註219〕正句讀、審字義、通古文假借爲俞氏治經的三個門徑，而俞氏的《諸子平議》也是以此來辨證，故說俞樾的子學是以乾嘉學術爲基礎而開展，亦無不可。

　　總之，俞氏師從乾嘉考據學的訓詁理念，所著重仍在於經學的範疇，其

〔註217〕王念孫：《讀書雜志》收入《續修四庫全書》（上海，上海古籍出版社，1995年），子部，第一千一百五十三冊，頁86。
〔註218〕《清代學術概論》，頁35。
〔註219〕《群經平議》，頁1。

曰：「聖人之道，具在於經。而周秦兩漢諸子之書，亦各有所得。雖以申韓之刻薄，莊列之怪誕，要各本其心之所獨得者。……且其書往往可以考證經義，不必稱引其文，而古言古義，居然可見。」〔註220〕故俞樾以考據治子之用意，仍在於「其書往往可以考證經義」，此實把治子視爲治經的附庸，即欲對子書文字與義理的探析再進以會通經書，故知俞氏與乾嘉學者的觀點大致無二。章太炎也曾說：「念孫疏《廣雅》，以經傳諸子轉相發明，諸古書文義詰詘者皆理解。授子引之爲經傳釋詞，明三古辭氣，漢儒所不能理繹，其小學訓詁，自魏以來，未嘗有也。……近世德清俞樾、瑞安孫詒讓接承念孫之學，樾爲《古書疑義舉例》，辨古人稱名牴牾者，各從條例，使人無所疑眩，尤微至。」〔註221〕王氏父子之治子，也不異是「治經之暇」才「旁及諸子」，誠如梁啓超所評論：「諸子學，這都是漢學家門庭孳衍出來」，俞樾既然宗法王氏，則俞、王治子的理念大抵是有所繼承，蓋俞樾以正統派經學家身份治子學亦是明確的。

　　章太炎爲俞樾學生，其學亦得益於乾嘉學術，不過章氏在經歷學術思想多次的遞變後，其子學則著重哲理的思辨，大抵章氏並非是以經學者的身份治子，而是轉以哲學家的態度，但平心而論章太炎子學的開展仍來自俞樾學術的濡染。章氏自言「肄業詁經精舍，時德清俞蔭甫先生主教，因得從學。並就仁和高宰平先生問經；譚仲義先生問文辭法度。」〔註222〕章氏曾在詁經精舍修習七年，所師從皆當時著名的「正統派」學者，可知章氏早期所持守亦乾嘉學術的矩矱，所謂「余始治經，獨求通訓故知典禮而已」，雖章太炎一生的學術思想有多次轉變，但章氏在詁經精舍的學習實影響其之後治學的方法。章氏著《國學概論》時已是晚期，〔註223〕但仍著重文獻的訓詁釋義，以

〔註220〕俞樾：《諸子平議》收入《新編諸子集成》（臺北，世界書局，1991 年），第八冊，頁 1。

〔註221〕章炳麟：《訄書》（臺北，藝文印書館，1987 年），頁 23。

〔註222〕《民國章太炎先生炳麟自訂年譜》，頁 4。

〔註223〕李澤厚以爲章氏思想可分爲四期。即 1894～1900，章氏的政治與哲學受西學與康、梁改良派影響甚大；1900～1908，經歷逃亡日本、「蘇報案」入獄後，逐漸接受佛學唯心思想，在政治上則主張種族革命，而與康、梁有激烈論戰；1908～1913，章氏愛好莊學著《齊物論釋》，對莊學的探索係爲此期的最大特色；1913～1936，重新肯定儒學，但並沒放棄莊學與唯識，大抵能融會孔、莊、唯識之論。見李澤厚：《中國近代思想史論》（臺北，三民書局，1996 年），頁 402～410。

爲治學的首要乃在於「辨僞」與「通小學」，其曰「對於古書沒有明白那一部是眞，那一部是僞，容易使我們走入迷途：所以研究國學，第一步要辨書籍的眞僞。」〔註224〕此誠然是「正統派」學者的議論。

章太炎的治子亦受到早期在詁經精舍研經的影響。王汎森說詁經精舍：「到清季俞樾執掌時，卻處於兩種特殊的學術風氣下。一、一向堅守樸學矩矱的精舍已逐漸傾向於兼包今古二家。二、傾向兼治經、子之學。由這個樸學重鎮所反映出來的新趨向正可看出晚清學風的轉移」，〔註225〕此乃說明晚清學人治經大抵不能忽視子學所提供的線索，即使只限於子書「可以考證經義」的作用。章太炎在詁經精舍也渲染此種兼治經、子的風氣，如早期《膏蘭室札記》之作皆可見其態度，因此「太炎私下的讀書筆記，其中只有寥寥兩三條關涉經學，其餘均以考釋諸子學爲主，……處處看的出他在學俞氏經、子兼治的風格。」〔註226〕俞樾能兼容今古文且經子並治的風格，或直接或間接的影響章太炎的治學，故可說章氏治子的意趣，實得於早期師從俞樾研經的啓發。

不過，章氏在經歷甲午戰爭之後，其治學的風格乃有轉變的跡象，受到康、梁改良派的薰染，漸對於「正統派」的經學有所反省，其《自訂年譜》說「余始治經，獨求通訓故知典禮而已；及從俞先生遊，轉益精審，然終未窺大體」，〔註227〕蓋章氏並不以爲經學是其治學的歸依，因此當其接受康、梁《時報》的編輯邀約時，反而欣然前往。事實上康、梁的立論本據今文經學，此與章氏早年所服膺的劉歆係格格不入。故章氏之離開詁經精舍，或等同與俞樾學術觀點岔異，而此也點出章太炎雖出身經學重鎮，但終不以經學家的態度自居，其治學以會通中西，貫通儒學、諸子（包含《孟》、《荀》），發凡佛、道哲理爲意趣，故謂章氏爲當代之義理學者亦無不可。

至於，何以章氏並不認爲考據訓詁能詮解所有學術？或說章氏仍懷疑正統學派的可靠性？此可從章氏對先秦諸子的觀察而論，其認爲子學所重視在於哲理的內涵，故誠比小學更有哲思的空間；而小學往往只針對既定的文獻，但古文獻的支離殘缺並非少見，故仍有不周延的問題存在，遂章氏大抵是以

〔註224〕章炳麟：《國學概論》（臺北，五洲出版社，1976年），頁10。

〔註225〕王汎森：《章太炎的思想——兼論其對儒學傳統的衝擊》（上海，上海人民出版社，2012年），頁23。

〔註226〕《章太炎的思想——兼論其對儒學傳統的衝擊》，頁24～25。

〔註227〕《民國章太炎先生炳麟自訂年譜》，頁4～5。

治學的初步方法視之，其在《自訂年譜》言：「近世小學，似若至精，然推其本則未究語言之原，明其用又未綜方言之要。其餘若此類者，蓋亦多矣。若夫周秦九流，則眇盡事理之言，而中國所以守四千年之胙者也。玄理深微，或似佛法。」〔註228〕此以爲小學考據看似精深，但一來在文字上未必能究竟語言的本源，二來在音韻上的「用」也無法一一治理各方言的要點，故該學是否精密無誤仍有可議之處。而先秦諸子以義理取勝，能細查事物之情實，不愧爲中國傳統學術之精粹，因此有「玄理深微，或似佛學」的特點，在哲理上更能直追佛學的精深。顯然章氏仍就文獻的內外緣問題，懷疑小學有運用不精確的可能，但對於諸子哲理則是抱持嚮往的態度，其〈致國粹學報社書〉又云：

> 故學問以語言爲本質，故音韻訓詁其管籥也；以眞理爲歸宿，故周
> 秦諸子其堂奧也。〔註229〕

學問的基礎在語言文字，故學者以語言、聲韻爲治學的初步，然學問的目的以「眞理爲歸宿」，也因此諸子義理所追究的目的又更爲之深奧。從此而論，章氏固然沒有放棄小學的研治，但確不以爲語言音韻的探尋會是「眞理」的歸宿，所以其小學運用的終極依歸，仍是在追尋更深一層的義理思維，故可說章氏重視的爲一明「道」的指向，以是諸子學的哲理有助於當代社會的致用與救弊，此即是章氏重視周秦諸子的始末。

　　章太炎到晚期，又重新承認儒學的價值，但對於「正統派」的治學仍頗有意見，所垢病則在於經儒對義理的忽略，其曰：「嘗意百年以往，諸公多謂經史而外，非有學問。其于諸子佛典，獨有采其雅馴，摭其逸事，于名理則深甚焉。平時瀏覽，寧窺短書雜事，不窺魏晉玄言也。」〔註230〕因此其撰著《齊物論釋》，所採取並非是王、俞對文字語義注疏的方法，而是尋求義理上的玄佛會通，故乾嘉諸儒的「經史而外，非有學問」，必然不爲章氏所取。陳平原評論說：「胡適和梁啓超都強調章太炎的《齊物論釋》之所以『石破天驚』，與其精於佛學和『純粹哲學』，故長於思辨有關。」〔註231〕也就是說，章氏的

〔註228〕《民國章太炎先生炳麟自訂年譜》，頁 67。
〔註229〕章炳麟著、湯志鈞編：《章太炎政論選集》（北京，中華書局，1977 年），頁497。
〔註230〕《民國章太炎先生炳麟自訂年譜》，頁 59。
〔註231〕陳平原：《中國現代學術之建立──以章太炎、胡適之爲中心》（臺北，麥田出版社，2000 年），頁 246。

治子意識中實更重視純粹哲理，其以爲「我國的諸子學，就是現在的西洋所謂哲學」，所以諸子應是屬於哲學的，而不單單只是充斥古文古義的史籍。陳平原又說：「區分九流之儒與經師之儒，乃章氏理解中國學術史的特殊視角。」〔註232〕蓋章氏之問學，大抵有區分治子與治經方法，對治經與治子也持不同的視野。從此言，既然章氏反對「經師之儒」的子學觀，亦不滿意單單「畧舉大綱，鈔疏之業」，則章氏的治子應更接近於「九流之儒」了。蔡元培在〈五十年來中國之哲學〉評論說：「這時代的國學大家里面，認真研究哲學，得到一個標準，來批評各家哲學的，是餘杭章炳麟。」〔註233〕蔡元培無疑是把章太炎視爲當代的哲學家，而此也道出章氏著重純粹哲學研究的一個面向。

總的來說，章氏在浸習佛莊之後，已不認爲先秦子學的價值在經學之下，其承認諸子能「眇盡事理之言」且「玄理深微」，但確以爲考據學未必盡能窮究文字音韻的本然，因此如乾嘉正統派的訓詁治學，章太炎雖有擷取但亦有批判。丘爲君說：「章氏不僅批評考據學以外的其他儒學傳統，即便是在過去兩百年間才開始蓬勃發展的考證學運動，也未能得到這位小學大家的全然青睞。」〔註234〕因此從重視義理的角度來看，並不難理解章氏對正統派的批評並非無理據，故章氏之治子不以經學家之立場是明確的。

二、由治子通經到治子明道的思想遞嬗

俞、章的治子態度，又有治子通經與治子明道前後之遞嬗。治子通經大抵保守經學一脈，以爲治子是爲羽翼經傳；而治子明道則指向義理與治道的探索，以追尋終極的哲理爲標的。總的來說，學術風氣的轉移，亦使子學地位上升，甚而可與經書並列，故俞樾至章太炎這種治子趨向的改變，亦是當時的趨勢使然。如梁啓超說「孫詒讓著《墨子閒詁》，王先愼著《韓非子集釋》，則躋諸經而爲之注矣。及今而稍明達之學者，皆以子與經並重。」〔註235〕也就是說，部份的晚清學者並不再認爲子學應該是爲經學的附屬，反而能參考諸經說法而詮釋子書，這種治子理念固然是當代「思想蛻變」的反映。

〔註232〕《中國現代學術之建立——以章太炎、胡適之爲中心》，頁247～248。
〔註233〕蔡元培：《蔡元培全集》（浙江，浙江教育出版社，1997年），第五卷，頁131。
〔註234〕丘爲君：《批判的漢學與漢學的批判：章太炎對考據學的反省及對戴震漢學的闡釋》收入《清華學報》第三期（新竹，國立清華大學，1999年9月），頁329。
〔註235〕《清代學術概論》，頁53。

俞樾之治子蓋由治經意趣而闡述，此採取的是治子通經的思維，蓋子書「往往可以考證經義，不必稱引其文，而古言古義居然可見」，此以爲子學終可接濟經書的文字語言，治子是要發明諸經的古義，可知俞氏治子用意實在於能通貫六經。而俞氏研經的「正句讀」、「審字義」、「通古文假借」亦適用於諸子學，可知俞氏之子學無疑是爲其經學事業的另一延伸。王念孫父子有所謂「經傳諸子轉相發明」的意識，俞氏的治子通經適援此而闡釋，〈論俞樾的訓詁方法與思想〉說：「俞樾用大量的例證說明諸子之書對於闡明群經文義以及校勘群經訛誤的重要作用，儘管個別例證還有待商榷，但俞樾的這種方法無疑是有助於訓詁的。」〔註 236〕由俞氏訓解的脈絡論，則經、子的文字、思想皆可互通。《清史稿》也說俞樾：「《群經平議》、《諸子平議》、《古書疑義舉例》三書，尤能確守家法，有功經籍。其治經以高郵王念孫、引之父子爲宗，謂治經之道，大要在正句讀，審字義，通古文假借。」〔註 237〕故俞氏生平三大著作既然「確守家法，有功經籍」，可知其子學仍可上溯經學，或說其治子的目的實在於通經。平心而論，此治學的意義有二，一是在「治子通經」的意識下，俞樾的子學實未獨立出經學的範疇，故其對諸子的研究乃由經學觀念所引領；再者，其既然著重「治子通經」，則一切經學、子學的文字、辭義亦可轉相發明。

歷來以爲諸子可發明六經者，清之前的學者已頗有論述，如明代胡應麟說：「余往述《諸子辯》，雜取唐宋文人遺論，⋯⋯當是時獨方氏《遜志齋集》未覯也。癸酉春，客武林，邂逅是集，⋯⋯中辯論諸子凡二卷，⋯⋯中間稍稍矛盾僅百之二三，餘合者幾不啻什八九矣。希直精忠，大節爛焉，日月爭光，諸所爲說，一原本六經。」〔註 238〕胡應麟以爲，其申論諸子與方孝孺識見頗合，而方氏治子講究精忠節氣，此蓋「原本六經」所致。從此論，可知方、胡皆以爲治子可通經。至晚清，乾嘉經學治子通經的理念仍被部份學者所認同，如陳澧便以爲九家之言相互參看，可以達到「舍短取長」的功效，且終能有助經學與教化，其曰：「《進士策問》云：『九流百家，論著利病，有可以輔經術而施教化者。』⋯⋯《黃氏日鈔·讀家語》云：『千載而下，倘有

〔註 236〕王其和：〈論俞樾的訓詁方法與思想〉收入《山東師範大學學報》第 53 卷（山東，2008 年第一期），頁 16。
〔註 237〕趙爾巽等：《清史稿》收入《百納本二十五史》，第十冊，頁 1526。
〔註 238〕胡應麟：《少室山房集》收入《景印文淵閣四庫全書》（臺北，臺灣商務印書館，1983 年），集部，第一千二百九十冊，卷一百零六，頁 10。

任道者出，體任微言，闡揚奧旨，與莊周及諸子百家所傳述，節而彙錄之，其有功於聖門，匪淺鮮矣。』……澧讀諸子書，亦節而鈔之於左。」〔註 239〕陳澧贊同《進士策問》與黃震說法，以爲研治諸子可「輔經術」而「施教化」，因此其抄錄讀諸子的心得，亦在於輔助經學。孫詒讓之解詁《墨子》也說：「今於字義多遵許學，故遂用題署，亦以兩漢經儒，本說經家法，箋釋諸子。」〔註 240〕故孫氏之訓解《墨子》亦本於漢儒「說經」之法，可見孫氏乃認同《墨子》的字義與經說是可轉相發明的。總的而論，晚清之前，儒者多普遍以爲治諸子書可以資益經學，此係爲當代的一重要觀點。

俞氏受到王氏經、子轉相發明的影響，其議論諸子也指向經、子文字語義的聯繫，如《諸子平議‧管子二》解《管子‧重令》的「天道之數，人心之變」，便言：

> 樾謹按《爾雅‧釋詁》：「數，疾也。」《禮記‧曾子問》篇：「不知其己之遲數。」鄭注曰：「數讀爲速。」此云天道之數，猶云天道之速。與下句人心之變，相對爲文。下云至則反盛爲衰，正是言天道之速也。尹注謂：「天道數終。」是讀爲數，且幾終之數，失之。
>
> 〔註 241〕

此說欲論證天道之「數」合同於天道之「速」。俞氏舉出，《爾雅》、《禮記》、鄭注皆把「數」釋爲「速」，其用意係把天道的快速變化視爲「人心之變」的對應，人心變化的快速也加速了人事盛衰的快速。俞氏此論的另一個面向是反對舊注把「天道之數」的「數」視爲一定數，天道既非繫之命定（命數），則天數便須回歸天道自然的範圍，把「數」謂其時間變化之速亦無不可，此亦間接的否定命定說的界域。再者，以「數」爲「速」的用法，史籍上亦有之，司馬貞《史記索隱》在〈秦楚之際月表‧述贊〉云「項王主命，義帝見戮。以月繫年，道悠運速。」〔註 242〕既「道悠運速」，便以月表記之，畢竟「秦楚之際，擾攘僭篡，運數又促」，〔註 243〕「運數又促」也證明時間經過的快速，遂「運數」亦可解爲「運速」，從此而聯繫，則俞氏把天道之數視爲天道之速，便有其合理處。

〔註 239〕陳澧：《東塾讀書記》（臺北，臺灣商務印書館，1997 年），頁 214。
〔註 240〕孫詒讓：《定本墨子閒詁》（臺北，世界書局，1992 年），頁 5。
〔註 241〕《諸子平議‧管子二》，頁 14。
〔註 242〕《史記》收入《百納本二十五史》，第一冊，卷十七，頁 68。
〔註 243〕《史記》收入《百納本二十五史》，第一冊，卷十七，頁 64。

　　《諸子平議》論《老子》「故大國以下小國，則取小國；小國以下大國，則取大國，故或下以取，或下而取」，乃以為經傳的「以」與「而」字能與《老子》相通，俞氏言：

> 樾謹按，古以字與而字通。《周易》同人，〈彖傳〉曰「文明以健，中正而應。」〈繫辭傳〉曰「蓍之德，圓而神，卦之德，方以知。」昭十一年《左傳》曰「傑克有緍以喪其國，紂克東夷而隕其身。」《孟子‧告子》曰「秦楚之王，悅於利以罷三軍之師；秦楚之王，悅於仁義而罷三軍之師。」並以而互用，是其義同也。〔註244〕

俞氏此引《周易‧彖傳》、《左傳》、《孟子》之句式，大抵「而」、「以」兩兩相對偶，二字皆為連詞作「且」義解，可知二字之義實可通。故《老子》的「或下以取，或下而取」，其用法與諸經無異，此也證明俞氏之治子，並未偏離經學考據的範疇，蓋經、子可相互發明故。

　　晚清至民初之際，章太炎則以不同理念訓解諸子。章太炎是為俞樾弟子，故其所受的考據學訓練大抵為傳統經學一脈，然而章氏雖認同考據為治學的共法，但如何進一步提煉出更深奧的義理，才是其運用訓詁考據的終極目的，故章氏才說「訓詁」不過是其治學的初步也。以此而論，章氏並無放棄文字訓詁的脈絡，但也認為考據訓詁乃「特最初之門徑」，視訓詁為治學的方法與工具，而治學的目的則是「以真理為歸宿」，其明顯認同治子的目的應在於明道的範疇，因此章氏雖也運用訓詁治子，但在側重義理的思維下，其要點乃在於道、性命、有無等思想的通貫，故章太炎重視子學的哲理範疇，於晚清的子學訓解有其開創地位，劉仲華固然說：「晚清由於學術風氣的轉移，老莊的研究開始擺脫乾嘉時期以訓詁校勘為主的路子，但大多也還是傳統的研治模式，……清末老、莊研究真正開闢出新天地，當是從嚴復開始，以後劉師培隨後。」〔註245〕但事實上，章太炎著《齊物論釋》著重形上理則的論述，大抵佛、道、西學的理論皆能融入，比較嚴復以西方社會學、宗教學評點老、莊，實更富於哲理的內涵。

　　蓋章氏在學術的第三期（1908～1913 A.D）之後漸習佛學、《莊子》，受到唯識與先秦子學的影響，其認為諸子書應被理解為哲理之書，故其雖以訓詁為治子初步，但在求文字語言的正確無誤之餘，更偏重在哲理的探求。其以

〔註244〕《諸子平議‧老子》，頁 92。
〔註245〕劉仲華：《清代諸子學研究》（北京，中國人民大學出版社，2004 年），頁 303。

為「經多陳事實；諸子多明義理」，已認同經書與子書的研治須有不同趨向。到了第四期，即 1913 至 1936 年之間，章氏仍無改變其治子明道的理念。此時期章氏大抵又重新認同儒學的地位，但也刻意融通孔、莊、唯識之思想，故可視爲章氏思想牽涉最廣時期。實際上，章氏在此第四期亦研究古文經學，如 1925 年〈讀論語小記〉、1931 年〈論古韻四事〉、1932 年〈漢儒識古文考〉等皆經學的範疇，但對於儒、道、唯識學所內涵的「義理」亦頗俱關懷。《自訂年譜》云「余既解齊物，于老氏亦能推明。佛法雖高，不應用于政治社會，此則惟待老莊也。儒家比之，貌焉不相逮矣。然自此亦兼許宋儒，頗以二程爲善，惟朱陸無取焉。」〔註246〕蓋章氏所仰慕在於道家、唯識與宋儒之學，然又以佛學陳述過高不實用於當下社會，而宋學只推許二程，朱陸則不取。總之，章氏晚期對於儒、道、釋皆有興趣，在研治古文經學與小學之外，亦側重釋、道、理學的義理思想。

　　而章太炎的治子明道，大抵有兩個指向，一在於探索究極的理則，一則是由治子明道的範疇關懷社會致用。章氏探析至極之理，此乃可由《齊物論釋》的思想加以論證。《齊物論釋》係章氏會通玄佛之作，章氏嘗自詡有「一字千金」、「提要鉤玄，妙達神旨」的價值，然其中的創見亦不乏由精密之訓詁而闡釋義理者。章氏《齊物論釋》之要，首在對玄佛會通的闡發，進以提煉出極致的「道」，因此章氏極重視「心」、「識」、「種子」、「淨染」、「眞如」等唯識學的意義。其釋〈齊物論〉「心固可使如死灰乎」之「心」即先從「靈府」釋之：「臺本訓持，見《淮南注》及《釋名》。此靈臺者，許叔重、郭子玄皆說爲心。《釋文》靈臺謂心有靈智能任持也。」〔註247〕章氏此就《淮南注》、《釋名》、《釋文》等論對「靈府」一辭作發凡。「靈府」又稱「靈臺」，此出於《莊子‧庚桑楚》篇，而《淮南注》、《釋名》皆訓「臺」爲「持」，許愼、郭象又釋「靈臺」爲心，蓋章太炎乃總上述說法與《釋文》之訓釋，以爲「靈府」係心有靈智而能有所持任。上述詞義的詮解亦不違傳統訓詁的脈絡，如清儒宣穎在《莊子南華經解》也說：「靈府者，情神之宅也。」〔註248〕直接便把「靈府」訓釋爲精神的宅第，可視爲精神寄託之所，故「靈府」與心的意義實相涉。不過章氏除了在文字上作一疏解外，又進一步以哲理融通之，所採取爲以佛解莊的思路，章氏又云：

〔註246〕《民國章太炎先生炳麟自訂年譜》，頁 54。
〔註247〕章炳麟：《齊物論釋》（臺北，廣文書局，1970 年），頁 11。
〔註248〕宣穎：《莊子南華經解》（臺北，廣文書局，1978 年），卷二，頁 15。

> 佛典說第八識爲心體，名阿羅邪識。譯義爲藏，亦名阿陀那識，譯
> 義爲持。莊子書《德充符》言靈府即阿羅邪。〈庚桑楚〉言靈臺即阿
> 陀那。〔註249〕

此終以導入佛學的「阿羅邪識」（阿賴耶識）爲論說。「阿羅邪識」於唯識學
中被判爲第八識，本有「持」的功能，《成唯識論》說「初能變識大小乘教名
阿賴耶。此識具有能藏所藏執藏義故。謂與雜染互爲緣故。有情執爲自內我
故。此即顯示初能變識所有自相。攝持因果爲自相故。」〔註250〕「持」亦是
一種「執」，「執」的當下是爲迷惘故爲「不覺」，而此「執」的意義皆來自「阿
羅邪識」的能藏、所藏功能。章太炎則以此功能調和莊子之「心」，以爲「靈
府」的發、留、殺、溺、壓、喜怒哀樂的流行，誠同於「阿羅邪識」執、藏
功能的變現，故其又說「〈庚桑楚〉云靈臺者有持，而不知其所持而不可持者
也」，故章氏也以此判「心」未悟之前的「持」是爲執迷。

又，〈齊物論〉又有「天籟」一辭，歷來注家對「天籟」的解說大抵以「天
然」、「自然」的旨趣訓解，此並不偏離郭注、成疏的脈絡。章氏則先初步彙
集眾家的解詁，再由哲理的觀念著手探析，其言：「司馬彪注：『已，止也。』
郭注：『自己而然則謂之天然，非役物使從己也。』是司馬作已，郭作己，今
從郭。」〔註251〕前人的注疏大抵趨向「自己而然」，此同於郭象注的「塊然而
自生者」，而成玄英疏也說「天籟」的原理是「使其自己，當分各足，率性而
動」，故以「天然」爲訓者皆不離郭、成的思路。不過章氏並未以此說而滿足，
故其又云：

> 地籟則能吹，所吹有別；天籟則能吹，所吹不殊，斯其喻旨。地籟
> 中風，喻不覺念動，萬竅怒號，各不相似，喻相名分別各異，乃至
> 游塵野馬各有殊形，騰躍而起。天籟中吹萬，有喻藏識，萬喻藏識
> 中，一切種子，晚世或名原型觀念，非獨籠罩名言，亦是相之本質，
> 故曰「吹萬不同，使其自己者。」〔註252〕

章氏於此由唯識學觀念解釋之。就「天籟」之能發動是因「自然」無疑，不
過章氏認爲「自然」並非是「天籟」的終極原因，故其又依循「萬法唯識」

〔註249〕《齊物論釋》，頁 11。
〔註250〕護法著、玄奘譯：《成唯識論》收入《大正新修大藏經》（臺北，新文豐出版
　　　　社，1987 年），第三十一冊，卷二，頁 7。
〔註251〕《齊物論釋》，頁 9。
〔註252〕《齊物論釋》，頁 11。

的概念，進一步以爲所有自然界現象都應是「識」功能之呈現，如《瑜伽師地論》所說「一切法生，皆從自種而起」，〔註253〕一切法乃眞如依種種緣業而起，所以章氏謂「天籟」是「一切種子」名相之呈現，其本質亦是空虛，是以一切之「比量」是「畢竟無生、亦復無滅」故。〔註254〕而「原型」（Archetype）的觀念，則是西方精神分析學派用以論說「潛意識」的成因，章氏以爲「潛意識」經先天的遺傳與後天經驗的影響，其狀態是與「種子」的功能義相近。總之，章氏對於佛、道的「道」、「心」、「眞如」、「自然」等義皆有極大興趣，其通過訓詁而求義理，又企圖以佛學解莊，是欲建構一「道」化的究極理境。

另，章氏子學對社會致用亦有一番闡釋，此亦由治子明道的思路闡釋，其《國故論衡》云：「諸子之書，不陳器數，非校官之業有司之守，不可按條牒而知，徒思獨無補益。要以身所涉屬中失利害之端，回顧則是矣。……夫言兵莫如《孫子》，經國莫如《齊物論》。」〔註255〕是以諸子便不同於他學，並非單單是數列名物之論，其妙要在於能夠爲世所用，故兵事可依據《孫子》，而「經國莫如《齊物論》」了。

章太炎的說法實導向一自然、無爲的治世觀，欲以「齊物」經國，章氏大概依據老、莊論的平等，反對專制獨裁，所嚮往在於民主的社會，又說：「《老子》固曰『無之以爲用。』君人者既不覺悟，以是自庶倖，謂名實皆在己。爲民主者又彌自憙，是故齊物之論作，而達尊之位成。」〔註256〕如君主不能以無爲治，則民眾必然傾向「齊物」平等的政治，「齊物」即指向物物無差別的論點，故能人人平等。總之，章氏「致用」的觀點仍與其哲理思想相關，亦是其「明道」的闡發，誠如章氏自言：「學術無大小，所貴在成條貫，制割大理。不過二塗，一曰求是，再曰致用。下驗動物植物，上至求證眞如，皆求是耳。人心好眞，制器在理，此則求是、致用更互相爲矣。」〔註257〕章氏學術所重視一即在求是，再者爲致用。就章氏的觀點，則學問的成就在於能成條通貫、割制大理，因此「求是」、「致用」又可「更互相爲」。故下有實驗

〔註253〕彌勒著、玄奘譯：《瑜伽師地論》收入《大正新修大藏經》，第三十冊，卷三，頁290。

〔註254〕《齊物論釋》，頁52。

〔註255〕章炳麟：《國故論衡》收入《章太炎卷》（河北，河北教育出版社，1996年），頁97。

〔註256〕《國故論衡》收入《章太炎卷》，頁108。

〔註257〕章炳麟：《菿漢微言》收入《章氏叢書》（臺北，世界書局，1958年），下冊，頁947。

動植物之事，上則印證本心之眞理，此「求是」皆與經濟社會、器物製作的「致用」有所聯繫。

總上述而言，俞氏治子的目地仍在於尋求通經，故基本上雖是治子但方法則與經學無異，此也驗證了胡適所說俞、孫「經與子同爲古書，治之方法只有一途」的態度，因此無論治子或治經，俞、孫皆不違離訓詁考據的路數。俞樾以高郵二王爲師又身爲晚清「正統派」的大家，其以經說訓子且「治子通經」的識見，在晚清考據學漸衰時期是有其特殊意義的。

至於章氏對子書的理解往往超出前人的訓釋，其站在乾嘉考據學的基礎上，除能運用訓詁、辨僞探尋古文獻的文字語意外，又刻意的以佛解子或以西學解子作進一步會通，此比較於「正統派」的治子更富於哲理的疏發。故可說，同樣由考據訓詁的脈絡出發，由俞樾至章太炎的解構進路，乃經歷「通經」到「明道」的進程。俞氏固守考據學傳統，大抵以經學爲標的，而章氏受到當代學風轉移的影響，除了欲對文字語意求眞外，更尋求進一步對形而上哲理的探求，或欲深入對社會致用理論的闡釋，故章氏的治子脈絡又具備「明道」的色彩。

三、由釋義而求哲理的訓詁進路

俞、章的子學訓解又有釋義與求哲理前後進路之問題。大抵俞樾治子的目的在於能通經，通經先必明訓，明訓則須訴諸實證，因此其治子乃著重注疏方法，故治子與治經皆有釋義的課題。俞氏以爲聖人的思想「具在於經，而周秦兩漢諸子之書，亦各有所得」，其治諸實無異於研經，也就是持守「說經皆主實證」的方法。〔註258〕從由俞氏提出的凡例「正句讀」、「審字義」、「通古文假借」來說，則俞氏以經學的意趣研治諸子，其訴求乃在於對文獻語義的解釋，也就是以經、子注疏的「釋義」爲鵠的，其《古書疑義舉例》言：

> 夫周秦兩漢，至於今遠矣。執今人尋行數墨之文法，而以讀周秦兩漢之書，譬猶山野之夫，而與言甘泉建章之巨麗也。……竊不自揆，刺取九經、諸子爲《古書疑義舉例》七卷，使童蒙之子，習知其例，有所依據。〔註259〕

〔註258〕《經學歷史》，頁 376。
〔註259〕俞樾：《古書疑義舉例》收入《古書疑義舉例等七種》（臺北，世界書局，2004年），頁 1。

既然去古久遠，則同爲先秦文獻的群經、諸子，其文字語義必然有艱澀難明之處。故後學者對經、子的釋義是否正確，便影響該文獻可讀或不可讀。是以俞樾對經、子的發凡，相當留意釋義、舉例的範疇。劉師培說：「幼讀德清俞氏書，至《古書疑義舉例》，嘆爲絕作。以爲載籍之中，奧言隱詞，解者紛歧，惟約舉其例以治群書，庶疑文冰釋，蓋發古今未有之奇也。」〔註260〕所謂「約舉其例以治群書」，也就是欲經由實例的援引，進而探究文字語義的脈絡，以解決上古文獻「奧言隱詞」而讀者難以辨讀的問題。其中的「審字義」、「通古文假借」亦俞氏治子所常用的方法。

俞樾所謂「審字義」，即是愼辨字義，古人或有誤訓字義進而影響經文解釋的例子，因此「審字義」的工夫是爲訓詁的重要步驟。俞氏〈文廟祀典議〉曰：「義理存乎訓詁，訓詁存乎文字，無文字是無訓詁也，無訓詁是無義理也。」〔註261〕俞氏以爲小學的工夫，先由文字、訓詁的整理進而理出義理思想，而文字處於其中的樞紐位置，必然有其特殊性，故對文字正訛的判斷即影響整段文義。俞氏的「審字義」實得於高郵王氏。王念孫撰《廣雅疏證》便相當重視字義的辨析，王氏往往先釐清字與字之間的關係，再斟酌是否歸爲同義。如其釋「祿」一字，王氏曰：「祿有二事，一爲累德行以求福，一爲累德行以作謚。《說文》『祿，謚也』。又云『謚，禱也，累功德以求福也。』」〔註262〕此先析出「祿」之二義，再引《說文》論證之，可知「祿」以「作謚」爲本義，而「求福」爲引申義。王引之亦言：「諸說竝列，則求其是字。」〔註263〕從眾說中進行辨析，求其字之本義或他義，再爲之訓釋，此即爲「審字義」泛用之法。

俞樾的《諸子平議》亦多能留意字義的正訛問題，其方法在於先找出古字用法的錯誤，並加以舉例，同時判斷此訛字是否因形誤、音誤而造成字義之誤。如解《墨子・經上》「佴，自作也」，其曰：

> 樾謹按，作疑佐字之誤。《爾雅・釋言》「佴，貳也。」佐與貳義相

〔註260〕劉師培：《古書疑義舉例補》收入《古書疑義舉例等七種》（臺北，世界書局，2004 年），頁 1。

〔註261〕俞樾：《賓萌集》收入《續修四庫全書》（上海，上海古籍出版社，1995 年），集部，第 1550 集，卷四，頁 42。

〔註262〕王念孫：《廣雅疏證》收入《續修四庫全書》（上海，上海古籍出版社，1995 年），第一百九十一冊，卷四下，頁 129。

〔註263〕王引之：《經義述聞》（臺北，廣文書局，1979 年），頁 2。

近。《老子》「以道佐人主者」，唐景龍二年石刻，作「以道作人主者」。

作、佐形似，本易相混，而此又涉下文有三作字，故誤耳。〔註264〕
此把「作」字視爲「佐」字的誤寫。俞氏以《爾雅》的訓解認爲「佴」與「貳」
通，而「佐」與「貳」又義相近，因此「佴」又可解爲「佐」。至於「作」字
的訛誤，俞氏則以爲是因爲「作」與「佐」字形相近才造成誤用，其舉唐石
刻《老子》「以道作人者也」辨證之。總上述來說，俞氏以《爾雅》的訓詁會
通之，又舉出石刻《老子》「作」、「佐」字形的誤寫，故《墨子》之文則可還
原爲「佴，自佐也」。

再次，俞氏解經又重視文字間「通假」，「通假」的方法即是串聯文字的
形音再加以辨義，《群經平議・序》曰：「三者之中，通假借爲尤要。諸老先
生惟高郵王氏父子發明故訓，是正文字至爲精審。」〔註265〕其乃以明「通假」
爲治學首要，而俞氏常用之「通假」例，則多得於高郵王氏父子，與王氏「以
聲求義」之理念頗爲一致。曾昭旭歸納其例云：

> 曲園實以通假借爲治學最重要之門徑也。故以漢儒讀爲讀曰之例說
> 經者最多。按漢人作注，於字發疑正誤，其例有三，一曰讀如，一
> 曰讀爲讀曰，一曰當爲。讀如者擬其音也；讀爲者易其字也；當爲
> 者，改字之誤、聲之誤也。〔註266〕

其中，「讀如」大致是用來注音，但也有某些例是用來通假。「讀爲」、「讀曰」
則專爲解說通假字，段玉裁亦有「讀爲、讀曰者，易其字也。易之以音相近
之字，故爲變化之詞」，段氏所謂「易之以音相近之字」，便是「通假」之論。
〔註267〕「當爲」可用來說明音韻的錯誤，但亦可指出「通假」的問題。「讀如」、
「讀爲」、「讀曰」、「當爲」等用語，皆爲俞氏所善用之「通假」例，從段、
王的闡述而比較，可知乾嘉考據之影響俞樾治學亦在於理論與方法的運用。
總上而說，段、王之學以考據訓詁爲尚，而晚清俞樾接承其風亦著重注疏與
釋義，蓋俞樾在治子上乃確實持守了正統派的治學風格。

不過，由於學風的轉變，再加上今文學、西學、諸子學的興起，正統派

〔註264〕《諸子平議》，頁 118。
〔註265〕俞樾：《群經平議》收入《俞樾劄記五種》（台北，世界書局，1984 年），卷
　　　　二十三，頁 1。
〔註266〕《俞曲園學記》，頁 24～25。
〔註267〕段玉裁：《周禮漢讀考》收入《續修四庫全書》（上海，上海古籍出版社，1995
　　　　年），第八十冊，頁 147。

的經學則由盛而漸衰，梁啓超說「考據學直至今日還未曾破產，而且轉到別個方面，和各種社會科學發生影響。雖然，古典考證學，總以乾、嘉兩朝爲全盛時期，以後便漸漸蛻變，而且大部份趨於衰落了。」〔註268〕考據學固然已衰微，但從其沿革與傳衍來說，仍是諸多學術研治的共法。在子學上，學者則紐轉乾嘉考據的治子通經，於釋義的基礎上尋以對哲理的尋求，劉仲華說晚清道家研究：「由於學術風氣的轉移，晚清很少專門以訓詁校勘爲主的《老子》著述，更多的研治者是考據與義理兼顧。如魏源著《老子本義》，……該書以經世致用爲取向，……又如楊文會的道家研究，完全是以佛釋道。」〔註269〕故如晚清《老子本義》、《莊子發隱》這類典籍，援例、釋義而求哲理是爲普遍的治學方法。事實上，乾嘉時期的戴震、焦循已有「考據與義理兼顧」的意識，也就是應結合考據與義理兩軌而治學，雖然多數的乾嘉學者仍持守精校勘、重佐證、通小學的治學態度，張麗珠先生謂此：「儒學思想演進有一端是藉乎『認知→重構』的『經典詮釋→哲學建構』，從考釋『語義』之考據學層次進至『意義賦予』之義理學層次。」〔註270〕也就是欲通過考據對文字「詞意」的發掘，進而申論其中義理層次，此乃是以考據探析哲理的意識。而當時期的戴震，對於如何由「訓詁」發明「義理」之課題也產生興趣，其嘗曰：「故訓明則古經明，古經明則賢人聖人之理義明」，也就是說要明瞭聖賢之理義便需透過經書，而欲明經則需借重訓詁的工作，從此論則戴震之著重應終在於「賢人聖人之理義」，經書是爲其中載體，而「訓詁」乃可視爲解詁的工具，可見戴震早已留意訓詁考據、經書、義理三方之關係。再者，戴震爲學最重視爲何？戴震無疑是當代的考據學大師，然問學的歸依仍在於「日用事爲皆由性起，無非本於天道」之義理思想，〔註271〕其雖反對宋學「借階於老莊釋氏」、「以理爲氣之主宰」的論調，但不可否認戴震之學相當重視氣、理、道的論說，故戴震〈題惠定宇先生授經圖〉又說：

> 訓故明則古經明，古經明則賢人聖人之理義明，而我心之所同然者
>
> 乃因之而明。賢人聖人之理義非它，存乎典章制度者是也。〔註272〕

求道的依據在於載記典章制度的經書，要釐清其道而不淪爲空談，則須通過

〔註268〕梁啓超：《中國近三百年學術史》，頁35。

〔註269〕劉仲華：《清代諸子學研究》，頁300。

〔註270〕張麗珠：《清代的義理學轉型》（臺北，里仁書局，2006年），頁13。

〔註271〕戴震：《孟子字義疏證》（臺北，廣文書局，1978年），卷下，頁3。

〔註272〕戴震：《戴震全書》（安徽，黃山書社，2010年），第六冊，頁497。

訓詁的闡釋而貫串。就東原的論點可知，訓詁與義理並非是無交涉的，考據訓詁是研治古文獻的必須線索，故欲求氣、理、道之論，則「訓詁→經書→義理」係爲重要的過程。誠如戴震所說「二三好古之儒，知此學之不僅在故訓，則以志乎聞道也，或庶幾焉。」〔註273〕所以「聞道」畢竟才是戴震與章氏爲學的企圖，而通經與故訓實爲欲「聞道」所作的步驟耳。

　　章太炎的子學研究與戴震的義理研究則有相似處。章太炎曾學於詁經精舍，早期以研經爲課題，之後在佛學、道家研究有所建樹，故對於此種治學上「考據與義理兼顧」的意趣已頗爲留意。章氏嘗仰慕戴震之學能「多發凡起例，始立規摹」，其治小學音韻則「終以戴孔爲主」，〔註274〕所以章氏著〈釋戴〉、〈學隱〉、〈清儒〉、〈悲先戴〉等篇，在行文中對戴震的學術多有景仰。故由東原之論來審議晚清章太炎的「訓詁→義理」思想，亦能有所發現。梁啓超說章太炎之治學是「應用正統派之研究法，而廓大其內容、延闢其新徑」，〔註275〕此即以考據訓詁當作開闢義理新徑的方法，蓋章氏此種思考與戴震的理念是相近的，二子皆著重義理的進一步闡釋，陳平原也以爲：「戴震當初作《孟子字義疏證》，自以爲是治經；但在章太炎看來，那是治子。既然是治子，著重在發明義理。」〔註276〕章氏以爲，戴震之書是藉詮釋《孟子》而發明義理，而該書之探討天道性命氣理部份實多，故視之爲子學亦無不可。固然儒學大部份皆與六經相關，但按照《四庫全書總目》的分類則子部亦有儒家類，如《荀子》、《太玄》皆出於儒家而暢談哲理，〈漢書藝文志〉也列儒家爲諸子九流之一。因此章氏會以爲「羅整庵始言天理即在人欲之中，……故爲《原善》、《孟子字義疏證》厥理欲異實之謬，近本羅氏而遠匡鄉先生」絕非意外，〔註277〕章氏此把戴震論述義理的《原善》、《孟子字義疏證》視爲哲學之作，又判戴震義理與明代羅欽順之氣學相近，故可說章氏已留意戴震在經學、考據學之外的另一義理學成就。基於上述論說，則章太炎認爲治經與治子應有不同條件趨向是有其理據的。大抵古文經學重視釋義、訓詁，而子學於求實

〔註273〕《戴震文集》收入《戴東原先生全集》（臺北，大化書局，1978年），卷十，頁1102。

〔註274〕章炳麟：〈太炎先生自述學術次第〉收入《民國章太炎先生炳麟自訂年譜》，頁53；頁58。

〔註275〕《清代學術概論》，頁81。

〔註276〕《中國現代學術之建立——以章太炎、胡適之爲中心》，頁254～255。

〔註277〕《菿漢微言》收入《章氏叢書》，下冊，頁948。

之外更側重義理的探析，故如何由訓詁著手而發掘更深層的義理是爲章氏治
子的學術課題。

　　章太炎曾與章士釗、胡適討論過治子與治經方法的問題，其中章太炎、
胡適對於訓詁治子各持守不同的看法，此頗可玩味。民國十二年（A.D 1923）
章士釗首先在〈章行嚴先生的《墨學談》〉提及對梁啓超、胡適、章太炎等人
註解《墨子》的看法，其中也不乏「任公有時闕疑，不似適之武斷」的評語。
〔註278〕而章太炎予章士釗的第一封信則述說其訓解《墨子》的理念，與反對
胡適解子的觀點，章氏〈章太炎先生給行嚴先生的第一書〉曰：

> 吾于墨書略有解詁，而不敢多道者，蓋以辭旨淵奧，非一人所能盡解；
> 若必取難解者而強解之，縱人或信我，而自心轉不自信也。至適之以
> 爭彼爲爭彼，徒成辭費，此未知說諸子之法與說經有異。〔註279〕

由此可知，章太炎對於訓解諸子義理是謹慎的，所謂「不敢多道」不外乎是
認同「義理」之深奧並非單以文字訓詁即可透徹，故終以爲《墨子》「辭旨淵
奧」而不敢多下斷語。此也間接呼應了章士釗所說「適之武斷」的註語，因
此章太炎又評議胡適之治《墨》「以爭彼爲爭彼，徒成辭費」，特意提及胡適
在「彼」、「佊」二字大作文章的前例。此章太炎之用意應有二，一來以爲胡
適的治子只囿於文字訓詁，不免有武斷、曲解的問題；二來則暗示胡適治子
乃不能由更深一層的「義理」入手，章氏此番的批評大抵已說明研治諸子學，
不能一味保守訓詁的方向。胡適在得知章太炎對其批判後，乃即刻覆信章士
釗申辨之，曰：

> 太炎先生說我「未知說諸子之法與說經有異」，我是淺學的人，實在
> 不知說諸子之法與說經有何異點。我只曉得經與子同爲古書，治之
> 之法只有一途，即是用校勘學與訓詁學的方法，以求本子的訂正與
> 古義的考定。此意在高郵王氏父子及俞曲園、孫仲容諸老輩的書中，
> 都很明白。試問《讀書雜志》與《經義述聞》，《群經平議》與《諸
> 子平議》，在治學方法上，有什麼不同？〔註280〕

胡氏此番說法的重點亦有二。首先，其視治經與治子方法必須一致，畢竟無
論治經或治子的基礎皆在古籍文獻，而古籍文獻都有疏解的問題；再者，其

〔註278〕《胡適文存》，第二集，卷一，頁124。
〔註279〕《胡適文存》，第二集，卷一，頁126。
〔註280〕《胡適文存》，第二集，卷一，頁127。

又以為運用考據訓詁的方法治子是乃乾嘉學者所認同，晚清的俞、孫亦講究之，故不應廢棄。胡氏在此特地舉出乾嘉諸儒對考據治子的重視，此說不異是針對章太炎「未知說諸子之法與說經有異」的批評，因此胡氏乃以前輩治子的例子反問「究竟說諸子之法，與說經有什麼不同？」胡氏此信並非是直接寫給章太炎，而是寫給章士釗，故在經過章士釗傳達給章太炎之後，章太炎又有所回應，其云：

> 案校勘訓詁，以治經治諸子，特最初之門徑然也。經多陳事實；諸子多明義理。(此就大略言之，經中《周易》亦明義理，諸子中《管》、《荀》亦陳事實，然諸子專言事實，不及義理者絕少。)治此二部書者，自校勘訓詁而後，亦不得不各有所主。此其術有不得同者。故賈、馬不能理諸子，而郭象、張湛不能治經。若王、俞兩先生，則暫為初步而已耳。〔註281〕

此所謂「義理」或「義」係指「哲理」言，而非一般的經義可知。就「經多陳事實；諸子多明義理」來說，章氏所認定經、子之差異，則在於求實與求義偏重的問題。故以「訓詁」治經多重視文字、典章禮制的疏證(不過章氏也同意經學中《周易》亦明義理，但在經、子的比例上則以為子學更重視義理)，此乃古文經學的範疇；而以「訓詁」方法治「諸子」則只能視為研究的初步，畢竟子學更著重哲理的進一步發揮，遂子學的疏通須借重訓詁但亦要超越訓詁。至於章、胡對考據之識見，總的來說並無所謂是非對錯的問題，但可理解為二者因學術對象的不同，所採取的手段亦有異，因此如章氏所言「自校勘訓詁而後，亦不得不各有所主」。大抵胡氏以經學為尚故趨於傳統方法治學，此乃胡氏嚴守乾嘉之學所致；章氏側重子學哲理的疏發，故不以考據畛域為自限，亦積極檢討經學對子學拘束。

陳平原說：「章氏之不滿王、俞諸先賢，就因為其以治經的方法來治子，只把先秦諸子作為史學而不是哲學來研究；這正像近人之爭《墨辯》局限於辭義辯正，而不及於哲理探求。」〔註282〕從此論，章氏之不滿王、俞治子，並不是認為以考據方法治學會有何錯誤？而是因王、俞以治經來態度來治子，只能針對子書中屬於古文獻的文字、聲韻部份，而不能盡理解其中更深層的哲理。

總之，俞樾所採取的舉例、釋義之法係承接乾嘉之學，然大抵也影響晚

〔註281〕《胡適文存》，第二集，卷一，頁127～128。
〔註282〕《中國現代學術之建立——以章太炎、胡適之為中心》，頁244。

清民初的學者，在子學研究上如孫詒讓的《墨子閒詁》、王先謙《莊子集釋》多有引取俞樾的條例，而戴望的《管子校正》、郭慶藩《莊子集釋》、劉師培的《古書疑義舉例補》、楊樹達《古書句讀釋例》，與章太炎早期撰著的《膏蘭室札記》、《莊子解故》等，也都依循正統派的研治法，此梁啟超所謂「以極嚴正之訓詁家法貫穴群書而會其通者」，〔註283〕故由段、王到俞樾、孫詒讓、戴望、章太炎的脈絡，則晚清的子學訓解仍受到乾嘉考據學的濡染。

而章太炎系出俞樾門下，其能吸收正統派的研經方法，故在研治文字、聲韻、經學皆有相當的成績，或謂其古文經學界的泰斗亦無不可。然章氏又能以考據為治子的基礎，進一步尋求哲理，其區分治經與治子趨向的不同，認同子學已非經學的附庸，其「訓詁→義理」的進程，相對乾嘉經學有繼承亦有所突破，對於當代子學研究的學術定位亦有指標性之意義。與章太炎同時稍前的康有為，其雖也使用考據訓詁為方法，如其《孔子改制考》、《新學偽經考》皆重視辨偽與歸納工夫，但康氏大抵不滿古文經學的研治，曰：「『欲知聖人之道，在通聖人之經；欲通聖人之經，在識諸經之文字。』於是古音古義之學，爭出競奏。以此求道，何異磨碑作鏡，蒸沙成飯？」〔註284〕康氏不以為由文字的精密推敲，便能循著「古音古義之學」而求聖人之「道」，固然康氏是以探析《公羊》微言大義的出發點，對古文經學盡採取批判，但此也表明晚清學人在尋求哲理的意識上，對正統派的治學已有所革新。

四、小結

總上述而論，由俞樾到章太炎的子學訓詁進程，實可勾勒出一條線索，即晚清子學訓解是有「訓詁→義理」的遞嬗，而此線索的兩端並非無涉，而是有前後因襲的關係。

故經由對俞、章治子方法關係之探索，乃可進一步了解晚清子學訓解脈絡之流變。亦可以說，釐清俞樾至章太炎詮解子學的方法與架構，則晚清子學訓解之理路實更為之清晰。蓋俞樾雖採取正統派的治學態度，但也重視古文經學之外的諸子學、今文經學，對於晚清學術有啟發的貢獻，其兼治經、子的意趣實影響章太炎對子學的研究；而章太炎在修習佛學、道家後，由尋

〔註283〕《清代學術概論》，頁54。
〔註284〕康有為：《長興學記》收入《康南海先生遺著彙刊》（臺北，宏業書局，1976年），第九集，頁27。

求哲理的角度對子學訓解的層面加以創新，其採取的治子明道可謂是在俞樾治子通經的意識上，做進一步的突破。胡適在《中國哲學史大綱‧導言》說：「校勘訓詁的工夫，到了孫詒讓的《墨子閒詁》，可謂最完備了。但終不能貫通全書，述墨學的大旨。到章太炎方才於校勘訓詁的諸子學之外，別出一種有條理系統的諸子學。」〔註285〕胡適固然曾與章太炎有過經、子研治方法的激辨，然大抵也承認章太炎的子學詮解對當代學術之影響，此觀點亦表明章太炎的治子是有其「條理系統」且能「通貫全書」，蓋晚清子學經過章氏的整理又承現出另一新貌，由俞氏至章氏學術之比較，則知二儒對於乾嘉學術之繼承與開新實深刻影響晚清諸子學。

附錄：俞樾、章太炎之諸子學比較表

	俞　樾	章太炎
諸子學著作	《諸子平議》、《古書疑義舉例》	《齊物論釋》、《訄書》、《國故論衡》、〈諸子學略說〉
治學方法	以考據學為要點，著重在對文字、音韻、訓詁範疇。	以考據學為初步，並擴充其內容，以諸子學的義理求索為目的。
治諸子態度	採取經學家之觀點，稟持以經學為宗，治子目的在於通經的態度。以為諸子學的範疇仍不違離經學，故諸子學可發明經義，基本上不違離古學的說法，且少有對義理思想之發明，其諸子學較似於乾嘉時期的諸子學。	採取哲學家之觀點，認同治子明道，有訓故明則古經明，古經明則理義明的意識。
對諸子思想的論析	對諸子學哲理則多採取古注古疏的觀點，比如解《老子》的道論，則多援用《韓非子》、《淮南子》、河上公注、王弼注，大抵有疏解之功，而少有進一步的闡釋發明。	注重諸子哲學，積極尋求最高哲理「道」的探析，承認該範疇為最高理則，並以道家的「道」與佛學的「真如」、「般若」作聯繫。治《莊》學承認清靜無為的工夫論，強調「道」的本體義，亦比較西方的科學與宗教，其諸子學可與當代新學相發明。

〔註285〕胡適：《胡適學術文集：中國哲學史》，頁27。

第三章　晚清諸子學之「致用」思想

　　晚清民初之際，學者有鑒於國家的艱困而欲思改革，故乃藉清初以來經世學術的範疇加以闡發，結合當代的社會問題，而有救弊、致用等治術觀點的發起。如梁啓超便以爲「致用」即是所謂「經世之務」。〔註1〕而學者之言「致用」則「務使學問與社會之關係增加密度。」〔註2〕故學者之提倡「致用」，實欲以學術而影響世運，裨益當前的「國計民生」，如賀長齡編《皇朝經世文編》、饒玉成編《皇朝經世文續編》、麥仲華編《皇朝經世文新編》等皆然，這些著作干涉於古今的政術、經濟、刑法、賦稅、典制的議論，其目的乃欲爲當代的統治者所注目。晚清學者之提倡「致用」學術，又有復興古學的目的，誠如顧亭林所說：「引古籌今，亦吾儒經世之用」，故經世學者乃以打破古今隔閡爲手段，大抵能以古喻今，或藉今事論證古義古說，蓋「復古」亦是學者的「經世之用」。晚清是爲舊學、新學集大成之時代，學術研究有所謂會通、比較的趨勢，而晚清的子學研究也與當代的經學、西學有所干涉，故晚清子學之致用思想亦可經由西學、經學而推敲。本章以陳澧的學術經世、梁啓超的《墨》學致用與章太炎《訄書》的「以法濟世」思想進行論述，並旁以經學、西學的課題加以論證，進以闡明該時期子學致用的價值與特色。本文對於三位陳澧、梁啓超、章太炎等學者的排列順序則依其創作年代，陳澧爲晚清學者之前輩，而其著作亦早於梁、章，故放在最前；梁氏的《墨學微》爲其早期著作，爲其《子墨子學說》與《墨子的論理學》的合訂本，著於1904年，章氏之著作則著於1906年以後，故以梁氏之研究爲前，章氏之論則放在最後，如下。

〔註1〕梁啓超：《清代學術概論》（臺北，里仁出版社，2002年），頁20。
〔註2〕《清代學術概論》，頁16。

第一節　陳澧《東塾讀書記》之子學思想與其治術觀點論析

　　中國自鴉片戰爭後，因多次的割地賠款致使國力逐漸轉弱，清廷與社會人民對列強的侵略亦有不滿，林則徐、魏源、馮桂芬等人由對西洋事物的接觸轉而推舉洋務，中央則以恭親王奕訢爲首，加上地方權臣曾國藩、李鴻章、張之洞的推波助瀾，仿傚西洋的技藝與鐵船槍炮成爲自強運動的目標，期望在工業與經濟上追比西方。該時期，學者推舉學問濟世的脈絡，除了有所謂「師夷之長技以制夷」、「中學爲體，西學爲用」的口號外，亦認爲中國傳統學術仍可裨益於當世，故欲由經世之學的途徑而提倡社會致用，並進一步會通西學、子學、史學而用以經世，欲使中國社會進一步改革創新。

　　陳澧（1810～1882 A.D），廣東番禺人，字蘭甫，號東塾，其治經宗尙鄭玄，並能以考據推敲經說，又好朱子理學，反對當時的漢宋之爭，主張漢宋調和，且精通音韻、算學、地理。其主講學海堂數十年，晚年爲菊坡精舍山長，爲清代中晚葉重要的學者之一。陳澧身處晚清動蕩之世，嘗眼見自太平天國的內亂，與鴉片戰爭、兩次英法聯軍之役中國所受到的不平等條約，故陳氏雖以經學者自居，其學對於當時的社會弊端與學風則「僅時時露其微辭，引而不發」，〔註 3〕也就是不以評議時事爲主要，但陳澧亦曾表明實「未嘗忘天下」，又說「儒者讀書，出則辨天下之事，處則興天下之學。」〔註 4〕以爲士人可經由讀書的途徑接濟天下，故其學仍有經世致用的意趣在。陳澧亦治諸子學，然大抵是在通經的意識下所創作，《清史稿》說他「晚年尋求大義及經學源流正變得失所在，而論贊之，外及九流諸子、兩漢以後學術。」〔註 5〕故陳氏乃由治經而旁及諸子與史學，其研治諸子學，目的係在於貫通經學，對諸子治亂亦頗有論述，此可視爲其「經世致用」思想的一環。陳氏在中年之後漸能重視義理思想的尋求，以爲訓詁與義理需同時並治，如錢穆所言「當時經學流弊，專務爲零碎之考解。東塾亦固習爲之；中途知悔，主先求經學

〔註 3〕 錢穆：《中國近三百年學術史》（北京，北京商務印書館，2005 年），下冊，頁 666。

〔註 4〕 陳澧：《東塾集》收入《陳澧集》（上海，上海古籍出版社，2008 年），第一冊，頁 116。

〔註 5〕 趙爾巽等：《清史稿》收入《百納本二十五史》（浙江，浙江古籍出版社，1998 年），第十冊，頁 1524。

之微言大義，與其源流正變得失所在。」〔註6〕清中葉以降是為漢宋之爭轉烈的時代，陳澧則以為漢宋之學可以調和，故轉以尋求「微言大義」，不專執意於漢學門庭，而以闡發經學大義為的鵠。總而言之，陳氏身處晚清社會風氣驟變，且學風轉型之際，其學並非一味執守考據訓詁，而是欲由經學考據深入義理的探求，在學術經世的意趣下，進而鑽研諸子、史籍、天文、地理、水利、算學之學。

　　本文則以為，陳澧的諸子學，大致重視義理的疏發，且著重治術思想，故陳氏所論述諸子的治亂、修身之要，並批判諸子治術的得失是可以倍加留意的。是以本文乃析論其子學的致用觀點與經子異同的議題，再進次闡述《東塾讀書記》所涉及的諸子治亂思維，如下。

一、陳澧學術所反映的經世致用思想

　　陳澧的學術以經學為主，而旁及諸子、史籍、地理、算學等，其經世致用思想多著錄在其札記、書信往來之中，如其《東塾讀書記》、《東塾讀書論學雜記》對於經世致用思想便多有涉及，陳澧嘗自言「謂經學無關於世道，則經學甚輕。謂有關於世道，則世道衰亡如此，講經學者不得辭其責矣。蓋百年以來講經學者，訓釋甚精，而絕不發明義埋，以警覺世人；其所訓釋考據，又皆世人所不能解。故經學之書汗牛充棟，而世人絕不聞經書義理，此世道所以衰亂也。」〔註7〕此是陳氏從經學範疇對世道不張的反映，蓋經學對世道之有用無用，實在於對義理能否透徹，不過陳氏此觀點仍僅限於對當代學術風氣的批評，所謂「世道衰亂」大抵有暗諷考據末流的思意，蓋陳澧的經世致用思想仍需尋求經學之外的識見，其對諸子學的論析正可看出端倪。大陸學者王惠榮則以為，陳澧的經世思想係「學術經世」一類，與社會層面的致用較無干涉，《陳澧思想研究》曰：「陳澧採取學術經世的途徑來實現傳統士人治國平天下的抱負，這是儒家思想影響下的任何時代的有經國之志、但無經國之位的知識份子易於採取的方式。」〔註8〕故陳澧的經世「主要表現在學術著述」，所反映並非是當代的政治或實務，而是留心學風、人才取用與

〔註6〕《中國近三百年學術史》，下冊，頁676～677。
〔註7〕陳澧：《東塾讀書論學札記》收入《陳澧集》（上海，上海古籍出版社，2008年），第二冊，頁377。
〔註8〕王惠榮：《陳澧思想研究》（北京，中國社會科學出版社，2008年），頁167。

官僚的腐敗，亦有部份詩文以諷喻方式針砭了社會問題。不過陳澧由子學的範疇而闡述治亂與西方科技亦為一事實，其諸子治亂思想也體現了經學之外的另一風貌，雖然王氏所言陳澧之學「通過著書立說或參與組織學術文化事業來移風易俗、影響政教」大致可信。〔註9〕但如進一步審視陳澧的諸子學，亦可發掘其經學之外的經世思想，對於社會治亂的論說仍有其用心。

陳澧的《東塾讀書記》是為其學術的集大成，該書雖以札記體成書，內容或為讀經之筆記，或為疏注子史的雜語，然陳氏考據精詳且論說有據，該書為其一生讀書所輯錄的精粹，故實有相當的學術價值，而陳澧所議論的諸子思想亦多輯錄在《東塾讀書記》之中。陳氏以儒者的身份論述諸子學，則反映了晚清學人治子通經與子學救弊思想的趨勢，如其解《列子·仲尼》嘗曰：「凡道墨名法諸家，所以自為其學者，皆以為孔子之詩書禮樂，無救於亂，而思所以革之也。此道墨名法諸家之根源也。」〔註10〕道墨名法諸家之起雖不必因儒學「無救於亂」而反動，畢竟東周列國並非全仰賴儒學之治，但諸子思革「救弊」之說仍是可信的，如《淮南子·要略篇》所說「墨子學儒者之業，受孔子之術。以為其禮煩擾而不悅，厚葬靡財而貧民，服傷生而害事，故背周道而用。……桓公憂中國之患，苦夷狄之亂，欲以存亡繼絕，……故管子之書生焉。」〔註11〕蓋以為諸子之學皆應世變而起，與當代的治亂息息相關，胡適也說：「諸子之學皆起於救世之弊，應時而興，……學術之興皆本於世變之所急」。〔註12〕先秦諸子之學以哲理見長，然亦寄託治世之論，如老子的小國寡民、孟子的義利之辯、韓非的法術治國皆然，故謂諸子之學起於救弊實有其脈絡可尋，晚清民初學者亦多有認同之。陳澧固然以為先秦諸子無一家可謂之完善，但在治亂救弊的前提下，糾合諸家之學思仍可有益於當代治術，也就是「觀其往往有可立者，又頗惜之。今刊去謬惡亂雜者取其近是者，權載之」的觀點，因此陳氏的《東塾讀書記》便列舉諸家子學的可取之處，以是陳澧大致認同先秦諸子學可作為治亂救世的重要參考。〔註13〕

〔註9〕 《陳澧思想研究》，頁166。

〔註10〕 陳澧：《東塾讀書記》（臺北，臺灣商務印書館，1997年），頁211。

〔註11〕 劉安等編，高誘注：《淮南子》收入《新編諸子集成》（臺北，世界書局，1991年），第七冊，頁375。

〔註12〕 胡適：《中國哲學史大綱》（臺北，臺灣商務印書館，2008年），頁430～431。

〔註13〕 《東塾讀書記》，頁214。

　　或有學者以爲，陳澧之學大抵著重於經學的訓詁、義理闡述，而缺少「通經致用」的概念，如姜淑紅說：

> 錢穆雖然讚賞陳澧講求義理，但又同時指出他的追求義理仍然沒有超脫漢學極盛之時的訓詁以求義理的窠臼。他的糾正漢學流弊之偏僅限於避免漢學過於瑣碎，其實陳澧的義理範圍很窄，仍局限于發明古訓大義，與通經致用的精神相差較遠。〔註14〕

此係援引錢穆部份看法而論說，大抵針對陳澧治經而闡發，以爲陳澧治經實致力於經學考辨與經學義理的探析，而非能在當代的經世關懷上提出創見。畢竟陳澧的「發明古訓大義」，皆是以經學的漢宋調和而闡述，故與通經致用實無涉。不過，此說仍可再斟酌之。若從陳澧學術的整體來看，陳氏之學能著重曆算、地理、水利之範疇，又能比較中西算學的迥異，此皆爲當代經世致用所留意的課題，如其《漢書地理志水道圖說》、《水經注西南諸水考》能裨益於當代的地理與水利探堪，《三統術詳說》爲星象曆法之書，《弧三角平視法》爲算學之書，其內容或與西方算學有所合同，陳澧則以此教授當世學子，故如謂陳澧之學「與通經致用的精神相差較遠」，實仍有待進一步商權。察陳澧四十九歲著《學思錄》時，〔註15〕自言「讀書三十年，頗有所得，見時事之日非，感憤無聊，既不能出，則將竭其愚才，以著一書，或可有益於世。」〔註16〕此說法有二點可留意，一則陳澧身不在其位，故不以公開議論時務爲職志；第二，陳澧雖不公開議論時務，但經由著書貢獻所學，此種著書論說亦是陳氏闡明道化的方式，誠如陳氏自己所說「著書以示後之學者，亦仁術也」，是以其《東塾讀書記》所含括的識見，不論經、子、史學皆寄託「有益於世」的意趣可知。

　　再次，其諸子學亦蘊含經世的觀點，陳澧雖只有《老子注》、《公孫龍子注》等兩本著作與《東塾讀書記‧諸子》一卷的問世，然其子學著重義理思想，此與陳氏經學之探求微言大義且欲裨益世道同理，而其諸子治亂的論述，亦有藉古諷今的意味在，故觀察陳澧的諸子思想，實可見其經學之外，屬於致用思想的另一面向。

〔註14〕姜淑紅：〈錢穆《中國近三百年學術史》特論陳澧之原因析論〉收入《江南大學學報》第十卷第四期（江蘇，江南大學，2011年八月），頁48。

〔註15〕此《學思錄》即之後的《東塾讀書記》，《東塾先生年譜簡編》言：「始著《學思錄》，後來改名《東塾讀書記》。」見黃國聲：《東塾先生年譜簡編》收入《陳澧集》，第六冊，頁375。

〔註16〕《東塾集‧與黃理厓書》收入《陳澧集》，第一冊，頁165。

　　總而言之，陳澧於經學之外，又留意諸子學、地理、算學之範疇，著重於學問與教育的面向，以學問經世爲的鵠。錢穆也認爲其治學往往能寄託言外之意，故「此於人品、學術及當世之弊，各有深意存於文字之外。」〔註17〕以學術而論，固然陳澧之治經以尋求考據、義理爲意趣，對於時務的議論唯託寓於「文字之外」，但這種意在言外的方式正反映出其微言之外亦有所寄託。錢穆嘗比較章學誠與陳澧之學術，以爲陳澧對學風的批判或近乎章實齋的「辭旨隱約」，錢穆說：

> 蓋深識之士，彼既有意於挽風氣，砭流俗，而又往往不願顯爲諍駁，以開門戶意氣無謂之爭，而惟求自出其成學立業之大，與一世以共見，而祈收默運潛移之效。〔註18〕

錢穆此說是針對陳澧治學而言，所謂「默運潛移」，則體現陳澧不以爭辨時務爲旨趣，反而致力於學術之發明欲藉此影響社會風氣，此可證明陳澧之學並非不重視經世，而是不願多發議論徒放空言而已。陳澧曾與魏源深交，並在觀覽《海國圖說》後有所評議，以爲魏氏的「以夷攻夷」之說不可爲，陳澧說：「此書之首，冠以《議守》、《議攻》、《議款》三篇，澧以爲最可議者，莫如《議攻》篇以夷攻夷之說也。」〔註19〕蓋陳澧分析諸國形勢後，以爲聯美、法、俄合攻英國之說斷不可行，畢竟西洋諸邦逐利中國，皆有各自利益的較量，必不能爲中國所驅使。故欲使中國擺脫西人侵犯則仍需回歸至中國自強的問題上，陳澧以爲中國「貴乎崇廉恥，覆名實，刑政嚴明，賞罰公當，則可戰可守，外夷自不敢欺。」〔註20〕也就是治國必先「崇本」，所謂「本」係指國體與民眾本身，一但法律政令嚴明，社會人民循規蹈矩團結一致，國家必能趨於富強，則外國必不敢侵犯，假使「不循其本，而效縱橫家言爲遠交近攻」，只言外交攻守之事，那也是本末倒置了。再者，又如其〈推廣拔貢議〉、〈講書議〉等論，則評議當代取士與學風之利弊，以爲朝廷不重取才則國必危。故可知，陳澧的治世思想，係干涉於社會制度與教化改造的範疇，而非一味強調船堅礮利，陳氏以爲對社會的改造應由提升統治者與民眾的品德開始，也就是「不信仁賢，則國空虛。無禮義，則上下亂。……欲定亂則明禮

〔註17〕《中國近三百年學術史》，頁 663。
〔註18〕《中國近三百年學術史》，頁 667。
〔註19〕《東塾集》收入《陳澧集》，第一冊，頁 89。
〔註20〕《東塾集》收入《陳澧集》，第一冊，頁 90。

義，欲足財用則修政事，此孟子之經濟也。」〔註 21〕此誠以爲國強國弱皆干涉於道德人心的課題，假使人心以仁義爲尚，則社會必可團結一致，自然國強民富，此係陳澧以經學關懷世道，然不欲放諸空言的識見。至於陳澧學術所論述的經世致用思想，亦可從其諸子學與論諸子治亂窺知一二，見下節。

二、陳澧的諸子思想略說

陳澧的諸子學大抵有兩個面向，一是爲《老子注》、《公孫龍子注》等著作，此部份係採取其治經的方法，秉持治子通經的視野，重視訓詁、義理的探析與古義古說的疏解，嚴格來說較無新意。以其《老子注》而論，該書可謂是考據學的著作，陳澧以治經的方法治子書，此大致針對《老子》的字辭、音韻、器物而疏發，亦留心於名物訓詁之範疇，所運用的析辨方法實與治經無異。如其解《老子》第二十九章「或強或羸，或挫或隳」，陳氏曰：「挫，讀若莝。《詩》鄭箋：『莝，委也。委，安也。』河上本作：『載』，云『載，安也。隳，危也。』」〔註 22〕陳澧此處重視文字的音讀與辭義，其詮釋採取以經注解子，不囿於經、子的門戶之見，能以鄭玄的《毛詩注》與河上公注進一步疏解，此則反映其能廣求眾說、實事求是的客觀態度。陳澧又著重義理的疏解，其解《老子》第四十二章「道生一，一生二，二生三」，曰：「此即周濂溪所謂無極而太極也。二者，陰陽也。一陰一陽，中有沖氣，爲三也。」〔註 23〕此詮解頗有理學的思路，以「道」爲無極，以「一」爲太極，兩者同出異名，再依據《老子》「道生一，一生二」之說，則陰陽可爲「二」，這種「太極生兩儀」的觀點亦不難看出有《周易》之影響，固然宋明理學與道家哲學仍有種種隔閡，然陳澧以爲宋明理學可與《老子》的部份哲理合同，可知其治學在重視義理的態度之下，經、子思想是可初步貫通的。

第二個面向，是陳澧以札記體式載記的子學論述，如《東塾讀書記》、《東塾讀書論學札記》等篇之條列皆然，此部份較著重哲理思想的闡發，雖以筆記形式闡述，但能剖析先秦諸子治世觀點之利弊，故往往有其新意。陳澧《東塾讀書記·諸子》有三個論述要點，第一部份，陳氏尊崇儒學爲正統。蓋陳澧對於先秦諸子的評析，皆採取儒學思維觀照之，故陳氏對諸子的批評，大

〔註 21〕《東塾讀書記》，頁 43。
〔註 22〕《老子注》收入《陳澧集》，第五冊，頁 16。
〔註 23〕《老子注》收入《陳澧集》，第五冊，頁 21。

致不違離前儒之意見。如陳澧曾批判《老子》「使人復結繩而用之」不可用於今世，其曰：

> 老子云：「使人復結繩而用之。」晁子止云：「蓋三皇之道也。」趙邠卿云：「五帝以來，禮義上下之事，不可復若三皇之道。」崔宴政論云：「俗士苦不知變，以爲結繩之約，可復理亂秦之緒。」好老子之說者，自以爲高，而不知適成俗士也。〔註24〕

陳澧以爲，老子所說的復結繩而治，是乃上古三皇時代的趨勢，與五帝之降文明開通的社會潮流實格格不入，因此其援引趙岐《孟子注》與《後漢書》崔駰之言，認爲復結繩而治勢必不可行。事實上，老子之說是爲東周時期所存在「小國寡民」的政治設想，當《詩經》編輯的時代，中原仍普遍存在諸多小國，蓋諸夏夷狄是也，故采詩之官當時有十五「國風」的編採，據學者考察，《詩經》的年代或可推延至春秋，劉大杰說：「在《國語·魯語》與《史記·宋世家》中，或是暗示，或是說明，都以〈商頌〉爲宋詩。近代魏源、王國維諸人，更從地名、國名以及文句的形態各方面研究，論證了商頌是宋人的作品。」〔註25〕從此來說，老子乃身處春秋中晚期，則當時固然周王室已漸衰微，然於各地採詩係爲其傳統，此亦可映證當時的中原仍是小國林立。而古人也以爲治小國與治大國是不一樣的，如朱子說：「『古人得百里之地而君之，皆能以朝諸侯有天下。則千乘之國，亦足以用心者。』則又若以爲小國寡民本不足治，特以其治之之道與天下同，而治之之效有如此者，然後勉而治之耳。」〔註26〕有百里之地則可成爲小國諸侯，然鄉縣範圍之治，必然是與治天下迥異的。故老子所提出的「小國寡民」的理想社會，實是針對東周的諸侯小國言，所運用是爲道家式的空德之治，而非人文之治，故一切社會生活的人爲減損是必要的。

事實上，中國自古以農立國，在「禮不下素人」的條件下，多數的農人唯求農耕而不問政事亦可，故老子的「復結繩而治」行舉，用之於東周春秋的封建小邦或許可行，然用之於民智漸開，且強調文治武功的大一統國家則必然有所扞格，蓋可知老子所提出的說法仍有其特殊之時空背景。而陳澧以

〔註24〕 《東塾讀書記》，頁194。
〔註25〕 劉大杰：《中國文學發展史》（臺北，華正書局，1998年），頁39。
〔註26〕 朱熹：《四書或問》收入《朱子全書》（上海，上海古籍出版社，2002年），第六冊，頁620。

「復亂秦之緒」的觀點強烈反對之，陳氏大致是在尊崇儒家強調大一統與天下平治的思唯下所提出，甚而批評「好老子之說者」是爲「俗士」。不過，察老子「小國寡民」之說與漢代以降「復亂秦之緒」仍具有不同時代觀點，畢竟老子之說是針對東周小國所提出的政治理想，而反對《老》學的論說又是漢代以降強調統一思維下的態度。因此可以說，老子之論是爲思想家針對特定時空的治亂改革之言，而陳澧之議論則多採取前儒之意見，二者之視野實不必等同。又比如「孟子謂墨子無父，嘗疑其太甚。讀《墨子》書，而知其實然也。」、「程子云『秦之愚黔首，其術蓋出於於老子』」等批評，陳氏亦多援用儒者之言而批判之，故知其對諸子學之論述或以儒學爲依據是爲可證了。

第二部份，陳澧的子學論述與諸子的政治思想、人性論、制度、名理思辨相關。如其論法家，則專攻其治術與人性論，如論韓非：「『仁者，謂其中心欣然愛人也。義者，君臣上下之事，父子貴賤之差也。』……韓非此說，本以解老子失德而後仁，失仁而後義，失義而後禮，而其解仁、義、禮三字之義，則純乎儒者之言。」〔註27〕韓非的「仁」有親親之意，「義」則述說君臣、父子相處對待的本份，此說係爲陳澧辨別韓非仁義說與儒家、道家之別，其以爲韓非的詮釋近乎儒家，故與《老子》「失德而後仁，失仁而後義」的反對仁義是迥異的。再者，陳澧之論墨學則多擷取科學與算術之說，其論《墨子‧經說》言：「鄒特夫云：『墨子〈經〉及〈經說〉，有中西算法。』澧因取而讀之。如〈經上〉云『平，同高也。』此即《海島算經》所謂兩表齊高也。又云『直，參也。』此謂《海島算經》所謂後表與前參相直也。」〔註28〕此乃嫁接先秦《墨子‧經說》的等高算法與三國劉徽的《海島算經》的「重差術」，也就是使用直線等高與三角形等比例的方式算出幾何數據，陳澧以爲中國古代算書對等差的用法即有所推敲，故判斷西方之算學與此或有所聯繫。〔註29〕蓋晚清有部份學者以爲《墨子》中關於算術的論說，是爲中西算法的起始，而如鄒伯奇、陳澧之精通算學，亦針對此說轉以附會中西曆算的關係。

第三部份，陳澧雖以爲諸子之學有其弊端，但在不違離儒家思想，且在裨益世道的前提下，諸子的治國、治亂、改造風土民情、心性道德等論，仍

〔註27〕　《東塾讀書記》，頁 210。
〔註28〕　《東塾讀書記》，頁 202。
〔註29〕　關於《海島算經》以等高幾何三角形方式測量海島高度的詮解，可見英家銘：〈重差術——三角測量〉收入《科學發展》第四百五十九期（臺北，行政院國家科學委員會，2011 年 3 月），頁 24～27。

有諸多可取之處。陳澧之研治子學以通經爲前提，此也表明了其崇儒的觀點，
其云：

> 《漢書藝文志》云：「觀九家之言，舍短取長，則可以通萬方之略
> 矣。」……柳子厚辯文子云：「觀其往往可立者，又頗惜之。今刊去
> 謬惡亂雜者取其近是者，權載之。」……《黃氏日抄・讀家語》云
> 「千載而下，體任微言，闡揚奧旨，與莊周及諸子百家所傳述，節
> 而彙錄之，其有功於聖門，匪淺鮮矣。」澧讀諸子書，亦節而鈔之
> 於左。〔註30〕

從此而說，陳澧乃贊同前儒的意見，以爲諸子之學雖有「謬惡亂雜者」，但也
有「往往可立者」。而其中去取的標準，則在於能否「有功於聖門」。陳澧於
《東塾讀書記・諸子》列出十一家子書有可取者，如其以爲《老子》之可取
在於有「保身」、「保國」之長，陳澧此與黃震《黃氏日鈔》的意趣相同，《黃
氏日抄》雖也從儒學的角度批判老子，但另一方面又著錄《老子》之說以爲
其中能「有補於世者」。〔註31〕陳澧云：「《黃氏日鈔》，鈔老子語爲二章，一
爲保身章，一爲保國章，今於黃氏已鈔者不錄。」〔註32〕所謂「保身章」即
有關於《老子》闡述心性修養之要，比如「不見可欲使心不亂」、「夫惟不爭
故天下莫能與之爭」；而「保國章」則多著錄《老子》的政治思想，如「以道
佐人主者，不以兵強天下」、「治大國如烹小鮮」等。從此來說，陳澧對於老
子不滿是爲明確，然陳澧仍留意《老子》書中的哲理，故其援用前儒的觀點
取《老子》二三策有益於世者加以節錄之。

又如陳澧以爲《呂氏春秋》之可取在於「多采古儒家之說，故可取者最
多。」〔註33〕其大抵認爲《呂氏春秋》是雜家之書，係援取多位戰國學者的
論述而成，不過也收錄一定份量的儒家思想，故有可取處。陳澧這種「令人
發思古之幽情」，也說明其對諸子古學的去取，實有儒學上的考量。如陳氏便
認爲《呂氏春秋》的君子小人觀可與儒學思想合同，其引用《呂氏春秋・高
義》云：「君子之自行也，動必緣義，行必誠義。俗雖謂之窮，通也。行不誠

〔註30〕《東塾讀書記》，頁 214。
〔註31〕黃震：《黃氏日抄》收入《景印文淵閣四庫全書》（臺北，臺灣商務印書館，
　　　　1983 年），第七百零八冊，卷五十五，頁 2。
〔註32〕《東塾讀書記》，頁 217。
〔註33〕《東塾讀書記》，頁 222。

義，動不緣義，雖謂之通，窮也。然則君子之窮通，有異乎俗者也。」〔註34〕
因此君子之行舉，無一不是以「義」為準則，能合於「義」，雖窮而通，不能
合於「義」，雖似通達然實為窮，故君子與世俗人物的行舉是迥異的。此態度
誠與《中庸》的「君子居易以俟命，小人行險以徼幸」論說同理，真德秀《西
山讀書記》載游酢之言曰：

> 在上位不陵下，知富貴之非泰也。在下位不援上，知貧賤之非約也。
> 此惟正己而不求於人者能之，故能上不怨天，下不尤人。蓋君子為
> 能循理，故居易以俟命，居易未必不得也，故窮通皆好。小人反是，
> 故行險以徼幸，行險未必常得也，故窮通皆醜，學者要當篤信而已。
> 〔註35〕

君子能循理則「窮通皆好」，以是君子窮困時能安守本份，富貴則兼善天下，
而終不逾越「中庸」之道，但小人反之，故「窮通皆醜」。蓋《孟子》也以為
君子之道「富貴不能淫，貧賤不能移，威武不能屈，此之謂大丈夫」，以是君
子處事能喻於義，而小人唯止於利，由這種趨義趨利的心態，也可見君子小
人窮通時的作為。從此來說，儒學的君子小人之說，與陳澧所援取《呂氏春
秋》「君子窮通」的論證亦有相近的旨趣了。

　　總而言之，陳澧雖以為諸子學能有益於世，不過其對子學的認同仍必需
是在儒學的觀點下進行檢視，因此其諸子學的研治實為緣附在其經學之下。
而陳澧所批評諸子的行舉，如謂莊子「工於文章者，然而愚矣」，又謂秦火「是
燔詩書，始於商鞅」，以為秦的暴政是始於商鞅，又舉孟子之說認為楊朱「無
君」、「充塞仁義」，此在在皆是以儒學觀照所作的論說，因此可以說，陳澧對
子學的研治必然是與儒學密切不可分的。

三、論陳澧《東塾讀書記》的子學治術與致用思想

　　陳澧之研治子學固然是以通經為主要，但對於諸子經世之創見亦能留意，
其論說或依循前儒之言予以批判，或按照客觀事實給予析辨，對諸子的治術則
褒貶參半。陳澧對楊、墨、韓、商鞅之學皆有論說，故本文乃通過陳澧諸子學
的功利論、刑名法術思想、經濟等觀點的整理，進而闡述其治亂思想。

〔註34〕　《東塾讀書記》，頁221。
〔註35〕　真德秀：《西山讀書記》收入《景印文淵閣四庫全書》，第七百零五冊，卷三
　　　　　十三，頁88。

（一）對墨、楊功利治術之關懷

先秦墨家爲顯學，而楊朱之學於當代也曾極盛一時，兩家對於春秋、戰國之際的學術思想皆有所影響。墨翟以先王之法干楚王、齊王、魯公，其樹立了戰國墨家的鉅子制度，鼓吹尊天、事鬼、崇聖、非攻與節用，賈誼稱其行舉爲「賢」，〈過秦論〉曰：「非有仲尼、墨翟之賢，陶朱猗頓之富。」〔註36〕以是承認墨翟的事功仍是有益於天下；楊朱也曾見梁王言天下治術，《孟子·滕文公下》即有「楊朱、墨翟之言盈天下，天下之言不歸楊則歸墨」之語，又《孟子·盡心上》不稱楊朱而稱爲「楊子」，可知整體而論，墨、楊之學榮顯一時，係影響當時學術與思想發展趨勢。〔註37〕今墨學有《墨子》傳世，經過清儒考據訓詁的整理後，其文字、哲理內容有一定的價值，而楊朱之學無書流傳，其人思想與事蹟唯散見今本的《孟子》、《莊子》、《荀子》、《韓非》、《列子》的輯錄當中，然其中貶意實多於褒。蓋一般以爲楊朱提倡利己思想、而墨子有博愛的趨勢，先秦的孟、荀對此亦進行批評，此與儒家尊親、家齊國治的思想格格不入有關，如孟子便以爲：「逃墨必歸於楊，逃楊必歸於儒。歸斯受之而已矣。今之與楊墨辯者，如追放豚，既入其苙，又從而招。」〔註38〕此誠把墨、楊視爲邪說異端，故又謂之「邪說誣民，充塞仁義」，故唯有運用儒學之善始可矯治其偏差。趙岐又說楊朱：「爲我爲已也。拔巳一毛以利天下之民，不肯爲也。」〔註39〕此以儒學的觀點批判楊朱，以爲其不願損害小利，而促成天下大之事爲自私自利。從此說，儒家大抵認爲楊朱之學有「一毛不拔」的弊病，故孟子以降的儒者多有批評之。

陳澧亦採取儒學批判楊、墨的態度，以爲楊、墨的識見仍超乎實際以外，

〔註36〕 賈誼：《新書》收入《景印文淵閣四庫全書》，子部，第六百九十五冊，卷一，頁3。

〔註37〕 文獻所載的楊朱生平實爲有限，如《孟》、《荀》等篇雖有載其事蹟，而多有貶意，或謂《莊子》以陽子居其人爲楊朱，而《列子》以楊朱爲老子後學。紀載楊朱以《列子》爲大宗，其中有〈楊朱篇〉專說楊朱言行，近人胡適著《中國哲學史大綱》則專篇論述楊朱思想。據晉張湛《列子注》所云：「楊朱，戰國時人，後於墨子，與墨子弟子禽滑釐辯論，其說在愛己不拔一毛以利天下，與墨相反。」可知楊朱應與墨子同時而稍後，爲戰國初期時人，倡利己思想亦以此遊說諸侯。見張湛：《列子注》收入《新編諸子集成》（臺北，世界書局，1991年），第四冊，卷七，頁77。

〔註38〕 趙岐注、孫奭疏：《孟子注疏》收入《十三經注疏》（臺北，藝文印書館，1965年），第八冊，頁259。

〔註39〕 趙岐注、孫奭疏：《孟子注疏》收入《十三經注疏》，第八冊，頁239。

不過陳澧對於楊、墨的功利論仍重視之，以爲雖不完善但仍有其可取處。蓋
先秦思想之發展，功利論係爲一要點，以是東周以降天下諸侯各自爲政，在
連年征伐下，周朝制度漸次崩壞，人民生活也受到衝擊。如《公羊》載桓公
十三年春，魯國有龍門之戰，到了夏天則持續發大水，何休注云：「爲龍門之
戰，死傷者眾，民悲哀之所致。」〔註40〕戰爭是爲人禍，大水是爲天災，古
人以爲諸侯的種種缺失，造成天災人禍的滋生，但不論天災人禍，所受到最
大傷害的係爲人民，故當時的思想家皆思救亡圖存，以是如何圖利天下、安
民治亂爲一大課題。按胡適的說法諸子百家之驟興的因素之一是欲「救世之
弊」，故儒家有義利之辨，而道家欲以無爲虛損治國。孔子說「君子喻於義，
小人喻於利」、「知者利仁」，此也開出了孟子的「去利懷仁義以相接」以仁義
爲先的關懷。〔註41〕蓋孔、孟皆提倡仁義治國，先秦儒家不直接言利祿之「利」
明矣，所干涉的「利」論，是爲建立在德性的範疇上；老子則說「絕巧去利，
盜賊無有」、又說：「民多利器，國家滋昏。」〔註42〕道家也反對汲汲於利祿，
故君民不嚮往巧利的情況下，少私寡欲，社會便趨向樸實，悖亂之事自然無
有。而墨學則倡導「兼相愛，交相利」的行舉，墨學以氾愛的方式接濟天下，
因此也希望人與人都稟持互助的態度，促成社會的大利，故墨家的功利論是
建立在「公利」的前提下，此也較接近《論語》所說的「仁者，己欲立而立
人，己欲達而達人」，是一種對公眾利益的嚮往，梁啟超的《墨子學案》對「公
利」亦有所評論，以爲「當時因社會惡濁，厭世思想很發達。……墨子以爲
厭世乃志行薄弱的人的行徑；世界本由人造成的，固然不可厭，也不該厭；
所以反抗這種潮流『摩頂放踵利天下爲之』。」〔註43〕「厭世」即在於用消極
的方法應對世務，諸如潛隱山林之士或原壤、楊朱的自利心態皆是，相較於
獨善其身者，墨家則提倡互助甚至損己利人的功利思想，故說墨家的治術是
由兼愛互利著手亦無不可，《墨子・兼愛上》自言：「聖人以治天下爲事者也，
不可不察亂之所自起。……當察亂何自起？起不相愛。」〔註44〕虧損君父兄
弟他人而自利，是天下大亂之源，故如能達到人人兼愛互助，則國家社會必

〔註40〕何休注、徐彥疏：《公羊注疏》收入《十三經注疏》，第七冊，頁65。
〔註41〕趙岐注、孫奭疏：《孟子注疏》收入《十三經注疏》，第八冊，頁212。
〔註42〕《老子注》收入《新編諸子集成》，第三冊，頁10；頁35。
〔註43〕梁啟超：《墨子學案》（臺北，新文豐出版公司，1975年），頁10～11。
〔註44〕孫詒讓：《墨子閒詁》收入《新編諸子集成》，第六冊，卷四，頁62。

然安治。或以爲孔、墨學術「都是夢想一種完全互助的社會」，如以墨家的「交相利」思維而論，此實可進一步論證之。〔註45〕

而陳澧也以爲墨子之學可以由「務時」兩字概括。〔註46〕所謂「務時」，係指致力當下現實而言，以是墨子切身奔走公共事務亦有感於當時社會環境之混亂，錢穆說：「惟墨學之興，尤足爲平民階級覺醒之特證也。」〔註47〕墨學以天志約束執政者，以兼愛互利接濟社會上的弱勢者，其對社會的關懷是乃針對當時廣泛且飽受戰爭動亂的平民言。梁啓超也說墨子：「他講的有用、無用、有利、無利，專拿眼前現實生活做標準」。〔註48〕墨者乃蘄求民眾生活的「最低限度爲標準」爲職志，故墨家實爲一積極關注社會需求，且不違離民眾生活的功利學說。陳澧又云：

> 諸子之學，皆欲以治天下，而楊朱之學最疎，墨翟之學最密。……墨
> 翟兼愛、非攻，人來攻，則我堅守。何以爲守？蓄其人民，積其貨財，
> 精其器械，而又志在必死，則可以守矣。此墨翟之所長也。〔註49〕

養其人民、積其貨財、精其器械皆是爲政者所需留意的時務，亦爲國家的經濟之事，軍務、防備又是軍國的大事。然而墨子身處戰亂之際，其以思想家的身份推動事功，以兼愛互利爲經世的言論，所強調不外乎欲完善現實上的種種事務。因此，陳澧以爲墨學的極致乃在於「專欲富國強兵」，故欲使社會富裕、使兵民有守備之能力都是墨學經世致用的一環。春秋戰國之際諸侯攻伐不斷，墨眾提倡「非攻」能捨己爲小國守備，故與兵事亦相關，故陳澧又說：「〈備城門〉，〈備高臨〉，〈備梯〉，〈備水〉，〈備突〉，〈備穴〉，〈備蛾附〉，〈迎敵祠〉，〈旗幟〉，〈號令〉，〈雜守〉十一篇，所謂墨守也。此乃最古之兵書。」〔註50〕《墨子》這些篇章多論述防衛術，此也說明墨子學說對「非攻」思想的重視。誠如民初胡適所說：「墨子是一個極熱心救世的人，他看見當時各國征戰的慘禍，心中不忍，所以倡爲『非攻』論。……他是一個實行非攻主義的救世家。」〔註51〕墨子以切身的行舉提倡「非攻」，如其駁倒公輸般，

〔註45〕 《墨子學案》，頁38。
〔註46〕 《東塾讀書記》，頁200。
〔註47〕 《國學概論》（臺北，臺灣商務印書館，1998年），頁46。
〔註48〕 《墨子學案》，頁43。
〔註49〕 《東塾讀書記》，頁200。
〔註50〕 《東塾讀書記》，頁200。
〔註51〕 《中國哲學史大綱》，頁156。

說服楚惠王的罷兵攻宋，謂之爲和平思想家亦是恰當，蓋「非攻」能消弭諸侯國間的戰伐，可說爲墨子經世學說的一大創舉。

縱使以墨者之寡未必能抵抗諸侯千萬兵眾的侵犯，然墨者稟持「苦身勞形」的心態，多有死士的風範，陳澧又說：「澧案墨子之學，以死爲能，戰國時俠烈之風，蓋出於此。孟子所謂墨子摩頂放踵。」〔註52〕墨家並非是有實權的政治團體，而是由少數憂患天下事物人士所組成的集團，大抵崇尙墨子學說，倡言仁愛，不畏生死輕重，但如由事功的觀點來看，墨眾畢竟寡而少功，故在言行不行於世之時便轉入俠，欲由俠士的精神關懷社會。或有學者以爲墨行近於俠道，馮有蘭〈先秦諸子之起源〉說：「俠士有俠士自己的道德，墨子則以其道德推而廣之而爲全人類謀幸福。俠士的道德具有兼愛之風，具有『有福同享，有馬同騎』的精神。……墨子便是以俠士的精神，擴而充之。」〔註53〕也就是說，墨眾能承稟俠士精神而致力於社會實務，因此不論墨家出於俠（此馮有蘭說法）或最終遁於俠，其學派爲「人類謀福利」的態度仍可視爲一能裨益社會的致用思想。

再次，楊朱之學亦談論事功，不過楊朱以自利爲「利」，其「利」是爲私立而非公利，或說楊朱是反對公利的。楊朱認爲天下之人如能自我保守而不爭利，則天下便無利可爭，社會自然平治，胡適也說：「楊朱的爲我主義，並不是損人利己。他一面貴『存我』，一面又賤『侵物』。……他只要『人人不損一毫，人人不利天下』。」〔註54〕這是說我不犯他人，他人亦不犯我，人人在這種「爲我」的態度下，天下不爭當前之「利」便無相侵犯的事發生。這種反功利學說係有消極的應世色彩，或有同於道家的減、損、無爲，視名利爲實質之「賓」，故不特意尋求可也，因此一般人積極的逐利競利，在楊朱的認知中是危險的。不過陳澧則批判云：

> 列子言楊朱見梁王，言治天下，如運諸掌。又述其言云：「不逆命，何羨壽。不矜貴，何羨名。不要勢，何羨位。不貪貨，何羨貨，此之謂順民也。」……又云：「人人不損一毫，人人不利天下，天下治矣。」……蓋人人不羨名位，則朝無篡弒之臣，……各安其所安，

〔註52〕《東塾讀書記》，頁201。
〔註53〕宋洪兵編：《國學與近代諸子學的興起》（桂林，廣西師範大學出版社，2010年），頁317。
〔註54〕《中國哲學史大綱》，頁192。

各美其所美，故天下治矣。然欲如此，必先使天下無窮民，而後可。
〔註55〕

蓋楊朱的自利自私是為一「不利為利」的創舉，也就是人人各守其安份，以保守個人之利為原則，從而不侵犯他人之利，假使朝中的大臣也如此，則天下大治。不過，陳澧是以實際的層面論說，以為要人人「不矜貴」、「不貪負」在現實上有其難度，其舉出楊朱的「宋國有田夫，常衣縕黂以過冬」寓言之不可行。楊朱此說鼓吹人人應滿足現況，雖只有亂麻棉絮過多，但在基本的衣食滿足下終能等待春日陽光的溫暖。然而，陳澧則以為人人並非都有田產綿衣可溫飽三餐，更多的人是處於貧窮狀態，故要使日常生活達到自給自足的程度，在古代的農業社會是難以實現的。因此陳澧乃藉此提出「必先使天下無窮民，而後可」，此說不但抨擊了楊朱理想之不可行，也道出了中國先秦社會是處於貧富極為不均的現實狀態，如《詩經·鴇羽》:「王事靡盬，不能藝稷黍，父母何怙。」充當貴族的差役，但自己卻有作不完的勞動，甚至自家的田園荒廢，連父母都無法奉養，這種貧越貧，富越富的情況也正是東周亂世無法改變的常態，而楊朱之說固然有其理想，但能否確實改善整個社會，或說改善封建階級制度的弊病，則陳澧以為是難以實現的。蓋陳澧對於楊朱的功利論多視之為「寓言」，且頗有貶辭，如謂楊朱的「義不足以利物」是「充塞仁義」，而楊朱的視善惡不二，則「似後世禪家宗旨」。〔註56〕故在陳澧以儒家仁義、忠恕批判的前提下，則楊朱只能算是提倡利我、為我主義的外道，而非有益社會的改革者了。

然而，縱使陳氏對楊朱有所不滿，但對於其學說仍有部份肯定，以是陳氏認為楊朱能自我約束的人格特質是可取的，陳澧曰:「惟不逆命數語，可見其人品頗高。故孟子曰『逃楊必歸於儒，蓋頗近於儒耳。』」〔註57〕除了數說較之偏頗外，陳澧仍贊同楊朱的人品，不過陳澧稱贊楊朱之學，又以為該學有近切於儒學之處。而陳澧又說:「孟孫陽問楊子曰:『有人於此，貴生愛身，以蘄不死，可乎？』曰:『理無久生，且久生奚為，百年猶厭其多，況久生之苦也乎！』……楊子曰:『不然，以放於盡，何遽遲速於其間乎！』觀此，則楊朱雖為孟子所距，然猷高於後世神仙家也。」〔註58〕以為楊朱不畏生死的

〔註55〕《東塾讀書記》，頁198。
〔註56〕《東塾讀書記》，頁198～199。
〔註57〕《東塾讀書記》，頁198。
〔註58〕《東塾讀書記》，頁200。

人生觀是曠達的，比較於後世服食求仙蘄求不死的神仙家，楊朱的處世態度仍更高明。總而言之，陳澧是以反功利論的觀點而批評楊朱之學說，以是楊朱之學過於自私且不明社會現實，但整體而論，陳澧雖批判其思想但仍以為其人格有值得借鑑之處，故陳氏係貶其事功而取其一二策可知。

（二）反對商、韓的刑法權術治國論

陳澧除論述墨、楊之外，又兼論法家的商鞅、韓非學說。商鞅、韓非皆採取刑法權術治天下之論，故陳澧稟持儒學的仁義觀點，亦多有批判之意味。商鞅、韓非之生平，《史記》皆有所載記，商鞅有《商君列傳》，韓非則與老莊申不害合傳，《戰國策》載秦國事變亦對商鞅多有著墨。商鞅之學說可見於《商君書》，《漢書·藝文志》列有二十九篇，然今本唯存二十四篇，且其中多有後人增撰，未必全為商鞅所著。據清代嚴可均的說法：「《商君書》二十九篇，今二十六篇，又亡其二。實二十四篇，舊刻多舛誤不可讀。余參稽眾本，又旁搜群籍，勘正其紕繆。」〔註59〕該二十六篇之中，第十六篇有目無書，第二十一篇無目無書，故今惟存二十四篇，已非《漢書》當時可見的篇幅，而嚴氏以為其中內容多後人所增損是以「多舛誤不可讀」。《商君書》於戰國時期便流行一時，如《韓非子·五蠹》言：「今境內之民皆言治，藏商、管之法者家有之，而國愈貧。」〔註60〕戰國時諸子百家之學講學於民間，故庶人之家亦可能得以習之，入漢後，《新書》、《淮南子》、《史記》、桓寬《鹽鐵論》、劉向《新序》皆載商鞅之說，故知商鞅學說於先秦西漢亦受當世人所注目。

陳澧以為商鞅論說之可取，在於能建立刑法治國的制度，但整體而論陳氏對商鞅學說仍多有批判。商鞅於戰國初期輔佐秦孝公而有所謂變法的事蹟，秦國在革變後實施耕戰為主的國策，改善財政稅收，加強法治觀念，重振秦穆公以來稱霸西夷的態勢，從而成為中原西垂的強國。商鞅的變法在歷史上是相當成功的，學者雖褒貶不一，但仍肯定其法治的功效，如賈誼《新書·過秦上》說：「秦孝公據崤函之固，擁雍州之地，君臣固守，以窺周室，有席卷天下，包舉宇內，囊括四海之意，并吞八荒之心。當是時也，商君佐之，內立法度，務耕織，……於是秦人拱手而取西河之外。」〔註61〕賈誼認

〔註59〕商鞅撰、嚴萬里校注：《商君書》收入《新編諸子集成》，第五冊，頁1。
〔註60〕王先慎撰：《韓非子集解》收入《新編諸子集成》，第五冊，頁347。
〔註61〕賈誼：《新書》收入《景印文淵閣四庫全書》，子部，第六百九十五冊，卷一，頁1。

爲自商鞅變法以來，秦政煥然一新，所謂「內立法度，務耕織」這也說明其致力內政改革的用心，故秦國循其術漸有席卷天下的實力，賈誼雖貶斥商鞅的「違禮義、棄倫理」，也以爲強秦之暴是過大於功，但也說「置公卿大夫士以飾法，設刑而天下治，其彊也」。〔註62〕把秦一代的強大，歸之於商鞅的變法有術。《淮南子》也說「商鞅之立法也，吳起之用兵也，天下之善者也。然商鞅以法亡秦。」〔註63〕在古代重視刑法治亂的範疇，則商鞅之說實不能被學者所忽略，故單從法治而論，商鞅之學乃爲中國數千年執政者所重視，王安石詩說：「今人未可非商鞅，商鞅能令政必行」此亦可證之。〔註64〕陳澧則稟持儒家仁義的觀點，以爲商鞅的治術多有違背倫理綱常，其曰：

> 商鞅云：「以良民治，必亂至削。以姦民治，必治至強。……王者，刑用於將過，賞施於告姦。」……六蝨：「曰禮樂、曰詩書、曰修善、曰孝悌，……上無使農戰，必貧至削。」嗚呼，禮樂詩書仁義，不必與論矣。若孝悌，則自有人類以來，未有不以爲美者，而商鞅以爲蝨，以爲必亡必削，……親親尊尊之恩絕矣。〔註65〕

此把詩書禮樂視爲「六蝨」，「蝨」有「齧人蟲」之意是爲害蟲，商鞅以爲推崇仁義的治術是爲亂源，故國欲大治則需由嚴刑峻法著手，商鞅此說非但不信任平民百姓能自發的安份守己，亦不以爲仁術眞可施行於世。陳澧對此則詬病之，陳氏認爲商鞅誠「孝悌」都批判之，則「親親尊尊」的倫常蕩然無存，陳澧《太上感應篇·序》曰「人人知『學而時習之』，而聖學明矣。人人知爲孝弟，不作亂，而天下平矣。此聖賢之語以福天下萬世者，至深至大也。」〔註66〕此也表明陳澧所認同的治亂之術在於「人人孝弟，不作亂」，故陳澧反對商鞅論說是爲必然。是以陳澧又補充「車裂不足蔽其辜也」，其以爲商鞅終自毀於樹立的刑法之下，是適得其罪了。再次，陳澧又批評商鞅的變先王之法，其曰：

> 自古帝王之法，至商鞅而變。其言曰：「苟可以強國，不法其故。苟

〔註62〕 賈誼：《新書》收入《景印文淵閣四庫全書》，子部，第六百九十五冊，卷一，頁7。

〔註63〕 高誘注：《淮南子注》收入《新編諸子集成》，第七冊，頁366。

〔註64〕 王安石：《臨川文集》收入《景印文淵閣四庫全書》，集部，第一千一百零五冊，卷三十二，頁11。

〔註65〕 《東塾讀書記》，頁207～208。

〔註66〕 《東塾集》收入《陳澧集》，第冊，卷三，頁120。

可以利民，不循其禮。」尸佼，著書，非先王之法，不循孔氏之術，
商鞅師之也。……澧案韓非云「申不害言術，公孫鞅爲法」。……故
曰，二子之於法術，皆未盡善也。〔註67〕

陳澧以爲上古先王之法，至商鞅爲之一變，以是商鞅循尸子之術對秦國有「移
風易俗」的改造，又比之於韓非論說能結合法術勢，則陳澧以爲商鞅的嚴峻
法治與革變先王之法是未盡善了。至於先王、後王法制問題，東周於禮崩樂
壞之際，學者便有所爭論，一般以爲能述先王之跡者是爲儒者之業，《莊子‧
齊物論》說「春秋經世，先王之志，聖人議而不辯」，《莊子‧天運》也說「六
經，先王之陳跡也」，因此先秦儒家所保守皆先王之術。不過儒家之外的諸子，
則未必以爲先王之術可以作爲當世治術，如墨學所標榜乃古聖人之業，然並
非完全採取古代典制，《莊子‧天下》云：「古之道術有在於是者，墨翟、禽
滑厘聞其風而悅之。……不與先王同，毀古之禮樂。」〔註68〕墨家推崇古聖
人之術，但也修改了其中禮樂的部份，轉以節葬、節用、非樂取代之，故其
術終「不與先王同」。而如商鞅等法家之眾則認爲先王之業未必合於動亂之
世，所以視禮樂涵養性情於亂世是爲無益，故如要因應世變有所作爲便不得
不推舉後王之法。儒家的荀子亦有「法後王」的論說，《荀子‧非相》言「欲
觀聖王之跡，則於其粲然者矣，後王是也」，楊倞注則解釋爲什麼荀子要「法
後王」，其曰：

夫禮法所興，以救當世之急，故隨時設教，不必獨拘於舊聞，而時
人以爲君必用堯舜之道，臣必行禹稷之術，然後可，斯惑矣。孔子
曰：「殷因於夏禮，所損益可知也」。故荀卿深陳以後王爲法而審其
所貴，君子焉。〔註69〕

楊倞以爲，禮法的設定都是需因應當世的變化，故商之於夏禮，周之於商禮
都有所損益變動，而荀子以後王爲法，也是基於「救當世之急」、「隨時設教」
思量，故荀學非但尊禮樂，也推崇後王應世改制的法度。從此說，則不論墨
家、法家或者荀子之法後王，其目的不外乎要能順應世變，先王的禮法固然
有益於治世，但未必能接濟亂世，而陳澧對於商鞅的批評，實不外乎尊經的

〔註67〕《東塾讀書記》，頁208。
〔註68〕《莊子集解》收入《新編諸子集成》，第三冊，頁464。
〔註69〕楊倞注、王先謙集解：《荀子集解》收入《新編諸子集成》，第二冊，卷三，
　　　　頁51。

觀點，蓋六經爲先王之跡是先王治世的經典，陳澧則以爲治國的法制仍不能
脫離六經而說，故其審視先秦諸子的經世致用思想，實帶有濃厚的通經或者
尊經的意趣在了。

　　再次，陳澧亦反對韓非的法術治國，以爲韓非之學過於偏頗，用之於治
亂實大有弊端。韓非之學可見於《韓非子》，此書自西漢以來便流傳不已，可
謂是先秦文獻中保存較爲完整的一部，《漢書・藝文志》載有《韓子》五十五
篇，《隋書・經籍志》、《舊唐書・經籍志》則載有二十卷，南宋陳振孫《直齋
書錄解題》言：「《韓非子》二十卷，韓諸公子韓非撰。漢志五十五篇，今同。
所謂〈孤憤〉、〈說難〉之屬皆在焉。」〔註70〕南宋書目所著錄的篇數與漢志
相同，而今本《韓非子》的篇數亦同此目，可知在先秦諸子書中《韓非子》
大抵沒有亡佚的問題。而陳澧大抵以爲韓非之學雖「出於老子」，但卻嚴重誤
解老子，以是其政治思想有所偏頗。縱然韓非能集先秦法術勢大成，擅長權
謀治國之論，但過於慘酷嚴刻，故陳澧在贊同儒家仁道治國的意趣下，進而
反對韓非結合黃老「清靜」與法家「嚴刑」的治術，其曰：

> 韓非之學，出於老子，而流爲慘刻者。其意以爲先用嚴刑，使天下
> 不敢犯，然後可以清靜而治也。漢初果以黃老致刑措矣，然秦以嚴
> 刑而亡，漢以清靜而治。嚴刑者，近受其禍。清靜者，遠受其福。
> 韓非未見及此也。彼欲於其一身，先用嚴刑，後享清靜。而不知已
> 殺其身，已亡其國也。……嚴刑不可恃矣，清靜亦何可恃乎。〔註71〕

陳澧認爲韓非之學本於老子，而以嚴刻刑法爲治，然其提倡先以威勢治天下，
再尋求「清靜」的舉措，係爲屠毒百姓的統治，但暴政必然適得其反，如秦
國便是「嚴刑而亡」。因此陳澧認爲這種「嚴刑→清靜」的治術，顯然是誤解
了老子之學，畢竟老子並非直接提議嚴刑治民，故陳澧又說：「老子云：『民
不畏死，奈何以死懼之？』惜乎韓非之未解此也。」〔註72〕刑法對於百姓有
威赫的功效，但一味提倡刑法使之過於繁密，則民眾在走投無路下必然無懼
刑法鋌而走險，此老子學說的本意，陳氏則以爲韓非之誤解老子之學莫大於
此。事實上，從史家的觀點來看，黃老之學與法家之術畢竟不同，太史公雖
然說韓非「歸本於黃老」、「原於道德之意」，但亦嘗論說秦漢之間法術與黃老

〔註70〕陳振孫：《直齋書錄解題》（臺北，臺灣商務印書館，1978年），中冊，頁284。
〔註71〕《東塾讀書記》，頁209。
〔註72〕《東塾讀書記》，頁209。

治國的迴異，如《史記・平準書》云：「漢興七十餘年之間，國家無事，非遇水旱之災，民則人給家足，都鄙廩庾皆滿。……人人自愛而重犯法，先行義而後絀恥辱焉。當是之時，網疏而民富。」〔註73〕漢興以來七十年，朝廷所採取是爲「清靜無爲」的黃老治術，大抵給於人民生養休息的契機，當時法網疏漏但治安卻蒸蒸日上，此是爲政者不擾民而民眾亦能自治，故文景之世是爲中國少有的治世，比之於秦政的刻薄少恩「廢先王之道，焚百家之言，以愚黔首。墮名城，殺豪傑」顯然是更勝一籌了。

　　不過，陳澧固然以爲韓非治術有誤解老子之嫌，但陳澧在儒學的觀照下，仍以爲韓非學說有可取處，以是陳澧認爲韓非源出於儒者之教，故有深厚的儒學涵養。陳澧說：

> 韓非云：「仁者，謂其中心欣然愛人也。義者，君臣上下之事，父子貴賤之差也。……義者，謂其宜也。」……韓非此說，本以解老子失德而後仁，失仁而後義，……而其解仁義禮三字之義，則純乎儒者之言。精邃無匹，是其天資絕高。……使其爲儒者，解孔子之言，必有可觀者也。〔註74〕

《老子》以爲仁義禮是爲「道德」虧損後而有之，韓非在其〈解老〉、〈喻老〉則認同仁義禮的對人倫的影響，此與道家「聖人不仁」的觀點是有異的，故陳澧以爲韓非對仁義禮的認知，是近切於儒者的識見。不過總結來說，陳澧仍是不滿老子、韓非之學，視老子鄙棄仁義爲無道，韓非之學出於老子亦有所偏頗，因此陳澧一再強調老、韓之術終不可用於治世，其《東塾讀書論學札記》亦曰：「老氏之學，流爲韓非，又流爲鬼谷，眞罪之魁也。」〔註75〕此可謂把秦政之失皆歸過於老、韓之學，係陳澧對於老子與法家的商、韓之說仍是不信任的，惟取其中二三策而已。

　　總的來說，陳澧對於商、韓等法家思想係貶多於褒，可說陳澧大抵是抱持儒學的觀點，漸次對法家思想進行批判。而陳澧所援取的法家思想即「法莫如一，而使民知之」、「人主使其民，信如日月，此無敵矣」等論，也都是在與儒學相呼應的情況下予以認同，劉仲華在《清代諸子學研究》說：「當然法家也有被肯定的地方：其一是法家可以正君臣之別，……其二是信賞必罰，

〔註73〕　司馬遷：《史記》收入《百納本二十五史》，第一冊，頁116。
〔註74〕　《東塾讀書記》，頁209～210。
〔註75〕　《東塾讀書論學札記》收入《陳澧集》，第二冊，頁398。

可以輔于禮制。……法家被肯定的地方往往是從儒家立場出發的，而法家這些長處也往往是在經世致用思潮興起時才備受重視。」〔註76〕故如乾嘉學者之治子，莫不是以裨益儒學爲出發點，而陳澧亦然。故可以說，陳澧對以法治亂、刑名治國的制度仍採取保留態度，以爲治國必先治人，治人則必先尋求心性的端正，《東塾讀書記‧論語》言「孝經論語，其文雖不多，而立身治國之道，盡在其中。」〔註77〕故運用刑法之峻還不如施行仁義之寬，此亦可證明陳澧最理想的治道仍在於儒術。

（三）以子學視野評議西方之事功與學術

陳澧之世正爲西人大舉侵華的時代，自1840年鴉片戰爭以來，陳澧身處廣東中西往來之要衝，亦三次因戰亂而逃難，如道光二十年第一次鴉片戰爭的第二年，其年譜載「五月抵家，時闔家卅口避亂僑區佛山沙坑村。」〔註78〕陳澧剛參加會試返家，便遭受到英人的進犯廣州，這種因兵亂而避禍的遭遇致使陳澧對經世致用有所感觸，其〈與黃理厓書〉云「盜賊半天下，又加以夷寇，若當此時而出，則宜有戡亂之才；且有其才，尤當有其權。」〔註79〕戡亂治天下必需有待治亂之才，固然陳澧除短暫任過河源縣訓導之外，終身不再仕進，然陳澧的學術經世莫不暢言取才取士的重要。而陳澧眼見英人、英法的侵略與其船堅礮利，其對當前夷狄的侵犯亦有所議論。

從史實來看，歐洲諸國自十五世紀地理大發現以來，便積極拓充海外疆土，並列之爲富國的政策，如葡萄牙、西班牙的經營非洲、南美，後來的英人經營北美皆然。西人對於這些新發現的土地或列之殖民地，或作爲交易買賣的腹地以賺取暴利，或榨取天然資源與勞力，更甚者乃視爲奴隸之國，以爲其帝國經營下的附庸國。而西人對中國的侵略則始於嚮往絲綢與瓷器，十四世紀馬可‧波羅（Marco Polo 1254～1324 A.D）在撰寫《馬可波羅遊記》之後，西人對於中國的富庶更感好奇，在東西航線開通之後，西人雖能順利前往東方，但礙於明清國力仍強大且採取鎖國政策，致使西人對於取得中國的資源不得其門而入，明末清初時期只能實施小規模的商業貿易或用以傳教士傳教方式與中國接觸。在文化上，這種東西方交流的方式，梁啓超認爲惟有

〔註76〕劉仲華：《清代諸子學研究》（北京，中國人民大學出版社，2004年），頁249。
〔註77〕《東塾讀書記》，頁2。
〔註78〕黃國聲編：《東塾先生年譜簡編》，收入《東塾集》，第六冊，頁365。
〔註79〕《東塾集》收入《陳澧集》，第一冊，頁165。

影響中國的曆算、天文之學，其曰：「明末清初那一點點科學萌芽，都是從耶蘇教會教士手中稗販進來，……他們知道中國人不喜歡極端迷信的宗教，所以專把中國人所最感缺乏的科學智識來做引線。」〔註80〕因此可以說，地理大發現至十九世紀鴉片戰爭之前，中西交流的成果只有少部份的科學知識，且還是皇族與士大夫所能觸及。不過，縱使中西交流有了斷層，但是西方的科學、文化思想卻有與日俱增的發展，歐洲在地理大發現時代，其內陸亦產生了文藝復興思潮，西方以恢復古典為趨向在文學、技藝各方面皆有所反思，並逐漸擺脫近千年來基督教的束縛；隨後的啟蒙運動，則使西人以理性方式更深刻的探討宗教、哲學、自然科學，甚至是政治、法律、經濟上的缺失，並尋求突破與改進。該時影響西方思潮的許多著作亦由此蘊釀，如亞當·史密斯的《國富論》、盧梭的《社會契約論》、孟德斯鳩的《法意》等，梁啟超竟以為十五世紀以降，是近代西方學問道德技藝之能創變的關鍵，其曰：「近代史與上世中世特異者不一端，而學術之革新其最著也。有新學術、然後有新道德、新技藝、新器物，有是數者，然後有新國、新世界。」〔註81〕這歷時數百年的思想、文化變革致使歐洲諸國為之一變，從保守、封閉的基督教世界，成為擁有橫跨歐亞美非大陸的海洋強權。西方在工業革命之後，以機器取代人力，工業力量大有突破，武器、器械、物資更進而大量出產，其仗持工業化的優惠，便得以藉由政治與經濟力量擴充其殖民地。

　　中國在鴉片戰爭之後，亦飽受列強侵犯的威脅，如梁啟超認為這種殖民手段是「民族帝國主義」的擴張，即「或以兵力，或以商務，或以工業，或以教會；而一用政策以指揮調護之是也。」〔註82〕列強這種運用政、經甚至以軍力威脅的手段，也使得割地賠款成為常態，其最大野心莫不在於瓜分中國，從而獨佔在中國的經濟利益。孫中山在其〈民族主義〉第二講便曾指出這種西人侵華的弊端，其曰「經濟力的壓迫，比較帝國主義，就是政治力的壓迫，還要利害。……像中國已經受過了列強幾十年經濟力的壓迫，大家至今還不大覺得痛癢，弄到中國各地都變成了列強的殖民地，全國人民至今還只知道是列強的半殖民地。」〔註83〕這是說政治力的壓迫顯而易見，民眾眼

〔註80〕《中國近三百年學術史》，頁 25～26。
〔註81〕梁啟超：《飲冰室全集》（臺北，文化圖書公司，1981 年），頁 141。
〔註82〕《飲冰室全集·論新民為今日中國第一急務》，頁 4。
〔註83〕孫文：《三民主義》（臺北，大中國圖書公司，1984 年），頁 15。

見不平等條約，仍有所議論批評，但列強以獨大的經濟力量控制整個東南甚至中國的產業、關稅，這種無形的壟斷則使得中國內部的財政空虛，此是為經濟民生的一大禍患。陳澧對於列強這種以經濟力「殖民」中國的行舉，亦有所貶斥，其藉《孔叢子》論說，曰：

> 「將以我無用之貨，取其有用之物。是故所以弱之之術也。如斯不已，則夷狄之用，將糜於衣食矣。殆可舉棰而軀之，豈徒弱之而已乎！」《孔叢》偽書，可取者少，獨此一段，讀之令人感憤不已。自明以來，外夷與中國交市，彼正以無用之物弱我也。古人弱夷狄之術，而今夷狄以弱中國，悲夫。〔註84〕

據《孔叢子》中孔子順與趙王的對話，其以為國與國的來往，經濟條件亦可能造成強弱的形勢，所謂「以我無用之貨，取其有用之物。是故所以弱之之術也」，器物之價值都有經濟上衡量的標準，此係錢幣物資流通之原則，因此如以我方多數且無用之物資，進而換取他方有用的物資，則長久往來之後，物資的多寡有所偏重富強、貧弱之趨勢便成形，《孔叢子》大抵鼓吹以華夏生產過剩的糧食衣布換取蠻夷的牛羊煤鐵等物資，終使之貧弱，而無有進犯之心。依此而論，陳澧也以為西方人的手段實不異於《孔叢子》之說，西方不斷輸入經由殖民地大量生產的器物，甚至鴉片等，以換取中國的銀元與本有的煤鐵礦產，然後加工之後又製成產品，再輸入中國，在往覆循環的剝削後，則中國經濟必然貧弱。

《孔叢子》大抵被列入子部儒家類，一般視為論述孔子之七世孫孔子順的思想與事蹟，但後人對是否真為孔子順所著仍有疑慮，如吳師道撰《戰國策注》便舉出《孔叢子》的紀事多有訛誤。錢穆的《先秦諸子繫年考辨》則較之《周季編略》以為有「五大不合」。〔註85〕不過，陳澧雖以為《孔叢子》是偽書一類，但該段論述經濟形勢強弱亦有所可取，故陳澧又云「自今以後，勿取其無用之貨，乃中國自彊之術也。不取其貨，則彼失其所利，是即弱夷狄之術也。後世當有讀孔子順之言，而得治夷狄之術者乎！」〔註86〕陳澧藉由《孔叢子》之言，而反思當前中國與西方的情勢，西方以經濟力壓迫中國的發展固然其手段也，但假使能改變財貨收支往來的條件「不取其貨，則彼

〔註84〕《東塾讀書記》，頁192。
〔註85〕錢穆：《先秦諸子繫年》（河北，河北教育出版社，2002年），頁523～524。
〔註86〕《東塾讀書記》，頁192～193。

失其所利」，反以無用之貨換取其有用之利，則中國與西方經濟的強弱或有可能扭轉。以此而論，如能以中國廣大便宜的勞力、土地進而換取西方寶貴的技術、資金、人材，則中國之經濟強大實指日可待，此蓋十九世紀學者論述經世致用之箴言也。

再次，陳澧又以為當時西方的部份學說，實古人已有之，如西方宗教的博愛或似《墨子》的兼愛，甚至西人製造器械的原理，是依據中國古學所開發，陳氏據《墨》學與〈經上〉、〈經下〉、〈經說上〉、〈經說下〉等篇，從以斷定。陳澧說：

> 〈天志中〉篇云：「且吾所以知天之愛民之厚者有矣。」曰「磨為日
> 月星辰，以昭道之制，為四時春秋冬夏，以紀綱之。……天下之君
> 子與謂之不仁不祥，今夫天兼天下而愛之，橄遂萬物以利之。」……
> 特夫，以為此即西人天主之說，澧謂西人事事，似墨氏之學，維墨
> 氏非攻，彼則好攻，不同耳。〔註87〕

陳澧援用鄒伯奇的觀點，認為西方天主教的「博愛」論說與《墨子》所闡述的「兼愛」實為近切，以是兼愛是一種愛天下利天下的行舉。古代聖人「兼愛天下之博大也。譬之日月，兼照天下之無有私也。」〔註88〕故兼愛是為天下人設想，愛之利之，謂之博愛亦無不可，而墨子的兼愛實由其「天志」所導出，以是「天」的根本在於能愛人利人，故「順天意者，兼相愛，交相利必得賞」，墨子莫不鼓吹這種「以義尚同於天」的思唯。梁啓超也說「墨子的天志，與基督教很像。……墨子提倡苦行，和基督教及印度教各派之教相同。」〔註89〕以是西方基督教亦言的「博愛」，如利瑪竇在其《天主實義》言「獨至仁之君子，能施遠愛，包覆天下萬國而不所不及焉。君子豈不知我一體彼一體，此吾家吾國，彼異家異國，然以為皆天主上帝生養之民物，即分當兼切愛恤之。」〔註90〕《天主實義》為利瑪竇於明代末期所著，其中多有論述其的宗教、哲學思想，其認為「至仁」應是不分彼此，既然人人皆是「天主上帝生養之民物」故能不分其親疏，此與墨子天志下的「兼愛」觀點實有同理之妙也。而基督教這種天主創生說，也表明天地萬物種種皆是俱人格的天神

〔註87〕　《東塾讀書記》，頁204。
〔註88〕　《墨子閒詁》收入《新編諸子集成》，第六冊，卷四，頁76。
〔註89〕　《墨子學案》，頁49。
〔註90〕　利瑪竇：《天主實義》收入《續修四庫全書》（上海，上海古籍出版社，1995
年），子部，第一千二百九十六冊，上卷，頁512。

所生變，故陳澧又舉出《關尹子》與西人的教義相似處，故又說：「《關尹子·二柱篇》云『天非自天，有為天者。地非自地，有為地者。譬如屋宇舟車待人而成，彼不自成。』此亦與天主之說無異。」〔註 91〕此指出天地萬物都並非自然生成，而是有一超乎自然的意識存在，其以基督教的神格天比較之，故陳澧以為《關尹子》的觀點與基督教的天神造物說是可以契合的。

陳澧又推崇鄒伯奇的說法，以為近代西方部份器械的開發，可溯源於先秦古學，如其舉《墨子·經下》對「窪鏡」、「突鏡」的論述，認為西學的工藝並非是獨創，曰：

> 特夫又云：「〈經下〉所云，臨鑒而立，景到，謂窪鏡也。」澧案〈經說下〉云：「足敝下光，故成景於上，首敝上光，故成景於下，此解窪鏡照人影倒之故也。」又云：「鑒者近中，則所鑒大，景亦大。遠中，則所鑒小，景亦小，此則突鏡也。」今西洋人製鏡之巧，不過窪突二法，而墨子已知之。惜其文多脫誤難解爾。〔註 92〕

「窪鏡」與「突鏡」係指今日光學中凹透鏡、凸透鏡，此兩種透鏡因為俱有散、聚光線的功能，一般被製成近視眼鏡與放大鏡、顯微鏡等，《墨子》的〈經下〉、〈經說下〉已有提及這些器械的特性。陳澧此藉《墨》學之說，以為西學所提及的透鏡應是源於中學，故有「西洋人製鏡之巧，……墨子已知之」的論述。不過，在沒有進一步證據的情況下，亦不能論證西人之器物真否源於中國古學。事實上，晚清的學者多有視西學源於中國為當然，甚至成為一種通說，如《晚清傳統與西化的爭論》言：「屠仁守以為西洋的天算地輿之學，都是中國所固有。……六藝中的數，正是西洋的數學；宋儒所講的格致，正是西洋的格致之學。」〔註 93〕此種「西學中源說」或以為中學啟迪西學，或以為西洋器物的原型都源自中國，晚清的學術界大抵有此種共識，甚至連俞樾、王韜、鄭觀應等儒都認為中國古學是為西方學術發展的根本。然而，還是有學者以為應就事而論，如梁啟超雖說《墨學》與西方發明「往往相印，旁及數學、形學、光學、力學，亦間啟其局秘。」〔註 94〕也就是《墨學》或

〔註91〕《東塾讀書記》，頁 204。

〔註92〕《東塾讀書記》，頁 203。

〔註93〕孫廣德：《晚清傳統與西化的爭論》（臺北，臺灣商務印書館，1982 年），頁 99。

〔註94〕梁啟超：《墨經校釋》收入《無求備齋墨子集成》（臺北，成文出版社，1975 年），第十九冊，頁 1。

可能啓迪西學，或爲西人發明的前鑒，但梁氏也說「舉凡西人今日所有之學而強飾之，以爲吾古人所嘗有，此重誣古人，而獎勵國民之自欺者也」，梁氏反對全然把西學視爲中學所出，以爲過份的緣飾西學中源，不異是對學術的「牽合附會」，亦是強烈民族自尊心所使然。〔註95〕且如單以工藝技術而論，中西發展的時空背景皆不相同，蓋先秦《墨》學唯有理論而無實質的器物流傳，西方工藝的發展則爲十八世以降的史實，大致上有其具體的器械可見，且其精密度也並非二千年前的工藝可以比擬。總而言之，陳澧這種以子學對西學的觀照雖有其特殊的學術意趣與時代意義，對於晚清致用之學與西學的會通亦有貢獻，但如以客觀的證據而論仍有待更進一步的考查了。

四、小結

　　總的而論，陳澧所言的致用思想，實較著重在學術經世、改革教育、社會風氣的層次，故陳氏未必專由經濟、政治論說，而是多干涉於學制、取士、名教的評論，或以爲改革社會需由先矯正心性，此與其學問經世的觀點實有關係。大陸學者謝寒楓認爲陳澧受到清初顧亭林的影響，故抱持學問濟世的宗旨，謝寒楓說：「陳澧仿《日知錄》體例作《東塾讀書記》。……陳澧解《書》、《詩》、《春秋》諸經也同樣遵循顧炎武兼融漢宋、考據爲工具、義理爲根本的治經宗旨。……顧炎武博極群書，研精經史，但他治學的歸宿在於明道救世。顧炎武說：『君子之爲學，以明道也，以救世也。』」〔註96〕亭林早期投身軍旅反清救國，但在南明覆亡、清廷政權穩固之後，則歸隱山林，梁啓超謂其學有「貴創」、「博證」、「致用」的特色，專言通經致用，也就是「其標『實用主義』以爲鵠，務使學問與社會之關係增加密度」。〔註97〕不過，陳澧的學問經世較專注「學問」面向，故其對學術研究的著力仍多於對社會層面的干涉，如其自言：「今歐羅巴人來講耶穌之說，爲善去惡，亦以今時利欲極熾，不復知有善惡。凡夷狄之學得入中國，皆因中國不講學故。若人人講學，彼豈得入哉。」〔註98〕晚清有西學東漸的趨勢，然陳澧則專由教育層面闡述，

〔註95〕《墨學微》收入《無求備齋墨子集成》，第十八冊，頁 55。
〔註96〕謝寒楓：〈陳澧經學觀的形成〉收入《湖南大學學報》第二十二卷第二期（湖南，湖南大學，2008 年 3 月），頁 31。
〔註97〕《清代學術概論》，頁 16。
〔註98〕《東塾讀書論學札記》，頁 357。

以爲應該反思西學對本土教育造成的衝擊，故其提倡應普遍「講學」，以提高人民教育的普及，此係陳澧學問經世的關懷與視野。

再次，若專以陳氏的諸子學論說，其致用思想又可歸結爲四個特色。一者，陳澧所言的諸子治亂亦有經學的影響，如其批判先秦諸子的功利思想，或贊同諸子學之可取處皆然，此係其通經致用與治子通經之理解。

第二，陳澧在過份尊經的意識下，實造成其對子學理解上的偏頗，如其忽略了商、韓的刑法治亂與移風易俗之時代背景，畢竟東周是爲禮崩樂壞的亂世，諸子眼見諸侯的連年互攻，故有「救當世之急」、「隨時設教」的設想，如商、韓運用嚴刑法術，荀子的「法後王」、「以禮設教」皆有其特殊的觀察，而陳澧全然以儒學層面評判，或不能進一步審視先秦子學的全豹。

第三，陳澧之治子與治經態度相近，其論述學問與社會的關係實學問面向爲多，故其研治諸子雖頗言「治亂」，然大抵是針對先秦治術與先秦社會的批判，而少有對當代社會現實事物的闡述，故謂陳澧的諸子學是其經學研究的延伸，此亦可證明之。

第四，陳澧對西學的援引，大致採取保守的態度，此亦體現在其子學、西學會通的論述之上。如其從《墨子》反駁西方科學的原創性，又循《孔叢子》之說進以對西方殖民與事功的反對。故可知，陳氏對當代的中西會通並不全然接受，而是稟持批評的態度，留意西學對當代社會、舊有學術、教育的衝擊與影響。

第二節　梁啓超《墨學微》所寄寓的「致用」觀照

清代墨學之興始於清初，傅山所撰〈墨子大取篇釋〉，與馬驌論墨家源流的〈墨子與墨者〉可作爲濫觴。但清儒對《墨子》全篇的詮解，直至乾嘉時期才有所發展，是時考據學發達，以子證經、經子互訓的理念在經學研究中逐漸被重視，如畢沅的《墨子注》、王念孫《讀書雜志》、汪中《墨子表微》、〈墨子序〉、〈墨子後序〉皆以訓詁治墨子學，風氣所及，則開啓張惠言《墨子經說解》、俞樾《墨子平議》、王闓運《墨子注》、孫詒讓《墨子閒詁》、陳澧《東塾讀書記》等篇對《墨子》的投入。自古墨學難讀、訓釋難明、隱意難懂且文字艱澀之問題便由清儒的推敲逐漸明朗，故清代的墨學研究對於整個墨學史是有特殊意義的。晚清時，《墨子》研究亦持續發展，受到西學與經

世致用學風的影響，除傳統「考據」法的運用外，亦能融入經世致用、西學等新方法，此即梁啓超、章太炎、胡適諸學者對墨學的觀照。

梁啓超對墨學本有高度評價，嘗自言：「好《墨子》，誦說其『兼愛』『非攻』諸論」，〔註99〕其《墨學微》著於清末時期，留意墨學的議題，並爲其中之宗教、哲學、科學、社會學作發隱，又能聯繫西方的知識論、倫理學、邏輯學、經濟學等，以爲墨學寄喻之識見可爲當代學術所擷取。本文則認爲梁氏之墨學係採取《淮南子·要略篇》諸子起於「救世之弊」的觀點，並進一步通過「致用」的析釋而探索《墨子》。所謂「致用」則干涉於社會學、政治學相關的課題，此與之後胡適所言「墨子的根本觀念，在於人生行爲上的應用」，亦不謀而合。〔註100〕汪榮祖說：「晚清變法人士即承襲經世之傳統，又值西方實用之學的東來，兩者相配合，……晚清變法家之響應西方之工商與科技，可見之於彼輩對傳統經典之新解釋。」〔註101〕清末民初之學風受經世致用、西學東來之影響尤深，學者對舊經典的詮釋旋以注入新意。故本文以「致用」意識探析梁氏的《墨學微》，論述《墨學微》之「宗教」、「實利」、「兼愛」、「政治」等核心議題，再由此觀察梁氏抱持經世致用思想以觀照墨學之內涵。

由內容論，梁氏對《墨學微》的整理係由墨子的四大理念爲主幹，其首先由宗教哲學入手，以爲「墨子常以天爲其學說最高之標準者」，〔註102〕並認同「不知天，無以學墨子」的天人學說。而梁氏又結合墨子的「實利」說與「天志」，其以社會利益爲設準，論述墨子「愛人利人」的「致用」觀，再進一步探詮釋墨學「尊天」、「事鬼」的合理化觀點；其次，梁氏更一步擴充墨子的「實利主義」，以爲墨子之「利」是乃「社會全體之利」，此種以公「利」爲手段，則反映了「節用」、「節葬」、「非樂」的精神，以至於能維護民生生計，捨去非利益的物質欲望，並充實屬於群治的社會管理；再次，梁氏以爲墨子「兼愛」是爲立教的根本，「兼愛」的施行即可消弭「戰爭」、「篡奪」、「乖忤」、「盜竊」、「詐欺」等悖亂，而達到社會的和諧與進步，故又是其「致用」論的發揮。總而言之，梁氏以爲上述「致用」三論之建構，實在於政治制度

〔註99〕梁啓超：《清代學術概論》（臺北，里仁書局，2002 年），頁 72。

〔註100〕胡適：《中國哲學史大綱》（臺北，臺灣商務印書館，2008 年），頁 177。

〔註101〕汪榮祖：《晚清變法思想論叢》（臺北，聯經出版社，1983 年），頁 12。

〔註102〕梁啓超：《墨學微》收入《無求備齋墨子集成》（臺北，成文出版社，1975 年），第十八冊，頁 4。

的圓滿與完備，猶如梁氏所自言「談到經世，不能不論到時政」，〔註103〕故梁氏言「致用」大抵欲歸結於「墨子之政術」，從而樹立當代國家「權威」，並落實一理想「大同世界」，即能貫串墨學「實利」、「兼愛」的富足社會。

近代言「經世致用」者，可始於明代中葉，而清初以降「經世」之談尤盛，如顧亭林著《天下郡國利病書》之著重即在于通經致用，《日知錄》言「聖人之道，所謂備物以致用，守器以為智者，……《春秋》之於寶玉、大弓，竊之書，得之書，知此者可以得聖人之意矣。」〔註104〕「物」的功能乃在於使用、利用，故其功能大矣。亭林則以為，若可由《春秋》對「物」之褒貶、所寄喻的微言大義探尋，亦可會通聖人之意，故係由「致用」的觀點論述「器」、「物」的作用；而顏元的「習」、「行」學說亦致力於務實，舉凡教育、工、農、兵之事都在顏元關切的課題上，其說：「聖人學教治，皆一致也。」〔註105〕說明古聖人非但教學相長，君主的治國亦取材于教學，因此政、學的關係便緊密無隙，顏元此「學」實符合其學以致用的課題。晚清時期，動盪的社會局勢則促使事功成為顯著的議題，清初以來的「經世致用」亦影響梁氏學術，如其所言「鴉片戰爭以後，志士扼腕切齒，引為大辱奇戚，思所以自湔拔；經世致用觀念之復活，炎炎不可抑。」〔註106〕故當時學者之復興子學、整理佛學、研究西學皆可從此社會改革的「致用」思維著手，如魏源的「師夷之長技以制夷」，推崇西方的經濟、工藝、國防，又李鴻章、張之洞則致力於洋務運動，醞釀新式學堂的成立，發展新式工業等；而康有為以《公羊》學理論所命題的《孔子改制考》、《大同書》，譚嗣同由儒佛會通所撰作的《仁學》，莫不欲由此「致用」觀點而聯繫當代學術。

至於墨學亦存在濃厚的社會學成份，此亦晚清墨學之受注目的原因，徐燕希《墨學研究》以為「墨子與平民接觸廣泛，他積極參加社會生產實踐，……墨子的『賴其力者生，不賴其力者不生。』『強力從事』、『非樂』、『節用』等思想的形成無不與此相關。」〔註107〕此「非樂」、「節用」命題無不有改善平

〔註103〕梁啟超：《中國近三百年學術史》（臺北，里仁書局，2002年），頁23。

〔註104〕顧炎武：《日知錄》（臺北，臺灣中華書局，1984年），第四冊，卷二十二，頁37。

〔註105〕顏元：《存學篇·總論諸儒講學》（臺北市：新文豐出版社，1985年），收入《新編叢書集成》，第六百七十四冊，頁433。

〔註106〕梁啟超：《清代學術概論》，頁62。

〔註107〕徐燕希：《墨學研究》（北京，商務印書館，2001年），頁37。

民經濟的用意在，因此墨學既與廣泛的社會生活關係密切，則「致用」的意識必屬濃厚。蓋梁氏《墨學微》所投射的「宗教」、「實利」、「兼愛」、「政治」思維實在於張皇墨學，而期爲當代社會所參酌，故本文乃緣此而發，經由「致用」觀點論述梁氏墨學思想，進以發凡梁氏墨學之意義，如下。

一、梁啓超墨學研究述略

　　梁啓超在《中國近三百年學術史》以佛說「滅」的作用論晚清思想，以爲晚清是清學的「蛻分期」與「衰落期」。而諸子學大抵承接考據研究的方法，緣時代之變革異軍突起，故可謂是清代學風轉變下的產物，梁氏言其與晚清學術的關係：「有爲、啓超皆抱啓蒙期『致用』的觀念，借經術以文飾其政論，頗失『爲經學而治經學』之本意，故其業不昌；而轉成爲歐西思想輸入之引導。」〔註108〕梁氏本習「正統派」之經學，後爲因應社會變動與改革的現實，乃藉「致用」的觀點治學，而西學、佛學、諸子學適爲梁氏之「致用」思維提供一學術線索。

　　晚清民初的諸子學研究，梁氏爲中堅人物，所著相關子學著作如《論中國學術思想變遷之大勢》、《墨學微》、《墨子學案》、《墨經校釋》、《中國近三百年學術史》等，對於近代墨學研究甚有影響。〔註109〕張永義嘗劃分梁氏墨學著作的年代：

> 一九零四年，梁啓超在《新民叢報》上連載《子墨子學說》和《墨子之論理學》，後合爲《墨學微》出版。這是我國第一部系統地研究墨子思想的著作，它標誌著近代墨學研究進入一個新階段。其後，梁氏在同一課題上繼續鑽研，並於二十年代初先後出版了《墨子學案》、《墨經校釋》兩書。〔註110〕

〔註108〕梁啓超：《清代學術概論》，頁11。

〔註109〕案梁啓超《墨學微》與《墨子學案》的創作應爲不同年代，《墨學微》（《子墨子學說》、《墨子之論理學》）發表於1904年的《新民叢報》時期，故爲晚清之作；而《墨子學案》則出版於1921年左右，可視爲民國初期之作，故二書的思想或有前後期的不同，在論述上亦有同有異。前作係以「天志」爲論說核心，而後作更重視「兼愛」的環節。梁氏則坦承「與少作全異其內容矣」，然平心而論，二書的思想仍有一定的繼承關係。本文以《墨學微》爲論述中心，對於《墨子學案》則採取相關且識見相同的議題加以旁證，大抵《墨子學案》的部份論說仍可視爲《墨學微》的延伸。

〔註110〕張永義：《墨子與中國文化》（貴州，貴州人民出版社，2001年），頁358。

從 1911 年滿清的覆滅爲過渡，則梁氏的墨學著作實橫跨兩世，前者《墨學微》出版於清末，是在《子墨子學說》與《墨子之倫理學》基礎上彙編而成，以探索墨學的社會、倫理課題爲主，並對墨子的「宗教思想」、「實利主義」、「兼愛主義」與墨學的傳衍問題進行了深厚的挖掘；後者《墨子學案》出版於民初時期，可視爲《墨學微》之續作，內容針對墨子的「新社會組織」與社會實踐作了分析，重視墨學的兼愛論，並初步對墨經作詮解。而民國九年所出版之《墨經校釋》則利用現代邏輯與科學方法，專門詮釋《墨子》的「經說」四篇（〈經上〉、〈經下〉、〈經說上〉、〈經說下〉），對墨學與西方科學、幾何學、邏輯學作了會通的工作，梁氏以爲：「在吾國古籍中，欲求與今世科學精神相懸契者，〈墨經〉而已矣。……每標一義訓，其觀念皆穎異而刻入；與兩千年來俗儒之理解迥殊別，而與今世西方學者所發明，往往相印。旁及數學、形學、光學、力學，亦間啓其迥祕焉。」〔註 111〕此以爲中國古代之科學能與西方並驅者，非屬墨學之墨經，故梁氏乃視爲可與西學相互發明之書。故《墨子》雖未必爲西學之源，然梁氏大抵認同墨學與西方科學有學理上的共識，此也是晚清「中體西用」思維之延續。

進入民國後，梁啓超與胡適對墨學的一連串考證、申辨，也造成當代的墨學熱潮，如章太炎、章行嚴、胡適嘗對墨經訓解的論戰，指出諸子與經傳訓解的差異。而胡適對梁氏之論則有褒有貶，如評其訓詁之公例不能如實反映古代文字的眞像，以及對舊本懷疑太過以至於改動文字過多之嫌，但胡適仍以爲梁氏的《墨子》校釋是「新穎的」，並能引發墨學研究的「新興趣」。〔註 112〕總的而論，梁啓超對於墨學研究多有啓發與創新，在文獻上梁氏繼承乾嘉學術的方法，以訓詁、考辨研究墨經，此實加深了《墨子》研究的縝密，對於墨學的發展是有意義的，梁氏自言「其於畢、張、孫諸君子之說持異同者蓋過半」，〔註 113〕也說明梁氏的論證嶄新，能打破前儒說法，非一味拘束墨守。再次，梁氏積極會通西學中關於科學、經濟學、社會學的議題，也造成墨學研究上的新穎，並讓《墨子》研究與當代思潮得以接軌；而梁氏以爲《墨子》根本爲一「救世」、「救敝」之書，因此《墨子》思想頗可爲當代社會所借鑑，

〔註111〕梁啓超：《墨經校釋》收入《無求備齋墨子集成》（臺北，成文出版社，1975年），第十九冊，頁 1。

〔註112〕《墨經校釋》收入《無求備齋墨子集成》，第十九冊，頁 231～232。

〔註113〕《墨經校釋》收入《無求備齋墨子集成》，第十九冊，頁 3。

此亦晚清以來「致用」思維的發明，故梁氏於墨學之致力與闡述，對於清末民初的諸子學是有特殊價值的。

二、論晚清西學緣起思想之沿革與反對之觀點

「中體西用」爲晚清思想的一大議題，影響所及並不僅限於學術之範疇，而是能廣泛深入社會、政治、經濟的等層面，故自鴉片戰爭以來，中國所發起的自強運動、變法維新、革命運動等，莫不因西學的觀點而有所創新。然而，部份學者因秉持國家尊嚴或出於愛國的情懷，則一味否認西學對中學的影響，並堅持「西學中源」的說法，以爲近代西學應當出於中學的薰陶，西學之發達實源於中國古學的啓發。梁啓超則由墨學研究爲例，認爲中西二學縱然有部份相似度，然實際上各有源流，故不宜相互混淆。不過，梁氏仍贊同中學可由西學爲觀照，二學在密切的會通下，必能開出新視野而加深學術研究之廣度與深度。

清末民初，論「中體西用」者眾，然倡導「西學中源」亦有不小的聲浪，如王韜翻譯《西國天學源流》，把中國視爲天文學的起源國，其〈原學〉一文，更以爲中國乃「天下之宗邦」，西方的「禮樂制度，天算器藝」無不是由中國所發起，但如依照王氏的說法，則西方一切社會、自然科學知識皆是有賴中學的外傳了。〔註114〕再以自然科學爲例，欲強加附會墨學者亦不在少數。朱一新就把墨學歸爲西學發展之本，以爲「西人重學、化學、電學、光學之類，近人以爲皆出於墨子。……西人亦自言化學之法本於煉丹術士。」〔註115〕此視近代化學方法爲古代術士煉丹的餘韻，二者雖非無因果相待的可能，但先秦《墨子》到底如何影響近代的物理、化學，且交流的詳細爲何，則需進一步的證實。黃遵憲在《日本國志》則說西學「機器之精，攻守之能，則墨子〈備攻〉、〈備突〉削鳶能飛之緒餘也；而格致之學，無不引其端於墨子經上下篇。」〔註116〕如從黃氏此說，則西方的工藝、科技實源起於《墨子》的製器之法，而西方的邏輯學亦是經由〈墨經〉所啓發了。劉仲華《清代諸子學研究》曾列舉出晚清學者的「西學中源」論，言：

> 鄒伯奇在《學計一得》中論說了〈墨經〉中諸多科技知識後得出結

〔註114〕王韜：《弢園文集新編》（北京，三聯書局，1998年），頁3。
〔註115〕朱一新：《無邪堂答問》（臺北，世界書局，1963年），頁48。
〔註116〕黃遵憲：《日本國志》（臺北，文海出版社，1968年），頁50。

論：「西學源出墨學可從。」張自牧在《瀛海論》中論說墨家科技成就後說：「泰西智士從而推衍其緒，其精理名言，奇技淫巧，本不能出中國載篇之外。」……經學大師俞樾在爲《墨子閒詁》所作序言中說：「近世西學中光學、重學或言皆出于《墨子》。」……王闓運也說：「吾友曹郎中耀湘、殷運用家雋並言《經》、《說》中有光、重諸學，爲西洋所本。」〔註117〕

蓋鄒伯奇、張自牧皆從科學的角度審度「西學中源」，鄒伯奇以爲「西學源出墨學可從」，張自牧更不諱言「墨子爲西學鼻祖」；而王闓運則推舉曹、殷二氏的說法，以爲墨經的確爲西洋所本；俞樾說法雖趨保守，只以「或言皆出于墨子」，在肯定之中或有推測的意味，然俞氏對於「西學中源」大抵是贊同的。

梁啓超則持反對的意見，以爲應可從「致用」觀點反映「西學緣起」說法的虛實，其認知有二，一是不可強視墨學爲西學之源，二是以爲墨學仍可由「致用」觀點比附西學，進而開創一學術之契機。梁氏在〈墨子之論理學〉言：

> 舉凡西人今日所有之學，而強緣飾之，以爲吾古人所嘗有，此重誣古人，而獎屬國民之自欺者也。雖然，苟誠爲古人所見及者，從而發明之淬屬之，此又後起國民之責任也。且亦增長國民愛國心之一法門也。夫人性恆愛其所親，而重其所經歷，故使其學誠爲吾古人所引端而未竟者。〔註118〕

梁氏認爲古人之學並不在西學之下，故所謂「西學中源」是在「強緣飾之」的用意下所牽合，但這不只是重誣古人之學，亦是學術上的自欺。故追尋「西學中源」的原因，大抵爲國民的「愛國心」、「愛其所親」使然，因此便把西學之發達視爲「古人所引端而未竟者」，從而古代中學的精粹便成爲西學的根源。而梁氏或許以墨子爲「東方之倍根」、「全世界論理學一大祖師」，又說西學「苟誠爲古人所見及者」，但究竟不敢斷定墨學即是西方科學始祖，以是抱持發明墨學「但勉求忠實，不誣古人，不自欺」的堅持，而非一味附會墨學與西學的關係。晚清學者亦有反對「中學西源」的說法，如徐仁鑄〈輶軒新語〉言：「近人有牽合比附，謂西人之學悉出中土者，亦涉自大之息，致爲無

〔註117〕劉仲華：《清代諸子學研究》（北京，中國人民大學出版社，2004年），頁318。
〔註118〕梁啓超：《墨學微》收入《無求備齋墨子集成》，第十八冊，頁55。

謂。西人藝學原本希臘，政學原出羅馬。」〔註119〕西人的哲學本出希臘，而政治可溯源於羅馬，此亦是西方學術之共識，故徐氏以爲「西學中源」說法，實是國人所附會了，因此把西學歸爲墨學所衍仍是有待斟酌的。〔註120〕

　　不過，梁氏雖不全盤贊成「西學中源」，但對於墨學與西學的會通則抱持認同的態度，以爲墨學如經由西學而闡釋，實能開創一學術契機。梁氏嘗以「致用」的議題入手，舉出墨子的「利」與近代所謂「生計」、「經濟」有近切之處，曰：「西語之 Economy，此譯『計』或『生計』，日本譯作『經濟』，在今日蔚然成一獨立學科矣。……可見生計學之概念，實以節用思想爲濫觴也。」〔註121〕「經濟」所言即眾人的生計，故與墨子操持的「去無用之費，天下之大利」、「用財不費，民德不勞」方向一致，蓋西方的「生計」學與墨子的「利民」皆能在一「用」上談可知。梁氏又曰：

> 我曾說過，墨子是個小基督。從別的方面來說，墨子又是個大馬克思。馬克思的共產主義，是在「唯物觀」的基礎上建設出來。墨子的「唯物觀」，比馬克思還要極端。他講的有用無用有利無利，專拿

〔註119〕徐仁鑄等：《湘學新報》（臺北，華文書局，1966 年），頁 1946。
〔註120〕而西人反對墨學與西學之淵源者，如英人李約瑟（Joseph. Needham 1900～1995 A.D）。其《中國古代科學思想史》以爲：「在科學史上則無以爲其有何值得特別興奮的。只在吾人研究墨經或經說時，始知後期墨家奮力于實驗科學所可依據之思想體系之建立。」此說是以世界科學的發展來審度墨學，雖《墨子》中已有許多初步科學理論的探索，但其深度是否能進一步影響世界科學史則難以推斷。固然李約瑟對於中國文化與科學甚有諸多誤解處，然比較於墨學與西方文化起源的希臘哲學，則二者的差異是顯而易見的。故李約瑟又評論《墨子》與亞里斯多德（Aristoteles 384～322 B.C）的名理學，曰：「胡適《中國歷史上的宗教與哲學》，95 頁，提示墨家所謂法之意義，幾與亞里士多德物體（matter）對峙之「法式」（form）或法象相同。……對於墨家之法，應否與亞里士多德之法式相比，甚感懷疑。認爲後者具有十分精密與甚爲重要之生物學上的涵義。」李約瑟以爲，墨學的邏輯觀與古希臘思維的差異是存在的，光以「三表法」而論，便不與亞里斯多德的「法式」有所交集，蓋亞氏「法式」的精密與涵意皆另有特殊意義，故如胡適的混而爲一是頗可懷疑的。李約瑟闡發此論並非無理據，其曾以中西方的思考模式比較兩者思想方法之差異，曰：「中國人之關聯式思考或聯想式思考的概念結構，與歐洲因果式或法則式的思考方式，在本質上根本就不同。」既然二者思考方式非有共識，則所派生的思想內容勢必有涇渭的隔閡，故如認同「西學中學」而強以牽縎中西方學術的根源爲一致，實忽略中西人種思想本質上的差異。見李約瑟著、陳立夫等譯：《中國古代科學思想史》（江西，江西人民出版社，2000 年），頁 195；200；359。
〔註121〕《墨學微》，頁 19。

　　眼前現實生活做標準，拿人類生存必要之最低限度做標準。〔註122〕
此種比附固然未盡周延，但墨家的「有用無用」、「有利無利」論實爲現實生
活所關切的課題，故如善用西學比附中學，則有助於引發此古學研究之熱忱，
梁氏又說：「今表而出之，則爲子孫者若有手澤之思，而研究之之心因以驟熾。
近世泰西之文明，導源於古學復興時代，循此例也。故今者以歐西新理比附
中國舊學，其非無用之業也明矣。」〔註123〕既非「無用之業」，則承認以西學
比附墨學之有用明矣，故由墨、西二學所闡發的「致用」論來說，對於晚清
的經世致用思想是有一定的助益的。

　　總之，梁氏雖以爲「西學中源」說係「愛國之言」，但西學的輔助則能使
墨學在「名理」學、「經濟」學、甚至科學的闡述上更爲精當、周延，故梁氏
列墨子爲「諸子中持論理學最堅而用之最密者」，其以近代哲學的思路對墨學
中的理則、邏輯、方法作進一步思辨，便不得不歸功于西學會通之學術意義。

三、梁啓超《墨學微》的「致用」意識探析

　　梁啓超于《論中國學術思想變遷之大勢》文稿中，即歸納先秦諸子與希
臘學派比較之結果，在「生計」一門便以爲先秦諸子實優於古希臘思想，曰：
「蓋全地球生計學，發達之早，未有吾中國若者也。」〔註124〕直言古希臘雖
能重兵事、文學、哲學，但對於經濟理論之闡發仍不如中國孟、墨、荀、李
悝、商鞅之彬彬大盛，其中「墨翟務本節用之訓」，所強調即是墨學對社會生
計之投入，或可說此即墨子「致用」思維的呈現。而梁氏所謂墨子的「本」
係指農事言，然亦言「社稷者，切於農事者也」，〔註125〕故其「本」雖在農事
但實不離鬼神「天志」的矩矱，以是墨學敬天事鬼而能得其「本」；另胡適也
說墨子「凡事都應該以『天志』爲標準」，〔註126〕因此墨子「致用」的根本便
在於「天志」的貫徹。而從「天志」爲始，墨子的目地實在於「利」與「兼
愛」的實現，最後成就其理想的政治抱負，即以「天志」爲尊，民眾得利的
政治制度，故說「天志→兼相愛→交相利」脈絡的實踐，「天志」是爲墨學「致

〔註122〕梁啓超：《墨子學案》（臺北，新文豐出版社，1975 年），頁 43。
〔註123〕《墨學微》，頁 55。
〔註124〕梁啓超：《論中國學術思想變遷之大勢》（上海，上海古籍出版社，2001 年），
　　　　頁 43。
〔註125〕《論中國學術思想變遷之大勢》，頁 43。
〔註126〕《中國哲學史大綱》，頁 157。

用」之根本亦無不可。又如〈尚同〉所言「舉天下之萬民以法天子」，雖墨子強調天子、仁人的權威性，故有「尚同」、「尚賢」之說，但天子、仁人的地位之能成立，則決定於該人對「民」利益的付出與「民」眾對該人的認同，所以在墨子的思維中「尚同」、「尚賢」與民的關係並非是絕對的，能使天下皆得「利」且實現「兼愛」的統治者才足以成就聖王事業。

梁氏曾在〈民約論〉一文引西人姚伯蘭基的觀點說「邦國者，本由天與民與君主相共結契約而起者也」，此把國家、社會的成立總歸於民眾與君王之契約，而民眾的精神則來自「天賦人權」。故在此「天志」庇佑下，民眾與君王所追尋「自由之義」與「以眾力而擁護各人之性命財產」的公益，才是為此「民約」得以永久持續的價值。〔註127〕

總之，回溯墨子「天志」與「遵道利民」的原則，則「天志→兼相愛→交相利」的命題于墨學固然有不可動搖的重要性，故從梁氏《墨學微》以「致用」為指向的觀點來考察，大抵是可進一步釐清晚清墨學研究「經世致用」命題的思想與意義，論述如下：

（一）從宗教角度肯定墨學鬼神論的社會作用

墨子的思維以「尊天」為第一，此係由一「宗教」的思維所闡發。〔註128〕如《墨子・天志中》言：「今天下之君子，中實將欲遵道利民，本察仁義之本，天之意不可不慎也。」〔註129〕此把「仁義之本」歸於「天志」，故墨子的一切道德意趣的來源便在於「天」，此種神格「天」的地位在宗教上有無以比擬的尊貴，也就是「天者至高貴，而義之所從出也」的認同。

而梁啟超則以為墨子此種「天志」實可上溯至古代宗教，與六經所言的「上帝」、「天」意義亦相近，梁氏說：「此與《詩》所謂『上帝臨汝，無貳爾心，相在爾室，尚不愧於屋漏』，孔子所謂『獲罪於天，無所禱也』皆同意義。」

〔註127〕梁啟超：《飲冰室全集》（臺北，文化圖書公司，1981年），頁171～172。

〔註128〕作者案，如以原始宗教與文化發展的觀點而論，儒家的「天命」說與墨子「天志」說於先秦應為當時社會所普遍認同的理念。事實上，從先秦至晚清，「君權天授」的觀念非但被統治者廣泛接受，亦用此來組織國家與社會制度，大抵祭祀、禮樂、典制、宗法皆受此影響，故可視為傳統社會常態的文化現象。後之學者或有以為「天命」、「天志」係為「迷信」，此實是五四運動之後社會逐漸倡導科學與民主的觀點。然「天命」、「天志」是為研究古代學術的重要議題，此自不待多言。

〔註129〕孫詒讓：《墨子閒詁》收入《新編諸子集成》（臺北，世界書局，1991年），第六冊，卷七，頁123。

〔註130〕大抵墨子的「天志」思維仍著重於天人相感的賞善懲惡，此古經典所述甚明，故不異於《詩》、孔子對「天志」的認知。〔註131〕《墨子・天志上》亦言：「昔三代聖王禹湯文武，欲以天之爲政於天子，明說天下之百姓，故莫不犓牛羊，豢犬彘，潔爲粢盛酒醴，以祭祀上帝鬼神，而求祈福於天。」〔註132〕把對天、鬼神的尊崇歸之於上古聖王的祭祀、禮典，此與《周易》「自天佑之，吉無不利」、《尙書》「不敢替上帝命」、「天休于寧王」的意義是相近的。因此梁氏以爲墨子思想是從古「宗教」建構的角度出發，爲得天下之大「利」故必須祭祀鬼神、祈禳上天，從而鼓勵民眾之「尊天」、「事鬼」。康有爲亦言「就老墨二教比，墨子非攻、尙同實有大同大平之義，與孔子同勝於老、楊遠矣。……猶佛氏倡眾生平等不殺不淫之理。」〔註133〕康氏判儒學爲「儒教」，而老、墨之學又較之於佛教與希臘波斯的阿士對之教，可知以先秦諸子比附於宗教者，在晚清當時已爲流行。

　　梁氏《墨學微》嘗舉列「天志」的意義數點，而其中「天爲萬事萬物之標準」、「天者至高貴而義之所從出也」、「天之欲惡與其報施」則可視爲墨學「天志」思想下的「致用」觀照。梁氏以爲，東周之世孔、老、墨學說的源起皆在於救世解弊，孔、老是以哲學與社會改革著手，而墨子則欲返回古道，經由宗教的力量感化、教育人心，梁氏云：

> 凡一社會之發達，其始莫不賴宗教迷信之力，中國亦何獨不然？中國初民時代迷信之狀態，雖不可考，然散見於六經六緯及百家言者，尚多不可悉數。及孔、老倡學，全趨於哲學及社會之實際。……墨子者乃逆抗於此風潮，而欲據宗教之基礎立一哲學者也。於是有天志、明鬼、非命諸義。〔註134〕

遠古先民的鬼神崇拜現象，在神話與經典之論述實多，此經史亦不諱言，如《穀梁》之記「卜郊」祀五方之帝，《史記》以〈封禪〉記上古天帝之祭皆然。不過梁氏則以爲當孔、老之時，思想家爲因應現實社會的需要，發生了所謂

〔註130〕《墨學微》，頁7。
〔註131〕孔、孟雖亦言「天志」，然著重在人文與「義理」的部份實更多於宗教迷信的範疇。梁啓超認爲儒家之「天志」與墨子所舉大抵意義相近，然儒家「含有理性自然之法則」乃進一步對「天志」提出哲理思辨，使其理性化，此則非是墨家的原始宗教詮解所可比擬了。見《墨學微》，頁5。
〔註132〕《墨子閒詁》收入《新編諸子集成》，卷七，頁127。
〔註133〕康有爲：《孟子微》（臺北，臺灣商務印書館，1987年），卷八，頁3。
〔註134〕《墨學微》，頁2。

「宗教與哲學衝突」現象，或已逐漸淡化這種神權色彩，而積極擷取其中的人文觀點。至於「宗教與哲學的衝突」，梁氏在《儒家哲學》曰：「西方學者唯物唯心多元一元的討論，儒家很少提及。西方學者所謂有神無神，儒家亦看得很輕。《論語》『子不語怪力亂神』，孔子亦說『未知生，焉知死』。把生死鬼怪，看得很輕，這是儒家一大特色。」〔註135〕以爲孔子爲了哲理上的需要，便放棄宗教鬼神之事而不談論，此雖是部份學人對儒家哲學的觀點，如〈齊物論〉「六合之外，聖人存而不論」，但孔孟並不專注於「怪力亂神」，惟以發展心性哲學係爲明確，故此亦可聊備一說。然而墨子則完全以「返古」爲出發點，欲由一俱神學色彩的學說，進行社會改革，故梁啓超乃以爲墨子是「與時代潮流相反抗者也」。

再者，梁氏以爲墨子的「天志」有「欲惡」、「報施」的作用，此即「天之欲人相愛相利，而不欲人之相惡相賊也」的認知，故從這層面來說，民眾之得不得利皆在於「天志」的賞善罰惡。順此「報施」之說，則「天志」必然有生、養民眾的可能，梁氏所謂「食者，養也。謂天兼養萬民也」，〔註136〕既然「天志」以「生養」萬民爲己任，又以「報施」來決定賞罰，故通過此「報施」、「生養」功能，便足以聯繫墨子「天志」與「實利」兩學說。總上而論，墨子的宗教固然是屬於「世間的」，目地在於勸人「交相利」、「兼相愛」，然則其教化作用的背後卻不得不託於一終極的神權意識。梁氏嘗爲墨子的「天志」下一斷語，曰：「吾故謂宗教思想與實利主義。兩者，在墨子學說全體中，殆猶車之兩輪鳥之雙翼也。」〔註137〕把「天志」、「實利」視爲車馬行駛的兩輪，此車可指整個社會言，其所承載即是一切人民生活之事，故宗教與實利即是墨子權衡社會的兩大學說可知。

此外，墨子所論述的「明鬼」思想，亦存有「致用」的功能。此所謂「鬼」指的是「鬼神」一類，《說文》以爲「鬼」係「人之所歸」，又是「陰氣」之屬，可知「鬼」是人亡逝之後的泛稱。〔註138〕而《說文》說「神」是「天神引出萬物者也。」〔註139〕。神從「示」部故與祭祀亦相關，從此來說墨子所欲明的「鬼神」與古代宗教思想的是關係緊密的。在〈明鬼〉篇中，墨子便

〔註135〕梁啓超：《儒家哲學》（上海，上海人民出版社，2009年），頁35。

〔註136〕《墨學微》，頁9。

〔註137〕《墨學微》，頁8。

〔註138〕許慎：《說文解字》（香港，香港中華書局，2000年），頁188。

〔註139〕《說文解字》，頁188。

舉出歷史上公侯見「鬼」的諸多案例，欲以此「證明鬼神之爲物不虛妄」。不過，如從「致用」觀點而論，則墨子的「鬼神」說莫不是因「實利」而產生的學說，墨子自言鬼神的「賞賢罰暴」：「實所以治國家利萬民之道也」，梁啓超也說：

> 由是觀之，則墨子之鬼神論，非原本於絕對的迷信。直借之以爲改良社會之一方便法門云爾。故其論辨鬼神有無之一問題，不在於學理上求答案，而於實際上求答案。〔註140〕

此以爲墨子之論證「鬼神」並不在學理上找答案，而是訴諸於「實際」與「經驗」。然此原因爲何？大抵墨子是針對社會之「致用」與「實利」而闡發的，所借重即「鬼神」的賞罰能力，而得以強化民眾行善去惡，與爲公「利」付出的意識。故梁氏終把這種「鬼神」觀推之于「不過借以爲檢束人心、改良社會之一法門耳」，〔註141〕此誠然把墨子的「鬼神」說視爲一追求社會改造實利化、功利化的門逕了。章太炎在〈諸子略說〉中亦有一論解釋墨子「明鬼」的社會作用，曰：

> 如鬼神之說，政治衰則迷信甚。……墨子明鬼亦有其不得已在。墨子之學主於兼愛尚同，欲萬民生活皆善，故以節用爲第一法。節用則家給人足，然後可以成其兼愛之事實。……墨子亦知其然，故用宗教迷信之言誘人，使人樂從。凡人能迷信，即處苦而甘。〔註142〕

此「節用」即「用財不費，民德不勞」之舉，故其功能便在於社會生計的節度，亦是爲民眾謀「利」之一隅。章氏認爲，墨家以改善社會經濟爲職志，然當時的社會風氣則傾向好樂與厚葬，故只好提倡一「明鬼」來制約萬民以節約其生活，進而才能達到「兼愛」眾人的富庶社會，此係因「信仰」作用而圖利社會的論證。周富美也以爲墨子：「想借天帝鬼神的制裁力量，做爲改造社會政治的後盾。……其實，他的社會意識重於宗教意識，他不是教人迷信天帝鬼神。……他的尚天志，明鬼神，只是實施他的新政治社會理想的一種方法而已。」〔註143〕墨子是否並非「迷信」？此誠難以下定論，蓋墨子之時天地鬼神祭祀本爲常態，有神論是爲群眾對自然造化不可知的敬畏。因此

〔註140〕《墨學微》，頁11。
〔註141〕《墨學微》，頁12。
〔註142〕章炳麟：《國學略說》（臺北，文史哲出版社，1987年），頁177～178。
〔註143〕周富美：《墨子》收入《中國歷代經典寶庫》（臺北，時報出版社，1983年），頁304。

墨子以「天志」、「明鬼」爲方法，欲改善社會而增進大眾之利益，此大抵有
藉鬼神之說而殷切社會長進之用意也。

　　再從道德的範疇而論，墨子的「天志」、「明鬼」與西方道德哲學的思路
亦相近，梁氏又說：

> 因以得幸福，反是者則禍及之。天之於人也亦然，要而論之，道德
> 與幸福相調和，此墨學之特色也。與泰西之梭格拉底、康德，其學
> 說同一基礎者也。所謂道德者何？兼愛主義而已。〔註144〕

在西方哲學，康德以爲「靈魂」與世界皆出於「上帝」的意識，故「上帝」
亦是一切道德的「本原」。在康德的思想中，上帝的概念必然是道德性的，因
此一切道德的原則必出於上帝，或說人作爲創造物而能冥契上帝則在於道德
的「實踐」，康德在《實踐理性批判》論說頗明，曰：「唯有實踐的愛，方能
在一切法則的核心之中而被理解。在此意義上，愛上帝意味著樂意去做上帝
所命令的事情，而愛鄰人則意味著樂意履行對於他的全部職責。」〔註145〕對
鄰人「實踐的愛」實指向一普遍的泛愛意識，此道德法則由上帝所出，而履
行對上帝的愛而成全眾人的「幸福」正也是「道德」的。〔註146〕從此論，則
梁氏舉墨子的「兼愛」論說，正有同意康德調和「上帝」與「道德」之用意
（不過康德的道德實踐則須通過一自由意志的認定，此與墨子又大不同）。梁
氏曾引康德二例說「自由」與「道德」，此「自由」係「道德的自由」。康德
這種「人苟自持其自由之善意，則天下之大利莫大於是」，認同「靈魂」若能
驅使身軀之行善，實可視爲「天下之大利」，而此根源畢竟在於「上帝」，故
此「天下之大利」必然也是「上帝」的報施所使然了。梁氏又引康德說「凡
物之價值，皆以有所比較而生，……自由之善意，則絕比較絕計算者也。」〔註
147〕因此「道德」的善意實超乎一切私利之上，「道德自由」的可貴在於一純
粹善行的完成，故是無從比較的。從此而論，康德以道德爲「天下大利」之
論說與墨子所提倡「天志→兼相愛→交相利」的脈絡或有近切處。

〔註144〕《墨學微》，頁10。
〔註145〕伊曼努爾‧康德（Immanuel Kant）著、張永奇譯：《實踐理性批判‧第三章》
　　　　（北京，九州出版社，2007年），頁147。
〔註146〕康德說：「增進人們的幸福絕不可能直接就是一個職責，它更加不可能是一切
　　　　職責的原則。因爲意志的所有動機都是經驗性的，並且同樣地從屬於幸福原
　　　　則，所以它們必須從至上的實踐原則中分離出來。」因此使人們幸福的原則
　　　　必然也是出自「上帝」。見《實踐理性批判‧第三章》，頁167。
〔註147〕梁啓超：《飲冰室全集》，頁210～211。

（二）從社會經濟角度肯定墨學的實利思想

墨子之提倡「實利」，大抵是出於對社會之關懷，故其尊天、事鬼、尚賢、尚同、節用、非攻的思考，皆可歸爲墨家之社會學範疇，梁氏以爲：「墨子是看著三家分晉，田氏篡齊，楚、越極強盛，秦也將次崛起。……眼見戰國時代『殺人盈城殺人盈野』的慘狀，……他要從社會心理上施一番救濟；所以提倡『兼愛』。再從『兼愛』的根本觀念上，建設『非攻主義』。」〔註148〕梁氏大抵由經世致用的觀點詮解墨學，故其比較西方經濟學要義、與「兼愛」的利民說，認爲墨子是欲由古聖王思想而改革戰國的紛亂，建立一個在政治上能「尚賢」、「尚同」，經濟上實現「非樂」、「節用」、「節葬」，並使紛爭戰亂消失的「非攻」、「兼愛」社會。梁氏列《墨子》經濟學的公例有七，其中第二例「諸加費不加利於民者弗爲」，〔註149〕以爲一切社會生產的效用都必須有利於民，包含節用、節葬皆要符合公眾群體的利益，故又說「凡事適應於人群分業之義務者爲之，否則禁之」，承認墨子致力於「人民之大利」爲社會改革的必要條件，如無法使人民得利則「弗爲」。近代經濟史學家胡寄窗也說：「初期墨家的學說，旨在改善人民的生活狀況，……他們的奮鬥目標，是想從政治經濟兩方面去提高自由手工業者和農民的地位。」〔註150〕因此墨子學術是著眼于政、經，而對象則在於平民生活的改善，即「通四方之利」、「奉給民用」，使民有「車之利」、「劍之利」有交通與保衛身家的方便，且「用財不費，民德不勞」即質樸、勤儉的民生社會。

總而言之，墨學之講究「實利」，是站在爲社會民眾爭取權益的態度下言，梁啓超認爲墨學對於社會利益的投入，在於一「經濟主義」（Economy）的建構其曰：「西語之 Economy，此譯計或譯生計，日本譯經濟，在今日蔚然成一獨立之學科矣。而推其語源，則以『節用』二字爲最正當之訓詁，可見生計學之概念，實以節用思想爲其濫觴也。」〔註151〕墨家的「節用」、「節葬」、「非樂」皆抑制貴族奢靡，而同情平民階層，蓋先秦之時大部份的財富都掌控在貴族手中，能防止貴族資財之消耗，是爲一「經濟」。錢穆亦以爲「墨者偏向民生」，其說：「墨子天志、兼愛，本平民之見地而言之也。其抨擊當時貴族

〔註148〕《墨子學案》，頁6。
〔註149〕《墨子學案》，頁30。
〔註150〕胡寄窗：《中國經濟思想史》（上海，上海財經大學出版社，1998年），頁124。
〔註151〕《墨學微》，頁19。

之生活者同，而所以爲抨擊者則異。惟墨學之興，尤足爲平民階級覺醒之特證也。」〔註152〕「反奢侈，歸眞樸」的「節用」、「節葬」、「非樂」內容，大抵係呼籲當時統治階層言，墨子列舉大禹「力時急而自養儉」，則其出發點在於能與民共苦，致力勤奮而不汲汲於享樂，故這種「愛人利人以得福」的社會公利，與近代西方社會學家之研究所著力的社會圓滿與民生的完善亦有相似處。梁啓超在論述墨子的「節用」、「節葬」時，亦以爲墨子學說與近代的經濟學說、「社會主義」的諸多觀點相近，曰：

> 墨子之生計學，以勞力爲生產獨一無二之要素。其根本概念，與今
> 世社會主義派所持殆全合。故其增長生殖力也，其講求衛生也，其
> 愛惜時日也。凡所以求進勞力之率也，使舉國之人，皆爲生利之人，
> 而無分利之人；使舉國之事業，皆爲生利之事業，此墨子之志也。

〔註153〕

梁氏嘗列舉墨子「節葬」的目的有四，即「增加生產力」、「講求衛生」、「惜時趨事」、「以寶存母財」。蓋「節葬亦節用之一附屬條目」，故此「節葬」的提倡，乃可進一步呼應「節用」，以是認爲社會應珍惜時間，並重視工作勞動，進而講究「衛生」觀念與尋求社會節約。如能因循漸進的施行，則舉國上下的勞動便足以產生巨人的生產效益了，此即梁氏從西學角度所詮釋的墨子經濟學。

　　事實上，西方亞當‧史密斯的《國富論》也嘗談論「節儉」對國政的重要，曰：「資本乃因節儉而增加，又因浪費與妄爲而減少。……節儉乃使藉以維持生產勞動者的基金增加，因此，也有使勞動者人數增加的傾向。」〔註154〕蓋「節儉」能夠促進勞動者的基金增加，勞動者一有錢則有利於勞動人口的增加，相對的土地與生產物的價值亦能增殖，故在此不斷的循環作用之下，終能增加整個社會資本。嚴復則認同之，其評點：「道家以儉爲寶，豈不然哉。……斯密言儉者群之父母，雖然，但儉不足以當之也。所貴乎儉者，儉將以有所養，儉將以有所生也。使不養不生，則財之蟊賊而已，烏能有富國足民之效乎？」〔註155〕道家所說的「儉」即在於收斂。統治者能收斂節流，

〔註152〕錢穆：《國學概論》（臺北，臺灣商務出版社，1998 年），頁 46。

〔註153〕《墨學微》，頁 22。

〔註154〕亞當‧斯密 Adam Smit 著、周憲文譯：《國富論》（臺北，臺灣銀行經濟研究室，1965 年），頁 332～333。

〔註155〕亞當‧斯密（Adam Smit）著、嚴復譯：《原富》（臺北，臺灣商務印書館，2009 年），上冊，頁 333。

便有多餘的資財養民生民，此亦「富國足民」的關鍵，故從群治的觀點來看「儉」仍比豪奢有利社會。總之，「節用」的目地仍是在致富，也就是從督促統治者與勞動者「儉」的趨向，而使整個社會都能獲得實「利」。

其次，梁氏認同「節用」之所能獲「利」，原因之一在於對「消費」與「生產」的控管，「消費」固然在於「節儉」，而「生產」之要義則在於能「分工」。「分工」即是以一種有效率且經濟的方法，對勞動力加以分配，《墨子・節用中》已提出「凡天下群百工，……各從事其所能」的課題，墨子也曾以「築牆」爲例，重視培土之工、鋗木之工與測量之工的分工合作。近代經濟學亦特別留意「分工」，蓋《國富論》的首章即探討「分工之效」，曰：「分工，祇要可以採用，不論在怎樣的技術上，都使勞動的生產力相應增加。各種職業與工作的分化，都是這一利益的結果。」〔註156〕社會各種工作技能如各盡所長，則此「分工」的促成實即有利於廣大社會的生產，故「分工」如同利益交換，亦如墨子的「兼相愛，交相利」，《國富論》亦指出：「『給我以我所要的，然後你也取你所歡喜的』，這是任何交易的意義所在。我們可以彼此得到飲食，這不是屠宰者、製酒者及製麵包者的恩惠；這是得力於他們對其本身利益的尊重。」〔註157〕所以「分工」是爲一往來利益的互惠交換明矣，這種利益交換既能使勞動者各盡其能，亦能帶動整個社會勞動力的集中與效率。卡爾・馬克思（Karl Marx 1818～1883）的社會主義經濟學亦擷取《國富論》的論述，曰：「分工給勞動以無限的生產能力。它起源於人所特有的交換和交易的傾向，這種傾向大概不是偶然的，而是運用理性和語言的結果。」〔註158〕固然馬克思以爲「資本家」有剝削弱勢勞動力的傾向，但他也不能否定「分工」的重要性，因此其結論便是「進行交換的人們的動機不是人性，而是利己主義」，此種交換的「利己主義」對於造就社會財富實有其重要性，故此「利己」雖屬人性欲望的一種，但仍是合乎墨子「交相利」的範疇，此乃梁啓超所言「必要的欲望」是也。〔註159〕梁氏循此論點提出墨子「分事」的經濟學觀點，此與近代經濟學所強調分工或工作劃分亦同理。云：

〔註156〕《國富論》，頁7。

〔註157〕《國富論》，頁15。

〔註158〕馬克思（Karl Marx）著、伊海宇譯：《一八四四年經濟學哲學手稿》（臺北，聯經出版社，1992年），頁106。

〔註159〕梁啓超曾從近代經濟學的觀點對人性欲望加以區分，有三。一爲「必要的欲望」，如飲食睡眠的需求；二爲「奢侈的欲望」，如求華服美食是也；三爲「地位之欲望」，所求在於名聲與地位。見《墨學微》，頁20。

墨子所謂「分事」者，殆兼含分業及責任之兩義，其事業在各人所
認分業之責任以外者，皆不生產而爲群蠹者也。〔註160〕

墨學的「分事」簡易的說就是「個人自己分內的職業」，其概念有二，即「分業」及「責任」，「分業」在工作分配，「責任」則是完成工作分配，「分事」可避免勞力流失與避免不盡責勞動者。而「分事」的最終目地亦是在互利，更進一步推敲則在於勞力共用、財產共享，也就是《墨子·尚同》所提出的「有餘力以相勞，有餘財以相分」，梁氏在《墨子學案》有相近得論說，其云：「做完了自己分內事業，還有餘膌，拿去幫別人做；這就是『餘力相勞』」，〔註161〕而「餘財相分」甚至是拿多餘的財物去分給別人。故從社會互利的觀點而說，《墨子》「實利」思維，全然是構建在一種「分事」，即分業及責任的社會制度上。因此梁啟超亦認爲墨子的經濟觀是「現在俄國勞農政府治下的經濟組織」之一縮影，〔註162〕並與「與今世社會主義派所持殆全合」，殆非無因了。〔註163〕

〔註160〕《墨學微》，頁22。
〔註161〕《墨子學案》，頁37。
〔註162〕《墨子學案》，頁38。
〔註163〕再檢視墨學與社會主義所批判人物的異同。卡爾·馬克思嘗以「共產」制度爲其理想烏托邦的必然過渡期，其在《一八四四年經濟學哲學手稿》中曾批評「資本家」：「儘儘供享樂的、不活動的和揮霍的財富的規定在於：享受這種財富的人，一方面，僅僅作爲短暫的、恣意放縱的個人而行動，並且把別人的奴隸勞動、人的血汗看作自己的貪欲的虜獲物。」固然馬克思所謂的「資本家」，與傳統的貴族、帝王指向已有所不同，但馬克思所認同的「普勞階級」（一般農工）與「資本階級」對立中，已把一切舊有的官僚、貴族、僧侶、騎士等同於新興的「資本階段」。而「資本家」爲了快速且長期的累積私有財富，便會不斷要求勞動者生產更多的物品，欲利用這些多餘的物品去換取更多的利益，於是勞動者便不斷的重複剝削（購買這些物品的亦是勞動者），其結果也造成一般「普勞階級」的「異化」（農工終將因爲弱勢而被資本社會排擠與邊緣化，終失去其勞動的本質），因此「資本家」對財富的眷戀及揮霍，便是打擊「普勞階級」利益的一大因素。事實上，墨子所闡述「節用」、「節葬」、「非樂」的利益對象，亦指向被統治者或貴族所奴役的一般平民或奴隸，故從社會觀察的角度而論，則二者的看法或有近切處。

然而，馬克思畢竟是站在對資本社會的「反」向或說「反動」的一方，故有較多屬於「破」的面向。如其反對傳統的宗教、反帝國主義、反法西斯、反地主、反資本社會等，欲用革命的強烈方式顛覆政府，更不惜打破國家民族的和諧，用戰爭與武力的方式取得絕對的政權，從此而論，社會主義與墨子對社會改革所興起「兼愛」、「非攻」的趨向又有所不同。此外，馬克思是「無神論者」且承認「把人和自然界看作本質這種理論上和實踐上的感性意

　　至於墨子的「利」與「義」是否相衝突？總上而論，梁氏之探討墨學的「實利」，是站在爲民眾謀利的「致用」觀點而說，然並不能離開其「天志」的規範。因此墨學雖似積極的言「利」，但所有的「利」亦屬於「天志」所贊同的「義」，故墨子的謀求公利便是在求「義」，〈經上篇〉說「義，利也」，〈天志下〉也說：「上利天，中利鬼，下利人，三利而無所不利，是謂天德。故凡從事此者，聖知也，仁義也。」因此，尊天事鬼才是爲人群謀利的不二法門，此即謂「天德」。能從事於此「天德」者，是爲「仁義」。故墨學在某些情境下，其「義」與「利」的區隔是不明顯的。梁氏在《墨子學案》亦云：

　　　　孔子說：「利者義之和」，已經精到極了；《墨子·經上篇》直說：「義，
　　　　利也」，是說：利即是義，除了利別無義。〔註164〕

誠然把「義」視爲公利，故「利」之獲得，便如《墨子·大取》所言，係「殺己以存天下，是殺己以利天下」的義行了。雖然墨子與儒家所言的「義」並非完全同理，然墨子之調和「義」、「利」是很顯明的，梁氏有一言可爲墨子疾呼功「利」的註腳，其言「道德與實利不能相離，利不利就是善不善的標準。」〔註165〕所言之「利」亦是可加惠群眾之公利，由此而論，既「道德與實利」不違，不利即不義，則義、利皆可共同推舉，此亦墨學從「致用」觀點所衍生之權變可知。因此墨子的道德思想實可從其「兼愛」與「功利」交互析論，梁啓超以爲是一「主義」，此見下節。

（三）以「兼愛」寄託宗教情懷的指導思想

　　從上述墨子的「實利」觀可知，墨子的「利」必然是欲交利大眾，且泛愛眾人的公義，故能不能加「利」於眾人，即是愛不愛眾人，梁氏對此詮釋：「以常識論，愛的目的在人，利的目的在己，兩件事像很不相容。然而墨子卻把他打成一丸。第一件：可以見他所謂『利』，一定不是褊狹的利己主義，

　　識」，也就是積極在「物質」或「唯物」的原則下架構其宇宙藍圖和社會制度。但墨子卻表明了「天欲義而惡不義」的天人關係，把「天志」視爲第一義，而所崇拜的鬼神亦有賞善罰惡功能，人類之生存乃寄託於「天志」、「明鬼」的價值當中，相對於社會主義對宗教的否定與不信任感，則二者在「哲學」與「神學」的範疇又並非合同了。見馬克思著、伊海宇譯：《一八四四年經濟學哲學手稿》，頁100；90。

〔註164〕《墨子學案》，頁40。
〔註165〕《墨子學案》，頁28。

第二件：可以見他所謂『愛』，必以有利爲前提。」〔註166〕愛人是爲利人，利人是爲德性，因此「兼愛」之可能即是建構在「道德和實利不能相離」之下，墨子的社會觀照既能談「實利」亦談能「兼愛」，故「兼愛」與「實利」相依相存，梁氏所謂「天志者，愛人利人而已」，故「兼愛」可視爲墨子在人間世的最終實踐目標。

由「致用」爲出發點，墨子大抵以「天志」爲規範，目的在於達成一「愛人利人」理想社會的改造。梁氏歸納墨子所言之社會亂源爲五，即「戰爭」、「篡權」、「乖忤」、「盜竊」、「詐欺」，能消化這些社會亂源，且可救其亂解其弊者，即爲「兼愛」，故「兼愛」是出於對社會改造所提出的學說，其旨趣亦是欲施利於群眾全體，曰：「墨子講兼愛，常用『兼相愛交相利』六字連講，……兼相愛是託爾斯泰的利他主義，交相利是科爾璞特金的互助主義。」〔註167〕梁氏以爲，「兼愛」的運用便能使群眾相互得「利」，故利己且利人，進而愛人，因此「兼愛」係爲一謀「利」之手段，亦可謂是「致用」思想之闡發。

再者，此「兼愛」之極致又可從損己利人論證，梁氏以爲，在「利他」與「互助」之前提下，「兼愛」之圓滿，可能必須犧牲「別愛」才得以完成，故墨子所認同是「兼」，而反對爲「別」，〈兼愛下〉云：「今吾本原兼之所生，天下之大利者也；吾本原別之所生，天下之人害者也」，墨子以爲「兼」才能使天下得利，「別」則害天下義，故去「別」得「兼」是爲「別非而兼是」也，〔註168〕也就是要打破個人，以成就他人爲極致。梁氏亦曰：

> 平等無差別之愛普及於一切人類。泰東之墨子，泰西之耶穌，其所宣示之愛說，皆屬此類。耶教謂在上帝之前，無尊卑貴賤親疏，一切平等。墨子謂天之於人，兼而愛之，兼而利之。〔註169〕

一味的強調「別」，則易「損害他身以利己身」，相對的說，「兼」即是損己以利他的義行了，因此墨子之於一切人類則採取「一切平等」的無私對待，以致能「兼而愛之，兼而利之」。梁氏亦以爲墨子亦反對「己身」、「己家」、「己國」甚至「己利」的一己之私，所認同在於「兼相愛，交相利」，其結論「循墨子之教，則其社會之組織，必如柏拉圖德麻靡里輩所虛構之共產主義者然

〔註166〕《墨子學案》，頁28。
〔註167〕《墨子學案》，頁16。
〔註168〕《墨子閒詁》收入《新編諸子集成》，卷四，頁72。
〔註169〕《墨學微》，頁30～31。

後可。質而言之，則無所謂國無所謂家也」，〔註170〕天下一家故「無所謂國所謂家」，此種「共有共享」的理想社會，必然是建構於犧牲個人而完成他人的前提下。

梁氏在「墨學之實行」一段又言：「綜觀墨學實行之大綱，其最要莫如輕生死，次則忍苦痛，孟子曰『墨子摩頂放踵，利天下爲之。』莊子曰『墨者多以裘褐爲衣，以跂蹻爲服，日夜不休，以自苦爲極』，夫輕生死不易，⋯⋯非於道德之責任認之甚明不可。」〔註171〕所以墨者之摩頂放踵，皆在於使天下得「利」，爲使「兼愛」實現，則寧願犧牲自己的利益，以成全天下之大利，是以《莊子・天下》也說：「今墨子獨生不歌，死無服，桐棺三寸而無槨，⋯⋯以此自行，固不愛己。」〔註172〕「不愛己」而放棄所有現行的享受，「獨生不歌」即活著沒有娛樂，且「死無服」死亡亦不厚殮陪葬，此皆在於要求把所有資源都運用於「生計」上。因此莊子雖認同墨子爲謀天下之利的犧牲情懷，但也批評其方法難行且不近人道了。《莊子・天下》論其「行者非也」、「將求之不得」，實說明了墨學太過刻苦而難以盡行，而秦漢之際墨學由顯學而遁入於「俠」，終不爲後學者所喜好，此可驗證之。

也因此，梁啓超認爲墨子的「兼愛」亦有盲點，以爲如站在社會「致用」的角度言，「兼愛」之實現本身即有困難，且即使「兼愛」眞能實行也不利於現今人類世界的發展，故梁氏有三點評論。首先，梁氏以爲「兼愛」並不足以成爲「道德」之標準，因爲「愛人之義務與自愛之義務」必有兩不相容之時，即「愛」人必然先審度相對之關係，假使一個微不足道之朋友久病不起，難道我必須放棄所有事業與社會上的義務，而全心照顧此朋友以終？梁氏引帕爾遜的評論言「此則當視其人與吾之關係深淺何如矣。」〔註173〕如果不衡量彼此關係之深淺，便荒廢了我個人之社會責任而盡心力在此人之身上，則此「愛」人之行亦妨害我對社會之義務。從此而論，能不能「兼愛」並非是道德是否成立的標準，猶如墨子的極端「兼愛」實仍有斟酌處。其次，梁氏又以爲一味的「兼愛」，未必是造福社會的絕佳方法。雖「愛人之目的，將以利人」，然此「愛」、「利」卻可能「救之愈力，而貧者愈衆，蓋由獎厲其依賴

〔註170〕《墨學微》，頁34。
〔註171〕《墨學微》，頁48。
〔註172〕王先謙集解：《莊子集解》收入《新編諸子集解》（臺北，世界書局，1991年），頁467。
〔註173〕《墨學微》，頁36。

怠逸暴棄之惡性，使日以發達，而蔓延及於社會全體之風俗。」〔註174〕該說提出了「兼愛」有反被惡人利用之可能。比如今日之西方諸國亦有所謂社會救助金制度，然有一部份人並不積極工作，反而循其法律制度之缺憾，而依賴此社會救助的好意，進以寄生吮食，此風氣所至亦會造成社會發展之落後，甚者更有認為努力工作反不如領社會救助金之優渥？從此說來，墨家「兼愛」的對象如有錯誤，勢必有覆蹈此陋習的危險。其三，梁氏以為「現代社會之組織」並不完全適用「兼愛」，以是人類政治、法律、經濟之建構，無不有一「所有權」之概念，無「所有權」則無恆產，多數人在「無產」的狀況下亦無奮發進取之心，故云：

> 社會學家言，人類與「非人動物」之界線多端，然其最要者，則對於外界而覺有所謂「自己」者存也。……蓋必「所有權」之觀念定，然後將來之思想發生，而人人知有將來，是即社會進化之所以彌劭也。〔註175〕

人與動物不同點之一，在於人類更明確劃分的「所有權」的規範，故社會自來都有屬於個人的「私田」、「私產」制度。且「所有權」的概念既成型，亦成為社會進化所需的動力與助力，此種「所有權」是乃個人自覺「有所謂『自己』者存」，即屬於廣大社會下一份子的知覺。亞當・史密斯在「論資產的性質、積蓄及用途」亦提到人類社會進步需要此種個人資產的完成，其曰：「一旦分工充份實行，一人本身的勞動生產物，祇能滿足其不時慾望的極小部份。……他在能購買別人的勞動生產物之前，不僅須已完成其本身的勞動生產物，同時，還須已將其出賣。」〔註176〕最小的個人資產是為「勞動」，在社會的領域擴大且進入強調「分工」的時期，則物資的流通必然是經「勞動」的交換或進一步生產物的完成為前提，故相對於原始社會，則個人「所有權」概念的形成，實可視為社會群組活絡的躍進，此亦足以證明個人資產的擁有是乃社會由「原始」至「文明」的關鍵。然墨子的「兼相愛，交相利」卻有打破這種「所有權」的趨勢，其雖倡導一「互利」而使眾人不自私不應把財產視為個人的享受物，但這種「互利」實是在個人犧牲下所完成，故能否進一步使社會均富？又能便於社會組織的往來與流通？蓋人人在利益垂手可得

〔註174〕《墨學微》，頁 3。
〔註175〕《墨學微》，頁 36。
〔註176〕《國富論》，頁 269。

下，未必會有努力進取的用心，故對於社會的總體經濟未必是有幫助的。故梁氏的結語：「極端之利他主義，必不能為學說之基礎」，也指出「兼愛」之運用如何面對廣大的社會群組是為一問題。

梁啟超又以為墨學之言「兼愛」，是站在宗教「愛人」的觀點，而非單純的社會現實觀點。梁氏嘗由西方的宗教思維比較墨學「兼愛」，並推敲其中「愛」的層次，有五個等級。一是惟愛靈魂者，只愛靈魂而不愛軀體，如印度之外道「往往有臥轍飼虎，以求脫離塵網者」，此係狹義之愛；二是自愛其靈魂軀殼而不顧他人者，如希臘之阿里士帖菩（Aristippus）與中國之「陽朱」，所謂「拔一毫利天下而不為」，但也不以害人為自利；三是以本身為中心點，緣其遠近親疏而愛人，梁氏以為「儒教」的「親親之殺」即是，梁氏固然不以為「仁愛」是「愛」的最高層次，但卻以為係「維持社會秩序最有力焉」；四為平等無差別之愛，普及一切人類者，此墨學之「兼愛」與耶教之「博愛」皆屬之，此「愛」皆設準一最高道德範疇的「上帝」，視人類為「上帝」之子，故「兼愛」並非愛他人，而是在「上帝」的規範下愛自己的兄弟同胞；五是圓滿之愛普及於一切眾生，此謂佛說之慈悲是也，佛之大愛甚至「推廣於人類之外」，而「大乘佛法」稟持「一切眾生皆可成佛」之論，斷「愛根與不愛根」，而達到無所不愛的意境。〔註177〕因此而論，謂墨學的「兼愛主義」係一宗教思唯是有跡可循的，梁氏以為與耶教相當，二者皆從「神」的「博愛」為出發，而以一切人類公利之所得為「兼愛」之所成，遂二者實有同理處可知。

總上述來說，墨子之「兼愛」託寄於「宗教」，而欲借重於「實利」，故「兼愛」是其理想社會制度的一大目的。而梁氏論述其學大抵持贊服的態度，以為是如柏拉圖、德麻靡里輩所虛構之共產藍圖，是人類偉大理想的一構思。不過，梁氏對於「兼愛」的缺失亦採取保留態度，其言「雖然墨子之學，蓋欲取現在社會之組織法，翻根柢而變更之，以現在社會之眼觀察墨子，誠見其缺點」，〔註178〕故墨學「兼愛」歸之於先進的社會理想可，但欲用之改革已形成的龐大社會組織，則不免是難以盡行的。

（四）墨學政術所隱寓的權威思想暨大同理想

最終，梁氏以為墨子「兼愛」之能「致用」是必須冀望在一周延、圓滿

〔註177〕《墨學微》，頁31。
〔註178〕《墨學微》，頁37。

的政治制度上，蓋選賢舉能而有人才，公民守法相愛相利，則國家何患不能鞏固？故墨子政治上的成功，是乃維持「兼愛」，實現其「實利」最有效的辦法，而其政術之要首，則在於確定「君權」的合法性與管理制度的建立。梁啓超則據墨子之政術提出二個要點，一是論述國家之源起與君主制度建立的問題，即「國家起源說」、「君權神聖說」等論，此亦寄託梁氏的權威思想，或說是奠基於「開明專制」意識下的「國家」思想。其二是民意、選舉、法治概念的提出，此呼應墨家所贊同的終極政治，即「大同」理想的落實。

觀梁氏其人的政治態度，一生實經歷多次轉折，其初本隨康有為提倡「君主立憲」，但經戊戌變法失敗則流落海外，一度旅居日本、美國等地，以保皇黨自居；期間，梁氏在日本與革命黨有相當的接觸，籌辦《新民叢報》時，也曾改換立場間接聲援「革命」，以為美國獨立運動、法國大革命之「破壞」可為借鑑，蓋「隨破壞，隨建設，甲乙相引，而進化之運，乃遞衍於無窮。」〔註179〕「革命」雖需顛覆政體甚至造成流血，但「破壞」背後的正面建設才是造成國家進步的原因與動力，因此有「必取數千年橫暴混濁之政體，破碎而蘸粉之」的說法，也就是欲成就新的格局則不得不以「革命」刷新之。但是，梁氏在遊歷美國後，對當代的民主共和作了反省，以為激烈之革命與「君主立憲」並不適合當前中國人民的情勢，故退居保守一派，支持以「國家理性」為重的「開明專制」，也就是贊成以君權為主體，重視人民與國家利益的專制政體。〔註180〕民國成立前後，梁氏卻又因康有為的鼓動而維持早期的「立憲」主張，此又一變。但是，當梁氏參與民國的內閣政治與議會後，終贊同共和政體，並積極反對清帝復辟，而與康氏的政治主張徹底割裂。張朋園說：「任公與康氏在政治上的結合，由戊戌變法到辛亥革命，除了 1899 年至 1903年，因任公提倡革命與康氏有所不和外，大體上態度是一致的。……要求中國採行英國的立憲政體。……但是康梁到了民國，已非一個集團。……任公與康氏正式分手，丁文江謂在民國元年四、五月間。」〔註181〕梁氏早年追隨康有為於萬木草堂，並吸收康氏今文經學思想與公羊學的「三世說」，從而支持君主立憲，故其前後思想終究有康氏學術的影響。然而，梁氏入民國後開

〔註179〕梁啓超：《新民說》收入《飲冰室全集》（臺北，文化圖書公司，1981 年），頁 64～65。
〔註180〕梁啓超：《飲冰室文集點校·開明專制論》（雲南，雲南教育出版社，2001 年），第三集，頁 1387～1408。
〔註181〕張朋園：《梁啓超與民國政治》（臺北，食貨出版社，1981 年），頁 255。

始從政，便逐漸捨棄早期所堅持的君主立憲，如其〈中國立國大方針〉所論：「然問國家之敝，極於前清時期，不行革命，庸有幸乎？欲行政治革命，而不先之以種族革命，爲道果克致乎？」〔註182〕此所謂「革命排滿共和」之論，也說明梁氏後來之肯定共和，與反對君主專制與「君主立憲」的態度，故其自言「不惜以今日之我，難昔日之我」，〔註183〕不惜以今日之創新而推翻舊日的保守，此從其政論上亦可印證了知。

梁氏在 1904 年撰寫《墨學微》當下，適其肯定君權政治之「開明專制」時，故大抵藉重墨學以宣導其理想之政治形態。梁氏所構想即是一崇尚君權，又能夠整合「國家」主權與融合各族群的專制觀念，曰：

> 霍、陸、盧諸氏皆以爲未建國之前，人人恣其野蠻之自由，……始相聚以謀輯睦之道，而民約立焉。……故選擇賢聖立爲天子。使從事乎一同，然則墨子謂國家爲民意所公建。〔註184〕

此據墨子「尙同」、「尙賢」而論說，因此君王「固天下之仁人也」，梁氏之「國家」觀以爲，國家之最大利益唯有待賢明的聖王，故立國必先確立聖王的尊崇，因爲聖王才有能力團結群眾並實行開明且專權的統治，如張灝所說「開明專制」是以「強制之客體的利益」爲核心，因此：「在梁看來，開明專制不僅是世界歷史的常有現象，而且還具有一段悠久和光榮的思想歷史。」〔註185〕所以能爲群眾謀最大福利者，在於有功效、權勢集中的專制，而非是群體意見紛紜且權力不穩固的民主共和，此亦是梁啓超於「國家主義」中所欲闡發的「權威」思想。

梁氏的「權威」思想又涉及于「國家」應如何建構的議題，其從墨學的「國家」制度闡釋，並引論西方霍布士的「民約論」，曰：

> 墨子論國家起原，與霍氏陸氏盧氏及康德之說，皆絕相類者也。……皆以爲未建國以前，人人恣其野蠻之自由，而無限制，既乃不勝其敝，始相劇以謀輯睦之道，而民約立焉。〔註186〕

此以爲國家的起源，係群眾與群眾見原始生活過於「野蠻」且「無限制」，故

〔註182〕梁啓超：《飲冰室文集點校》，第四集，頁 2435。

〔註183〕《清代學術概論》，頁 74。

〔註184〕《墨學微》，頁 38～39。

〔註185〕張灝：《烈士精神與批判意識——梁啓超與中國思想的過渡（1890～1907）》（北京，新星出版社，2006 年），頁 175。

〔註186〕《墨學微》，頁 37～38。

相約定制一「社會契約」進而產生「國家」的概念，此亦梁氏《新民說》所謂「國家之立，由於不得已也。即人人自知僅恃一身之不可，……而欲使團結永不散，補救永不虧，……利益永不窮。」〔註187〕仁人欲使人類由野蠻而進文明，爲謀群體利益，求消除公害，故有「國家」意識之形成。英人霍布士（或譯霍布斯，Thomas Hobbes 1588～1679）在《利維坦》十七章〈論國家的成因、產生和定義〉亦言「在人們以小氏族方式生活的一切地方，互相搶劫都是一種正當職業，決沒有當成是違反自然法的事情，以致搶得贓物愈多的人就愈光榮。在這種行徑中，人們除開榮譽律以外就不遵守其他法律；這種律就是禁殘忍，不奪人之生，不奪人農具。」〔註188〕其把國家的形成歸於先民因生活需要所致力的競爭，先民因生存之嚴酷而不得相互攻伐，遂有無止境的紛亂，這實同於墨子所言之原始社會：「皆以水火毒藥相虧害，至有餘力不能以相勞，腐臭餘財不以相分，隱匿良道不以相教，天下之亂，若禽獸然。」〔註189〕因先民的往來有太多爭端，故眾人便集合起共同制定一保護、維持群體生活之約定，此是爲「國家」觀念之產生。而「國家」的輪廓既已成形，則國家的領導者亦隨之產生。從此而論，則墨子與霍布士「國家」建立的出發點皆同，爲消解紛爭，故需君主的團結族群，爲謀求群體之利益，故須有國家之集權，因此可以說當期梁氏的「國家」思想，是在攸關集權專制、國家利益、族群整合的「民族」觀念下所建構。

　　近代西方有所謂「國族」思想的提倡，可作爲審度梁氏「國家」觀念的觀照。〔註190〕大抵「國族」論者重視「國家」主權，所貶斥是爲單一種族、

〔註187〕梁啟超：《新民說》收入《飲冰室全集》，頁17。

〔註188〕霍布斯：《利維坦》（北京，商務印書館，1986年），頁128～129。

〔註189〕《墨子閒詁》收入《新編諸子集成》，卷三，頁44。

〔註190〕「國族」是根源於「國家民族」的一種國家學說，亦是「民族主義」的一環（或說是廣義「民族主義」），即以「國家」爲人民集合的實質團體，故能不分血統、種族、文化、宗教的差異，以「國家」的建構爲目標，強調「國家」整體最大利益是高於一切，與此觀念相對的則是傾向種族立國的「族國主義」。而提倡「國族」者，首要便是欲去除族種、文化差異的較量，艾尼斯特・格爾納（Ernest Gellner）的《國族主義》言：「國族主義原則要求，政治單位與『族群的』單位必須重合一致。也就是說，族群是以共同的文化背景爲基礎。」因此種族、語言、宗教等迥異便不值得在意，以是建國的目標乃在於使眾人適向同「一種文化」、同「一個國家」。但一個現代國家的形成可能基於不同血緣、宗教的各族群，或有各族群間早已存在的古老文化，因此如何消除對種族差異的成見，則是「國族」論者所需解釋之處，故又曰：「艾妮斯

文化、宗教的鼓吹，故「遺忘」政策的運用即在於消弭諸多族群的差異。而梁氏廣義的「民族」國家觀，正與「國族」論者有交集，而所謂的「民族」也因此可分爲廣義與狹義，狹義者在於種族之見，廣義者則認爲國家可爲各種族的集合。清末民初之提倡「民族」者，可以孫文、梁啓超爲代表，黃克武說：「在民族方面，革命派主張排滿，以爲推翻滿清是政治改革的前提；改革派則以爲滿漢一家，認爲沒有種族革命也可以進行政治改革，因爲關鍵不在滿人而在全體國民的程度。」〔註191〕孫文爲革命派之代表，改革派則以康、梁爲代表，二派皆提倡「民族」思想，然具體的情態則迥然不同。孫文之《三民主義》乃認同一狹義的「民族主義」，〔註192〕其曰：「就中國的民族說，總數是四萬萬人，當中參雜的不過是幾百萬蒙古人，百多萬滿洲人，……外來的總數不過一千萬人。所以就大多數說，四萬萬中國人可以說完全是漢人。同一血統、同一言語文字、同一宗教、同一習慣，完全是一個民族」〔註193〕故孫文的「民族主義」在理論上仍有一定的爭議，其所謂「民族」是以漢族爲主體，例如他在興中會時期提出的「驅逐韃虜，恢復中華」，旨在消滅滿清，並恢復漢族於中原的正統，故其「民族」主義大抵是有排除外族的立場。不過，孫文在建立中華民國後，則旋以「五族共和」爲主軸，進而承認滿、蒙、苗、瑤族群之平等地位。其在民國五年所發佈的二次〈討袁宣言〉云「辛亥武昌首義，舉國應之，五族共和，遂深注於四億同胞之心目。」〔註194〕反而以國家的穩定爲優先，重視各族群的融合、團結，遂視孫文的「民族」思想係經過前後期之轉變亦可。

特·雷南將現代國族定義是一種遺忘：國族的成員以至於國家的子民，都忘記了自己的出身，因爲文化背景太過複雜。」故以爲各民族可融入同一國度，即爲「國族」論者。見艾尼斯特·格爾納（Ernest Gellne）著、李金梅譯：《國族主義》（臺北，聯經出版社，2001 年），頁 50～51。

〔註191〕黃克武：《一個被放棄的選擇：梁啓超調適思想之研究》（臺北，中央研究院近代史研究所，1994 年），頁 2。

〔註192〕《三民主義·第五講》：「中國國民和國家結構的關係，先有家族，再推到宗族，再然後才是國族。……大家如果知道自己是受壓迫的國民，已經到了不得了的時代，把各姓的宗族團體先聯合起來，更由宗族團體結合成一個民族的大團體。」可知孫文亦提及「國族」，然其「國族」實以漢民族爲基礎，是爲一狹義趨向之「民族」思想。見孫文：《三民主義》（臺北，中央文物供應社，1987 年），頁 69～71。

〔註193〕《三民主義》，頁 6。

〔註194〕孫文：《國父全集》（臺北，中國國民黨黨史委員會，1973 年），第一冊，頁 820。

　　梁啓超在《論中國學術思想變遷之大勢》中也提出類似近代「國族」觀點的「中華民族」概念，其曰「上古時代，我中華民族之有海思想者厥爲齊。故于其間產出兩種觀念焉：一曰國家觀，二曰世界觀。國家觀衍爲法家，世界觀衍爲陰陽家。」〔註195〕其一的「國家觀」即講究集權、法治，而法家的「法後王」亦成爲「國家」之能鞏固的基幹，遂梁氏便以爲中國先秦北學有「重家族，以族長制度爲政治之本」的特色，〔註196〕而此種風氣係能孕育宗法制度，進以派生重典制的儒家思想與重法度的法家思想，而形成中原文化重視禮制、集權、法治、族長的「民族」意識。再進一步說，其所謂「民族」大抵是以中原爲基地，透過君王的統治，擴而充之，亦包含各部族的融合，與共同道德文化的醞釀，故是爲一以中原文化爲核心之廣義「民族」思想（「國族」思想），在《新民說》有進一步的分析，言：

　　　　國也者，積民而成。國之有民，猶身之有四肢五臟筋脈血輪也。
〔註197〕

　　　　凡一國之能成立於世界，必有其國民獨具之特質。上自道德法律，

　　　　下至風俗習慣，文學美術，皆有一種獨立的精神。祖父傳之，子孫

　　　　繼之；然後群乃成；斯實民族主義之根抵源泉也。〔註198〕

「國家」的成立以「民眾」的聚集爲第一要素，由個人而「家族」而「部族」，再組成「邦國」，此種「群」聚的意識爲「國家」組成之第一義。再者，梁氏以中國四萬萬人之群聚爲其「國家」組成的總合，故又說「使吾四萬萬人之民德、民智、民力，皆可與彼相埒」，〔註199〕此論認同賢聖君王能盡四萬萬人民之力，使之團結一致，終使富強。而「四萬萬人」即包含廣義之中國國土上的各族群，再加上所派生的道德法律、風俗習慣、文學美術等，所構成則能成爲一學理上的「民族」，如以「中國」言之，即是梁氏所論述的「中華民族」也。

　　而梁氏在《墨學微》之推論，亦可視爲此種「民族」觀點的延伸，其中又寄託對「開明專制」的詮解，此在《墨子學案》亦有近似的論說，云：

〔註195〕梁啓超：《論中國學術思想變遷之大勢》，頁29。
〔註196〕梁啓超：《論中國學術思想變遷之大勢》，頁26～27。
〔註197〕梁啓超：《新民說》收入《飲冰室全集》，頁1。
〔註198〕梁啓超：《新民說》收入《飲冰室全集》，頁6。
〔註199〕梁啓超：《新民說》收入《飲冰室全集》，頁5。

　　這種議論，和歐洲初期的「民約論」很相類。……人類未建國以前，
　　人人都是野蠻的自由，漫無限制。不得已聚起來商量，立一個首長，
　　於是乎就產出國家來了。墨子的見解，正和他們一樣。他說：「明乎
　　天下之亂生於無政長，故選擇賢聖立爲天子使從事乎一同。」〔註200〕
此謂「國家」之興起有二，一是群聚之問題，二是政長產生的問題。有生之
初，人各自私自利，故有聖王崛起，組織部落「群」眾給予公利，剷除公害，
因此聖王也必須是權威的集中。從墨子的思路來理解，政長是源起於治亂，
而「尚同」的本義便是以民力推崇政長，使其權勢能集中，故謂「一同」，遂
領導者的出現無非是爲了使政策一貫而利於治平。誠如霍布士所言「由於這
種按約建立國家的制度其目的是爲了全體的和平與防衛，任何對這一目的具
有權利的人也就具有對於手段的權利。」〔註201〕「國家」因眾人的契約以成
立，其契約付予國家的代表即政長，故政長之維護全體民眾和平的責任與權
利，必須有神聖不可侵犯之威信，霍布士又說：「具有主權的任何個人或集體
就當然有權審定和平與防衛的手段」，可知領導者以「民約」而擁有武力，乃
源於民眾之認同與保衛「國家」的責任。墨子〈尚同上〉亦以爲，「天子」的
產生「夫明乎天下之所以亂者，生於無政長；是故選擇天下賢良聖知辨慧之
人，立以爲天子；使從事乎一同天下之義。」〔註202〕因此「尚同」的實現，
非但是奠定最高領導人，而其作用則在於使天下所有意見能經同一管道而實
踐，畢竟多人多義，是乃天下大亂的根由，因此天子的產生，便是要來平息
諸人多義多事的紛亂。《淮南子》以爲東周之諸侯，欲「握其權柄，擅其政令，
下無方伯，上無天子，力征爭權」，在各自爲政下戰亂層出不窮，故諸子學驟
興皆是起於救世之弊。〔註203〕從此來看，梁氏謂墨子之「尚同」之論，是乃
針對治亂而發，贊同君主權威而重視群治，此亦是一明證了。

　　最後，梁氏以爲墨子的治術是以一大同理想爲指歸，而如何達成或者維
護此種理想社會，則要由「法律」所統合、規定，其曰：

　　要而論之，墨子之政術，非國家主義，而世界主義，社會主義也。……
　　舉國界家界盡破之，而一歸於大同，是墨子根本之理想也。〈尚同〉

〔註200〕《墨子學案》，頁 62。
〔註201〕《利維坦》，頁 136～137。
〔註202〕《墨子學案》，頁 61。
〔註203〕高誘注：《淮南子》收入《新編諸子集成》，第七冊，卷二十一，頁 376。

三篇所反復陳說，皆此志也。今世所謂社會主義者，以自由平等爲
精神，而不得不以法制干涉爲手段，墨子之民約建國說與君權神聖
說所以並容不悖者，亦明此而已。〔註204〕

因此，梁氏乃以爲墨子學術的終極理想是建立一「自由平等」、「共產共業」，
且不分家、國畛界的大同世界。而所謂「法治」，則是在達到理想世界前所必
須的整治工具。事實上，墨學這種緣法治而達到理想的社會，與西方的烏托
邦社會主義（或譯空想社會主義，utopian socialism）的思維頗像，即「法律」
與「契約」的產生是爲了使社會「快樂」。湯瑪斯・摩爾（Thomas More 1478
～1535）在《烏托邦》說：「他們主張人人必須遵守私人的協議以及公共法律
（諸如針對民生必要物資的管制分配，以確保群體的快樂）。由賢明的君主所
策畫，經由全體人民依自由意志和明智的判斷所同意的任何法律，人人皆應
一體奉行。」〔註205〕因此西方「理想國」中的法律雖極少，且道德與教育對
民眾的教化有過於法律的拘束，但「法治」依然不能被消滅，以是「法律」
的制定在於能確保「群體的快樂」。故與梁氏的世界「大同」、「自由平等」說
是近切的。

　　不過總的來說，梁氏對墨子的政術亦有誤解，其爲強組合「君權神聖說」
與西方民約派的論點，則盡以「民權」思維解釋，而不知墨子政術的最高依
據仍在於「天志」。梁氏云：

他說：「明乎天下之亂生於無政長，故選擇賢聖立爲天子使從事乎一
同。」甚麼人「明」？自然是人民「明」；甚麼人「選擇」？自然是
人民選擇。……這種見解和那說「天生民而立之君」的那一派神權
起原說，和那說「國之本在家」的那一派家族起原說，都不相同。

〔註206〕

墨子是「言必立儀」的，也就是每一說每一論皆要在根據下因循辨證而後至
當，故國家之起源、君權之成立，必然都有其法儀可徵，如其〈非命〉諸篇
所論之「三表法」：「有本之者，有原之者，有用之者。於其本之也，考之天
鬼之志，聖王之事；於其原之也，徵以先王之書；用之奈何，發而爲刑。此

〔註204〕《墨學微》，頁 41。
〔註205〕湯瑪斯・摩爾（Thomas More）著，宋美璍譯：《烏托邦》（臺北，聯經出版
　　　　社，2003 年），頁 85～86。
〔註206〕《墨子學案》，頁 62。

言之三法也。」〔註207〕故君權所「本」仍在於考「天鬼之志」，謂至高的「天志」爲墨學的終極源頭是明確的，而「刑政」之闡發則在於「實用」與「實利」，即「觀其中國家百姓人民之利」，此又是以「天志」爲本下之作用，所以墨子「法」源的追溯，必不能跳脫「天志」、「先聖」，而其運用則必然映徵於「交相利」之事。

　　然而，梁氏卻以爲「國家是由人民同意所造成，和『民約論』同一立腳點。」〔註208〕此進「民權」而退棄「天權」、「君權」，固然係梁氏爲申張「群治」，並配合當代人權「致用」之權宜。〔註209〕不過如把「國家」與「君權」直接訴諸於「民」，而不能理解「天志明鬼」才是政治初始的「本」，這顯然是誤解墨子的觀點了。〔註210〕梁氏在「法治國」一論以爲墨子之「法」非成文法，且承認墨子這種「必度於天，天之所欲則爲之」的「法」猶「不免空漠無朕」，殆不能正視墨子欲政教併立的事實也。這種矛盾，亦漫延於其「君權限制說」，大抵梁氏仍樹立一「以天統君」的節約論點，可見梁氏是贊同墨子政術仍須訴諸「天權」的決斷。然而，再回到梁氏的「君權神聖說」，假如「天權」可以節制「君權」，但「君權」的始末卻與「天權」無涉，則「天權」是以何種高度制約「君權」？且「民權」能創始「君權」，但終究又不能制約「君權」，則墨子政術如何能達到和諧的境地？此其中的因果實不能前後相繫，故梁氏說法亦是有所違離。察梁氏「以民爲本」的「君權神聖說」，其中似乎存在儒學的影響，如其融通《尚書・泰誓》的「天視自我民視，天聽自

〔註207〕《墨子閒詁》收入《新編諸子集成》，卷九，頁169。
〔註208〕《墨子學案》，頁62。
〔註209〕梁啓超欲調和《墨學》與西方政治學的意趣是顯明的，其云：「墨子之政術，民約論派之政術也。泰西民約主義，起於霍布士，盛於陸克，而大成於盧梭。墨子之說，則視霍布士爲優，而精密不逮陸、盧二氏。」故其進而比較諸學之精密、優劣等。見《墨學微》，頁37。
〔註210〕作者案，與梁氏同時期的日本學者服部宇之吉（服部氏曾於1902至1909年，客座於京師大學堂），亦反對混墨子政論與霍布士「民約」說之同。服部氏固然承認「墨子的學說，其出發點和霍布斯學說很相似」，但其又進一步以初民的社會組織與墨氏學說相論證，以爲墨子「並無『民約』一類的思想，他只是把當時所行的封建制度，認爲惟一的國家組織」，大抵認爲原初之社會發展是趨近「部落→封建」制，故「最後天子又率天下之民奉天意天志爲義，然後天下之義才得以統一」，也因此墨子的國家觀點仍在於天志、尚同的意識下而完成，而非眞由一「民約」或民主而建構。見服部宇之吉：《儒教與現代思潮》（臺北，文鏡文化事業有限公司，1983年），頁5～6。

我民聽」之「天志」，便以爲儒家的說法較墨家更之周延，曰：「儒墨同託天，而儒說實較完。儒者謂『天視自我民視，天聽自我民聽』，……蓋以民爲天之代表，其所謂天者已離空想界，以入於現實界矣。」〔註211〕謂「民」意可代表「天」意，故「民權」更較「天權」合乎現實。不過，此說畢竟是據儒經而闡述，墨學雖有儒學影響的事實，但墨者的「天志」本義未必是合同於儒學的，此實必須謹慎詮釋才能見其合理了。

四、小結

梁啓超對墨學的疏通係爲豐富，舉凡宗教、經濟、政治之論皆無所不發，自然有其特殊的時代意義。不過梁氏一味以西學附會墨子之兼愛、政術，又強以綰合墨學與社會主義的部份概念，其雖是立足於當代社會的實用面而論說，然過於武斷亦是其缺點。由上述而觀察，梁啓超以「致用」意識所探析的墨學研究，有幾點可留意：

（一）梁氏的墨學研究與西方學術密不可分

從梁氏之積極援用西學與比較西學可知，其墨學研究必與西學密不可分。如其比附墨學的「兼愛」、「實利」與西方的社會主義與經濟學，又以墨家組織比之於耶教，謂墨子是「小基督」，此皆可證明。

而梁氏這種學術態度，亦可謂是受了當代學風與其師承影響。清末時人如黃遵憲、鄒伯奇、王韜、張自牧，皆認同墨學于社會學、自然科學、名理學等領域，是可與西學接軌的；另外，在宗教議題上，康有爲在清末倡導「儒教」，其構思亦是因耶教而啓發，其自居是「孔教之馬丁路得」可證之。〔註212〕而當梁啓超爲其撰寫《康南海傳》時，亦以爲康氏的「儒教」見解係得於對「華嚴」、「耶教」的發明，且康氏亦頗以「傳教者」自詡，梁氏也言其「以孔教復原爲第一著手」。〔註213〕因此論述梁氏的諸子學研究，必不能忽略西學的會通、比較及影響了。

（二）梁氏大抵以「致用」意題貫通墨學的「利」思想

梁氏所謂墨學的「利」並非單純的「利益」、「私利」，而是可由三個議題

〔註211〕《墨學微》，頁40。
〔註212〕梁啓超：《康南海傳》（臺北，臺灣商務印書館，1987年），頁16。
〔註213〕《康南海傳》，頁15。

擴充，即「天志」、「實利」、「兼愛」。如其「天志」的「食者，養也。謂天兼養萬民也」，說明「天志」的賞善罰惡干係著人民的福利；而「非樂」、「節用」、「節葬」的致力，則在於貶抑貴族，並提升人民「實利」的獲得；最後，「兼愛」的實現在「共有共享」理想社會的建構，此亦群體之大利也。

因此，梁氏或以爲墨子是欲經「天志→實利→兼愛」脈絡的貫徹而建構一理想國，此與西學所言的烏托邦相當近切，《烏托邦》所謂「虔敬之人則同時追求公眾的利益；不公義之人則剝奪別人的利益來追求自己的享受。相反的，減損自身的快樂去增加別人的快樂，則是人道慈悲之人，他的福報必超過他的犧牲。……他在世上所捨棄的短暫歡娛，上帝會在天堂補償給他無量無邊的快樂。」〔註214〕梁氏以爲墨子的根本理想是「世界主義」、「社會主義」，此無異於《烏托邦》建立在宗教、道德、實用之上的「美德」、「享樂」宣言，即互助互利、無私無我的平等社會。雖烏托邦的理想自是一空泛概念實遙不可及，然對照於梁氏墨學研究依「致用」所探析之「利」，則二者在論述上是有共通點的。

（三）梁氏以爲墨學的實現與完成應期待於「政術」

梁氏曾擔任民國初期的司法總長、財政總長，又多次創組政黨，故對於政治課題必然有其深刻的理解與反思。且清末民初學界提倡中西會通的學術環境，乃有利梁氏融會政治學、社會學、西學的理念而衡量墨學，如其對「民族主義」、「民權」、「君權」、「法治」、「自由」、「共產」理念的界定，皆梁氏「致用」意趣運用之實例。再從內容言，梁氏所認同墨子政術是起於「治亂」，而終於「大同」的無國界世界，遂墨學的一切思想，即以宗教爲核心，以實利爲運用，以兼愛爲目的，而這些課題勢必有待於「政術」的完成才得以保障其運行。梁氏云「竊意墨子之政治，宗教主權之政治也」，〔註215〕故認爲「政治」理想的實現也確保了「天賦人權」的落實，此亦其「天志」、「實利」、「兼愛」的價值意義所在，也因此梁氏以爲「天志→實利→兼愛→政術」的實現，是爲墨學的最大學術課題了。

〔註214〕《烏托邦》，頁86。
〔註215〕《墨學微》，頁39。

第三節　論章太炎子學的以法致用與反「進化」議題

　　章太炎（1969～1936 A.D）為晚清民初之重要學者，其原本崇尚乾嘉學術而研治群經、小學，之後則輾轉留意經世致用之學，對佛學、諸子、西學哲理亦產生興趣，其由正統派之研究法著手，能廓大義理思想之內容且為當代思想界開擴一新徑，精闢的識見對於晚清民初學術有深遠的影響。〔註216〕梁啟超《清代學術概論》言：「蓋炳麟中歲以後所得，固非清學所能限矣。其影響於近年來學界者亦至鉅。」〔註217〕以是章氏於中年之後對傳統學術有所改造，能運用正統派之方法使晚清民初之思想界有所創新。錢穆也以為章氏之學對古今學術多有闡發，曰：「《國故論衡》下卷皆論諸子，而〈原名〉、〈明見〉諸篇，尤精闢有創見。……《檢論》卷二、卷三、卷四各篇，備論古今學術，皆有系統。」〔註218〕以其諸子學而論，大抵能運用佛學與西學的理論方法，善於以古喻今、以今事反證古說而提出諸多改革思想，亦影響了當代傳統學術與新學的研究視野。固然梁啟超說章氏的「持論時涉偏激」為其缺點，然其精闢的創見對於學術界的影響實是不容忽略的。〔註219〕章氏的重要著作亦可與其生平遭遇相銜接，如其宣揚反清革命遠渡東洋，後因「蘇報案」身陷囹圄，民初遭袁世凱拘禁之際，皆不廢創作撰著，其一來觀察政事一來亦持守學術經世的矩矱，故其攝入政治、經濟、社會關懷的學術思想頗有可觀處，湯志鈞說「章太炎是中國近代愛國的思想家。」〔註220〕以是章氏生平鼓吹民族大義，以反滿、革命、對抗專制為職志，又說「章太炎一些專門性的學術著作，如《文始》、《新方言》、《齊物論釋》諸作，每多訓釋精審，發人未發，在學術上有重大貢獻。」〔註221〕章太炎本以學者之姿參與「時務報」、「民報」的社論，亦留心傳統學術與新學的會通，其以古證今之論，能切中

〔註216〕章炳麟，浙江餘杭人，字枚叔，號太炎，清末民初之經學家、思想家，亦曾參與清末同盟會的反清革命，民國建立後曾擔任臨時大總統樞密顧問，袁世凱政府東三省籌邊使與護法軍總參議等，但前後與孫文、袁世凱政見皆不合，故在政治上則排徊於國民政府與各軍閥之間，並無就任重大職位，晚年則以講學終老。

〔註217〕梁啟超：《清代學術概論》（臺北，里仁書局，2002年），頁81。

〔註218〕錢穆：《國學概論》（臺北，台灣商務印書館，1998年），頁323。

〔註219〕梁啟超：《清代學術概論》，頁81。

〔註220〕湯志鈞：《章太炎傳》（臺北，台灣商務印書館，1996年），頁389。

〔註221〕湯志鈞：《章太炎傳》，頁391。

時務的弊端，對於晚清民初學術的發展有其深遠的影響力，故章氏學術經世的思想意趣誠可爲學者所留心。

而章太炎之研治先秦諸子亦頗有可觀處，其大抵認爲先秦諸子寄託治亂救弊的思想，故有諸多觀點可爲當世所借鏡，其曰：「余既解齊物，于老氏亦能推明。佛法雖高，不癒用於政治社會，此則惟待老莊也。」〔註222〕此以爲老、莊之無爲、自由之論實可接濟於當代的實務，比之於佛學的格高意遠，更能切合於人事社會。而章氏又推崇法家韓非之學，可知其對先秦諸子之重視如此。本文以章太炎子學之法家研究爲線索，析論其「新法家」之識見、以法爲治的致用思想，再闡釋其「不尙賢」的治術觀點，並釐清與反「進化」思想之干涉，如下。

一、章太炎子學著作之思想與價值

章太炎早年本衷意於古文經學，其《自訂年譜》云：「壹意治經，文必學古。」〔註223〕受到其外祖父朱有虔與其父章濬的影響，章氏弱冠之時已表現出對漢學研究的景慕。稍長，章氏學於杭州詁經精舍師從俞樾研經，可說其學從此與乾嘉學術有所干涉，其所謂「通訓詁知典禮」、「分別古今文師說」、「專慕劉子駿，刻印自言私淑」之說，此實可證明章氏對於古文經學是有所憧憬。章太炎於詁經精舍所學即經學、訓詁考據的方法，其屬於經學著作之《膏蘭室札記》、《春秋左傳讀》也寫成於此時，而其學術基礎大抵亦在此時確立。厥後章氏學風一變，乃轉以留意經世致用之學，也因此對子學研究產生興趣，《菿漢微言》嘗曰：「少時治經，謹守樸學，所疏通證明者，在文字器數之間。雖嘗博觀諸子，略視微言，亦隨順舊義耳。」〔註224〕故章氏早年實以樸學家自居，所留意皆在於「文字器數」範疇，而當時章氏認爲研治諸子亦不過在於方便讀經。中日甲午戰爭爆發，清廷在日方脅迫下簽訂喪權辱國的馬關條約，章太炎也在期間應梁啓超之邀至上海任「時務報」主筆。該時期章氏接觸到相當多與國政、社會制度相關的議題，其治學興趣也輾轉由

〔註222〕章炳麟：《民國章太炎先生自訂年譜》（臺北，台灣商務印書館，1987 年），頁 54。

〔註223〕章炳麟：《民國章太炎先生自訂年譜》，頁 3。

〔註224〕章炳麟：《菿漢微言》收入《菿漢三言》（上海，上海書店出版社，2011 年），頁 71。

經學移至諸子學、新學的範圍，並且重視學術與社會致用的關係。在諸子思想上章氏大抵以爲諸如荀卿、韓非的古學識見，實可與當代的經國、治術相發明。察章氏叢書中凡涉及諸子思想之著作者，如〈諸子學略說〉、《訄書》、改寫的《檢論》、《菿漢微言》、《國故論衡》、《國學略說・諸子略說》等書皆有義理思想之價值，故頗可留意之。

　　章氏在流亡日本期間，則大量涉獵佛學經典，亦接觸了眾多西方與東洋的哲學典籍，從此章氏便以義理的研治爲崇門，對於諸子學的思想意義亦重新評估。其於 1899 年所出版的《訄書》，已大力闡揚先秦諸子思想，其中的〈原儒〉、〈儒道〉、〈儒墨〉、〈儒俠〉則專篇述說諸子與儒學的關係，章氏亦從諸論說中疏發其學術會通之視野與社會致用的諸多問題。《訄書》前後十餘年經過多次改寫，其中實反映了章太炎學術思想與政治趨向的變異。〔註225〕湯志鈞以爲：

> 從《訄書》初刻本、重印本、手改本到《檢論》的修訂，反映了章太炎思想遞變的迹象，他曾經由贊助維新到投身革命，也曾經由「拉車向前的好身手」到「既離民眾，漸入頹唐」，從而對他先前所發表的論著有所增衍、修飾、改易、刪削。……由於《訄書》是章太炎論政論學的代表作，它的增訂又反映了章太炎不同時期的思想演變。〔註226〕

《訄書》乃前後經四次改訂兩次出版，與一次的改名再出版，章氏多次的改寫至最終的改名，也反映其政治觀點與學術思想之變遷。由政治上而論，章氏對於中國之立憲本採取客觀看法，故早期章太炎是認同康、梁維新的舉措，但章氏流亡日本後，再經過自立軍失敗與「蘇報案」入獄三年後，則轉以贊

〔註225〕章氏《訄書》有經多次改版，前後文字、思想內容已多有更動。據湯志鈞的考校，《訄書》原寫於於 1899 年，隔年於日本東京出版。但隨後章氏回國，與章氏友好的唐常才組自立軍失敗，於是章氏對康、梁「立憲派」由失望而絕交，又興起改寫《訄書》的意念，章氏以手寫改訂，此版本今藏於上海圖書館，湯志鈞認爲該版本的改筆並不多，但能「反映章太炎思想的發展演變」，故知其價值。之後，章氏在 1903 年又據手改本校定《訄書》，此版本於 1904年由東京翔鸞社出版，是爲「重印本」，也是目前較常見《訄書》的版本。1910年，章氏又以手寫方式改寫「重印本」，但此手寫本並未出版，不過章氏於1914 年被袁世凱拘禁時，則以此手寫本爲底本又改寫《訄書》，後改名目爲《檢論》，章氏出版《章氏叢書》時《檢論》亦出版，也成爲《訄書》最後的定本。

〔註226〕《章太炎傳》，頁 311。

同民主自由，其排滿與民族學說自此興起，而徹底反對清廷之治國。不過在袁世凱稱帝後，章氏對於中國的民主制度亦產生質疑，其以爲：「試觀民國以來，選舉大總統，無非藉兵力賄賂以得之。」〔註227〕民主政治是以民權爲主的政治體制，然軍閥與政客爲了個人的利祿，卻往往以暴力方式強行破壞其中的規範，且無視法律的制約，故章氏終認爲不論實行何種體制，皆需以法治爲首要，當法治的制度形成，則資質平常的統治者亦能有效率的治國。總上而論，可說章氏理論思想之前後嬗變是一種修正式的遞進，以其親身的遭遇與歷練漸次改訂，此亦是其經世致用思想的反映，《訄書》的改訂與《檢論》的出版，大致也反映了此種漸進之趨向。再次，如從章氏各時期的著作論，則章氏對諸子學的興趣實與日俱增，如重印本的《訄書・儒法》本爲近五百字的短篇，但到了《檢論》的成書則改〈儒法〉爲〈原法〉，除保留對儒、法學術與歷代律法的關照，也刻意提高對申、商、韓學說之論述，其擴充篇幅至一千八百字左右，又附上近五百字的〈漢律考〉，較之於《訄書・儒法》專以儒、法相比附，可知章氏之學後出轉精亦不廢先秦諸子思想。

其次，《齊物論釋》亦爲章氏所自詡的子學著作。章氏在 1903 年因蘇報案入獄三年，期間潛心佛學，所謂：

> 始余嘗觀「因明入正理論」，在日本購得「瑜伽師地論」，煩擾未卒讀，羈時友人來致；及是，並致金陵所刻「成唯識論」。役畢，晨夜研誦，乃悟大乘法義。〔註228〕

章氏早年以研經爲主，對佛學本無興趣，流亡日本後才開始留意佛學典籍，但該時實無暇進一步研讀與整理。章氏於上海入獄之後，則大量研讀佛書，除了精讀唯識、華嚴的思想，亦能由佛學方法探究道家思想，再進以分判中國哲學等次。章氏《齊物論釋》成書於1908年，而實構思於入獄當時，以是該書多有唯識、華嚴的觀點可知。該書的特點在於能以佛學方法說《莊》學，又能以《莊子》的平等、齊一反證佛理，也比附部份西方科學的觀點，故〈齊物論〉的心、物、有無之說亦能由八識種子析論，蓋此種道、佛、西學之會通於當代學術是爲創新。不過，章氏之尊崇佛學亦有其原因，除了該學所寄寓的豐富哲理，章氏以爲唯識邏輯的分析名相與樸學之文字訓詁近似，其〈菿漢微言〉云：「以名相分析始，以排遣名相終，從入之途，與平生樸學相似，

〔註227〕章炳麟：《國學略說》（臺北，文史哲出版社，1987 年），頁 181。

〔註228〕《民國章太炎先生自訂年譜》，頁 10。

易於契機。解此以還，乃達大乘深趣。」〔註229〕唯識的「因明」學本爲印度之邏輯學，其內容即通過構思、辨證、推演的方法以論說眞理、學問之旨，而這種對於語言文字的精密檢視，也不異於戴震對名物訓詁之推敲，戴震〈古訓〉云：「古訓故之書，其傳者莫先於《爾雅》，六藝之賴是以明也。所以通古今之異言，然後能誦乎章句，以求適於至道。」〔註230〕文字訓詁雖爲小學，然聖人術業之本然則有賴其學之釐清，故訓詁範疇的的鵠係在於道術。

　　蓋唯識學之論證佛理，實偏於唯心思想，而樸學目的在於爲疏發經學且著眼於聖人事業與典制，然二者對於語言文字的求索仍有相近之處。章氏之治學以緣「道」爲企圖，其欲由「文字→義理」而尋求「道」的脈絡此大抵是顯明的。而章氏視《齊物論釋》「一字千金」，以爲該書是其論說古代學術的一個總結，〈齊物論釋後序〉的評論也說：「太炎居士以明夷演易之會，撰《齊物論釋》，……以爲齊物者一往平等之談。……今太炎之書現世，將爲二千年來儒墨九流破封執之局，引未來之昀新。」〔註231〕故章氏不單單析論《莊子》，其以「齊物」的觀點設準萬物平等，則一切學問便可在此契合，晚清的學術研究亦由此開出新意，梁啓超認爲該書「用佛學解老、莊，極有理致」能且爲當代《莊》學爲「開一新國土」，可知晚清學人對《齊物論釋》是有其高度評價。〔註232〕

　　再者，〈諸子學略說〉是爲章氏於《國粹學報》所發表的著作之一，據章氏《自訂年譜》說法，該篇初刊登於光緒三十二年，故屬於章氏早年之作品。此篇的特點在於能辨證先秦諸子源流與諸子學說之特長，亦重視諸子學哲理，雖爲章氏早期之作，但已開其論析先秦諸子哲理之先，其自言「若諸子則不然。彼所學者，主觀之學，要在尋求義理，不在考迹異同。」〔註233〕此否定了說經與子學方法之同，以爲說經在於疏證考辨典制，而研治諸子則必須由哲理入手，此實論證了諸子學研治已非能局限在「通經」的範疇。

　　民初時期，胡適與章太炎於諸子源流考證有一番論戰，不過胡適仍相當

〔註229〕《菿漢微言》收入《菿漢三言》，頁71。
〔註230〕戴震：《戴氏雜錄》收入《戴震全書》（湖北，黃山書社，2010年），第六冊，頁496。
〔註231〕章炳麟：《齊物論釋》收入《章氏叢書》（臺北，廣文書局，1970年），頁141～142。
〔註232〕梁啓超：《清代學術概論》，頁81。
〔註233〕章炳麟：〈諸子學略說〉收入《中國現代學術經典・章太炎卷》（河北，河北教育出版社，1996年），頁480。

重視〈諸子學略說〉、《國故論衡》對於先秦諸子源流的見解，且多次提及章氏觀點對民初諸子學的影響，固然胡適並不全然認同章氏的「諸子出於王官」說法，以爲其說「破碎不完」且「無徵驗之言」，盡採用班固於〈藝文志〉說法「乃漢儒陋說，未得諸家派別之實」，但也不能否認章氏「不仕則無所受書」之說，也就是古學與古代經典大抵出於王官，古學的授受在於王官職能所出，而王官又爲諸子源頭的詮說。〔註234〕從此來說，章氏〈諸子學略說〉的徵證仍是可留意的，其說繼承了《漢書‧藝文志》以來論述諸子源流的識見，亦可以視之爲晚清諸子學論說的重點經典之一。

　　章氏的《菿漢微言》亦多談論諸子、佛學、儒學，該書撰成於民國二年遭袁世凱拘禁期間，以札記問答的方式爲書寫體裁。在內容上，章氏泛說佛學、經學、諸子、史學、曆算、典制、文字訓詁等，於哲理範疇則會通儒、釋、道的視野，並判其品地高下，大抵視佛說爲最精，而子學哲理能與佛學相發明故不容忽略，其中的道家說法又較他家子學更切近佛學，商、韓的法家思想則可與當代政術作一融通，章氏曰：「精理諸子，信其不易。余昔作〈明見篇〉，謂窺見臧識者莫如荀子，而莊生『靈台有持』之義，失之目前。……又老莊書近佛說者，成玄英輩亦能知之。」〔註235〕章氏此以佛學爲分判諸子思想之方法，荀學多形下經驗思辨，故可視爲解構「臧識」的入門，而章氏又提升老、莊於哲學史的高度，以爲道家思想能接近佛說之意境。可知章氏之治學，則諸子學爲其中一要點，其嘗言生平所服膺，即「莊生之玄，荀卿之名，劉歆之史，仲長統之政，諸葛亮之治，……終身以爲師資。」〔註236〕該書之篇幅以論述經學、諸子學、佛學居大半，對於諸子的哲理、治術皆有評議，乃知章氏學術係認同諸子學是其「微言」之所出了。蔡元培在〈五十年來之中國哲學〉一文，對該書有極高之評價，曰「他那《菿漢微言》的上半卷，用『唯識』證明《易》、《論語》、《孟子》、《莊子》的玄言，也都很有理致，不是隨意附會的。」〔註237〕此係針對該書的哲理而論，以是章氏能通過經學、《莊》學、唯識的「玄言」闡述其義理思想，亦致力於諸學術之會通，故欲論述晚清民初儒、釋、道三家之學，則章氏《菿漢微言》之旨趣實可留意之。

〔註234〕《中國哲學史大綱》，頁434。
〔註235〕《菿漢微言》收入《菿漢三言》，頁52。
〔註236〕《菿漢微言》收入《菿漢三言》，頁49。
〔註237〕蔡元培：《蔡元培全集》（浙江，浙江教育出版社，1997年），第五冊，頁135。

　　另〈諸子略說〉爲章氏於國學講習會之講稿，據〈太炎先生著述目錄〉所載該篇講說於民國二十四年，由弟子王乘六等記錄孫世揚校對。〈諸子略說〉屬於章氏後期之作，可視爲章氏對諸子研究的一個總結，其中對儒、道、墨、法諸家皆有論說，且欲以佛學貫通全篇。章氏大抵採取札記筆談的方式成篇，以諸子源流、諸子興起、諸子思想爲脈絡，再漸次深入各家思想的要旨，亦兼論宋明理學、清初學者之得失。章氏頗重視老子的道論與政論、莊子之齊物論與死生之說，道家之外，孟子的心性論、荀子的禮論、商、韓的刑名論，告子學說等亦爲其所留意。章氏又刻意拉抬佛學思想的地位，以爲可與先秦諸子思想相發明，佛學亦是其分判諸子哲理高度的基準。蓋章氏認爲佛學能在中國造成流行，與魏晉玄學對先秦道家的接引有所干係，曰：「自莊子流傳，而清談之風乃盛。由清談而引進佛法，魏晉間講佛法者，皆先究莊子。……自莊子之說流行，不啻爲研究佛法者作一階梯。」〔註238〕故全篇雖以諸子學爲命題，然實爲章氏會通中國歷代思想精義之篇章，其有意以佛學貫串全篇，並對其中思想進行審視，可見〈諸子略說〉亦存在溝通諸子學與歷代義理思想之學術企圖。

　　總體而論，章氏學術已有「經學家→哲學家」、「通經→明道」轉變之趨向，因此章氏以哲學家之姿對傳統學術進行考察，已屬於開創之格局，其子學著作已非全然採取考據訓詁方法，而是能經由哲理層面進行疏發，其目的在於「貫通」儒、道、釋，甚至於西學的思想要義。胡適在《中國哲學史大綱》亦曾點出章氏著作的特色，其曰：

> 到章太炎，方纏於校勘訓詁的諸子學外，別出一種有條理系統的諸子學。太炎的〈原道〉、〈原名〉、〈明見〉、〈原墨〉、〈訂孔〉、〈原法〉、《齊物論釋》，都是屬於貫通的一類。……正因太炎精於佛學，先有佛家的因明學，心理學，純粹哲學，作爲比較的材料，故能融會貫通。〔註239〕

章氏學術之基礎在於古文經學，其治諸子、佛學亦採取考據方法爲初步，再對其中義理進行解構，以開出「新國土」、新境界，其學術之精審大抵如此。民初蔡元培對於章氏的〈齊物論釋〉、〈諸子學略說〉亦有所肯定，蔡氏列章太炎爲清末民初五十年的重要思想家，與嚴復、夏曾佑、王國維、胡適同爲

〔註238〕《國學略說》，頁173。
〔註239〕胡適：《中國哲學史大綱》（臺北，台灣商務印書館，2008年），頁25。

當代之先驅，其曰：「這時代的國學大家裡面，認眞研究哲學，得到一個標準，來批評各家哲學的，是餘杭章炳麟。」〔註240〕蓋章氏且能借重傳統學術的方法以開闢思想界的新徑，此亦爲章氏學術對晚清民初思想界之貢獻也。

二、推陳出新的諸子研究視野

章太炎自詁經精舍時期即留意諸子學，其《膏蘭室札記》已有三百餘條論證先秦諸子，不過該書的論證大抵同於俞樾《諸子平議》，以考據訓詁爲主要，對於諸子思想之發展並無新意。姜義華《章太炎思想研究》對章氏早期的子學研究有所評價，其云：「對於儒者所不屑言的《管子》、《墨子》、《淮南子》、《呂氏春秋》等用力更勤，這更顯示了章太炎思想學術發展的一個重要動向，即通過諸子學的研究，突破儒家傳統說教的桎梏。」〔註241〕固然章氏自言早期對諸子學只是「略識微言，亦隨順舊義」。〔註242〕所析論多限於古代文獻之訓詁、文字、音韻之解構，少部份言及諸子哲理的範疇，不過章氏對於先秦諸子的興趣實已萌發。之後章氏學術轉以著重義理思想，然考據訓詁亦能爲其所用，章氏大抵能在考據學的基礎上，對古代文獻進行精密考察，再從而對哲理進行論證，這種由「考據訓詁→哲理思想」的建構，亦是章氏學術發展的另一特色。

以章氏的〈諸子學略說〉、《國故論衡》、《國學概論》、《國學略說》爲例，其能針對諸子學源流、諸子學之興起、諸子學之義理思想爲要點，再進以評論諸子思想之得失優劣，其中對諸子源流、諸子興起的探討，亦有賴於考據訓詁方法之藉重。本文則以三個層面闡釋章氏諸子學說的重要識見，即諸子出於王官論、道法二家思想之合流、儒學應與諸子地位平等來探討章氏諸子學研究之視野。

（一）效法漢儒的諸子王官論

章太炎對於諸子源流亦有評論，其〈諸子學略說〉與《國故論衡》、《國學略說・諸子略說》皆採取「諸子出於王官」說法，此大體依據《周禮、天官》、〈七略〉、《漢書・藝文志》的論證，以爲諸子學術應有所本，其學派之沿革並非憑空而來。章氏以學術源流與周官職份之觀點，指出周王室麾下的

〔註240〕《蔡元培全集》，第五冊，頁131。
〔註241〕姜義華：《章太炎思想研究》（北京，中國人民大學出版社，2009年），頁13。
〔註242〕《菿漢微言》收入《菿漢三言》，頁71。

職官應是先秦諸子的起源，〈諸子學略說〉曰：「古之學者，多出王官世卿用事之時。……當時學術相傳，在其子弟，而獨稱為家者，亦仍古者疇官世業之名耳。《史記》稱老聃為柱下史，莊子稱老聃為徵藏史，道家固出於史官矣。」〔註243〕學術先後有其傳承，九流之名亦承襲自「疇官世業」，故章氏以為道家「本是史官，知成敗禍福之事」，而儒家出於司徒「專主教化，所謂三物化名」，這種對九流術業與古代王官聯繫的說法，係章氏九流出於王官合理推敲，故其又以為《荀子・儒效》「大儒者，天子三公也。小儒者，諸侯大夫士也」之說是可成立的，畢竟戰國儒、墨為顯學，儒者於布衣卿相的環境中，亦能守持其術業專攻而為諸侯所用，如李克、寧越、荀卿、魯仲連皆「當代顯人」，故章氏以此即認定儒學為司徒之官所衍無疑。〔註244〕《國故論衡》亦不廢「諸子出於王官」之說，其說法又較〈諸子學略說〉縝密，論證之精詳亦超過前說，章氏在《國故論衡》言：「《七略》曰『儒家者流，蓋出於司徒之官』，……《七略》疏晏子以下五十二家，皆粗明德行政教之趣而已」、「老聃為周徵藏史，多識故事，約金版六弢之旨，著五千言以極其情」、「漢世吏多出掾史」。〔註245〕此乃以大量漢人的說法補充之，故章氏終判定先秦學術「九流皆出於王官，及其發舒，王官所不能守要，而九流究宣其義。」〔註246〕此以為王官本存有自三代以來的道術，但在周王室衰敗下而不能持守以至於沒落，於是章氏乃判定諸子之學實際上即是繼承王官的功能，故九流皆是源出於王官。再者，其後期的《國學略說・諸子略說》亦較之〈諸子學略說〉、《國故論衡》說法嚴謹，但也不諱言儒、道的源流在於王官，其云：

> 今更就〈藝文志〉所言九流所從出而析論之。〈藝文志〉云：「儒家出於司徒之官。」此特以《周官》司徒掌邦教，而儒者主於明教化。故知其源流如此。又云：「道家出於史官」者，老子固嘗為柱下史，……又云：「墨家出於清廟之守」者，墨家祖伊佚，〈洛誥〉言：「烝祭文王武王，逸祝冊。」逸固清廟之守也。〔註247〕

從此而論，則儒家本出於司徒之官，道家為史官，墨家則是官廟守護。司徒掌管邦教，而儒者的職志在於教育，二者皆有宣明教化之功能，此謂儒者同

〔註243〕〈諸子學略說〉收入《中國現代學術經典・章太炎卷》，頁480～481。
〔註244〕〈諸子學略說〉收入《中國現代學術經典・章太炎卷》，頁483。
〔註245〕《國故論衡》收入《中國現代學術經典・章太炎卷》，頁100～103。
〔註246〕《國故論衡》收入《中國現代學術經典・章太炎卷》，頁96。
〔註247〕《國學略說》，頁135～136。

於司徒之職守並非是無據的，賈公彥也說：「三公者，內與王論道，中參六官之事，外與六鄉之教。」〔註248〕三公內輔王道，外理六鄉邦教，司徒爲其一，從此說判司徒爲儒者之源頭，則在於認同兩者的職能有傳承事實；又老子嘗任柱下史，掌天下的圖書典籍亦包含保管史籍，故有史官性質；而《尚書・洛誥》爲墨家之祖伊佚所作，〈洛誥〉多祝禱之詞，故章氏以爲判墨家起於清廟之守亦無不可，雖然章氏也承認「藝文志所稱某家者流出於某官」，或「多推想之辭」，但對於道家出於史官、墨家出於清廟之守則以爲確爲事實。〔註249〕總而言之，章氏的諸子出於王官說主要是依據《七略》、《漢書・藝文志》以闡釋，其說法乃採取漢代史家觀點此是顯明的。

不過，章氏依據《七略》、《漢書》說法的「諸子出於王官」論亦曾受到學者反對，如胡適便以爲九流諸子「皆春秋戰國之時勢世變所產生」，此即把先秦諸子視爲因應「救世之弊」而興起，所謂諸子出於王官之說則是漢儒揣測的說法，胡適曰：

> 此所說諸家所自出，皆屬漢儒附會揣測之辭，其言全無憑據，而後之學者乃奉爲師法，以爲九流皆出於王官，甚矣。……甚至以墨家爲出於清廟之守，以法家爲出於理官，則不獨言之無所依據，亦大悖於學術思想興衰之迹矣。〔註250〕

此以爲在證據不足下，一味持守《漢書・藝文志》之論，是爲附會。胡適大抵以四個觀點來探討，第一，劉歆以前學者無「王官出於諸子」說法，如《莊子・天下篇》、《荀子非十二子篇》、司馬談《論六家要旨》等皆然，而《淮南子・要略篇》所說的「諸子之學皆起於救世之弊。應時而興」是爲合理；第二，九流無出於王官之理，畢竟九流學術有深厚的涵養，並非王家某部小官所能洞識，如墨學「儀態萬方」，其思想內容即非清廟小官的事業可以蓋括；第三，漢人所立「九流」之名，前古未必有之，因此九流的分目實屬漢儒陋說。如古無法家、名家之稱，而惠施、公孫龍的學說與〈墨經〉相近，其實「皆墨者也」；第四，章太炎所舉證亦不能成立，如其判古代唯有王官有學，而民間無學，但與「諸子出於王官」是否實是二事。且王官即使有學，與諸

〔註248〕鄭玄注、賈公彥疏：《周禮注疏》收入《十三經注疏》（臺北，藝文印書館，1965年），第三冊，卷九，頁138。

〔註249〕《國學略說》，頁176。

〔註250〕《中國哲學史大綱》，頁430。

子學是不可相提並論的，首先《周禮》固然不可信，而王官的教育與措施「必不外乎祀典卜筮之文，禮樂射御之末」，則其細節與諸子學實相差甚遠。蓋胡適所強調乃在於「諸子出於王官說」的證據不足，且以常理推斷，則諸子之學內容多方，又非王官之學所能企及，因此經由上述四點轉以判定「諸子出於王官」之說法是不周延的。

　　客觀而言，諸如章氏的「諸子出於王官」說法雖無更進一步的證據可判定諸子與王官淵源如何，而諸子九流十家的分類亦未貼切，但亦反映了部份事實。第一，固然章氏所採取是漢代學者的觀點，然漢人去古未遠，且當時仍保留與諸多先秦文獻與古人口說既錄，宋代黃履翁撰《古今源流至論》論「學官」之樂官所屬，亦認為「舜之胄子教於后夔，商之學政屬於瞽宗，皆此意也。漢人去古未遠，猶知博士弟子受業太常。」〔註251〕黃氏以為古代樂官係為教育官員，而漢人參考古制亦有所沿用。漢人以「太常」掌王朝禮儀，「太常」亦管轄古樂、太樂，而漢人乃使博士弟子受教於「太常」，此係古樂官參與教育的證明。因此漢人去古未遠，對古代制度亦有所沿用，此也證明漢代文獻之述先秦典制仍有相當的可靠性。第二，學術思想之發展是為漸次積累，如謂短暫時間便能成立，且在無所根基之下而能形成一家學問，則有其困難度，故古人或有以為天下之學皆出於古代道術的說法，如《莊子‧天下篇》之論證天下道術始源，云：

> 古之所謂道術者，果惡乎在？曰：「無乎不在」曰：「神何由降？明何由出？」「聖有所生，王有所成，皆原於一。」……其數散於天下而設於中國者，百家之學時或稱而道之。天下大亂，賢聖不明，道德不一。是故內聖外王之道，暗而不明，鬱而不發。〔註252〕

〈天下篇〉以為，上古聖、王之道「皆原於一」，即內聖外王之道也。天下大亂，內聖外王之道暗而不明，則道術分散於天下，故有百家之學的興起，因此謂王官存有上古道術的精粹亦無不可。從此說，則古道術的實質乃內聖外王之道，而此內聖外王之道非王室官府之典藏難以保存其全貌，故〈天下篇〉又說「百官以此相齒」，這也表示道術之干涉於「法」、「名」、「參」、「稽」範疇，皆嘗為王官所用，而在天下大亂之際，這些道術學問才在王官崩毀之後

〔註251〕林駉、黃履翁：《古今源流至論》收入《景印文淵閣四庫全書》（臺北，台灣商務印書館，1983 年），子部，第九百四十二冊，卷十，頁 18～19。

〔註252〕王先謙：《莊子集解》收入《新編諸子集成》（臺北，世界書局，1991 年），第三冊，頁 461～463。

散爲百家之學，或說影響百家之學。錢穆也說：「古者治教未分，官師合一，學術本諸王官，民間未有著述。此在周時猶然。……於是官學日衰，私學日興，遂有諸子。」〔註253〕雖錢穆不贊成九流、六家之類別，亦不認同「諸子之學一一出於王官」，然「學術本諸王官」的識見，大抵也指出古代道術係存在於王官的可能，而王官的衰敗亦是影響諸子百家學術之興起。因此，從學術發展而論則章氏所言仍是有相當可信度，故實不容忽視其說法。至於胡適「諸子出於救時之弊」的觀點，或可與章太炎的論說互補，章氏於民國二十二年所出版的《國學概論》亦對其說法作了補充，曰：「九流底成立，也不過適應當時需求，……道家出於史官，和《易》相同。」〔註254〕章氏此諸子應時而起說法與胡適諸子救世之弊其趨向大致是相同的，且無春秋戰國的天下大亂，則周室王官典籍必不散見於世，而諸子之興起爲謀天下安治，故可能盡援取王官學問而用之，如老子的以古道御今，孔子所呼籲克己復禮、「殷因於夏禮，……周因於殷禮」，其所本應皆在於古學，從此論則章、胡二說有其前後的因果關係是可進一步闡明的。

（二）兼融道、法的治術論說

道、法合流之說歷來已多有議論，大抵始於漢代，而明、清學者皆有論說，如《史記》便以老、韓合傳，又認爲申、韓之學「本於黃老」或「歸本黃老」，太史公亦自言：「申子卑卑，施之於名實。韓子引繩墨、切事情、明是非，其極慘礉少恩，皆原於道德之意，而老子深遠矣。」〔註255〕太史公合老、莊、申、韓同傳，以爲法家思想受道家所薰染，故有法家的治術觀點乃源於「道德之意」的指涉。後學者或以爲韓非之著〈解老〉、〈喻老〉是爲「善解老」，明代李卓吾也以爲韓非能論說《老子》的虛靜、無爲、柔弱、剛強，則「道德，申、韓宗祖可歟」。〔註256〕此可謂是由守柔、主靜的治世觀點，進而綰合二家思想。〔註257〕元代劉壎也以爲：

〔註253〕錢穆：《國學概論》，頁 29～30。

〔註254〕章炳麟：《國學概論》（臺北，五洲出版社，1976 年），頁 48。

〔註255〕司馬遷：《史記》收入《百納本二十五史》（浙江，浙江古籍出版社，1998 年），第一冊，頁 184。

〔註256〕焦竑：《老子翼》收入《景印文淵閣四庫全書》，子部，第一千零五十五冊，卷三，頁 55。

〔註257〕依據《四庫全書》本《史記》，其各卷末皆附有館臣所奏陳的〈考證〉一文，其大抵反對司馬貞《史記索隱》的識見。《史記索隱》受到唐代崇尚道家影響，遂離析《老韓列傳》，而使老子與伯夷同傳爲列傳之首，申韓則單獨爲一傳列

老韓同傳論者多矣。太史公以爲老子所貴道、虛無，因應變化於無
爲，故著書辭稱微妙難識。韓子引繩墨，切事情，明是非，其極慘
礉少恩，皆原於道德之意，而老子深遠矣。夫道德之於刑名相去遠
矣。流弊乃爾，何哉？〔註258〕

所謂虛無、變化、無爲皆《老子》道說之範圍，而韓非之治術「引繩墨，切
事情，明是非」，則盡採取老子道說爲根基。此說實特意牽合老、韓的學術思
想，假使《老子》的理論爲韓非所擷取，則《老》學亦爲韓非治術所用，則
二家學說的傳承便可明朗。由上述說法而論，學者之認同老、韓同源，此有
兩點可留意。第一，學者大概推崇《史記》，而以《史記》之論說爲權威，故
不論《史記》的列老、韓合一傳，老韓學術之傳承皆贊同之；第二，學者由
《老子》道說的虛無、無爲、謙沖分析，以爲韓非治術之靜觀、守柔、御下
亦原於《老子》的學術，從此說則《老子》的哲理是爲韓非學說之基礎可知。
總而言之，或說道家思想仍普遍存有陰謀爲治的治世觀點，其所謂「南面」
之術即是韓非法勢運用之依據，如《漢書・藝文志》云「知秉要執本，清虛
以自守，卑弱以自持，此君人南面之術也。」〔註259〕清虛、卑弱皆是君主御
下所抱持的態度，而《老子》亦有柔弱勝剛強的曉諭。故道家黃、老之學的
爲政方法，也從而成爲法家術、勢的重要依託，蓋漢儒所以爲的道、法同源
論，並非是全無憑據的說法。晚清陳澧也嘗批評說：「程子云『秦之愚黔首，
其術蓋出於老子。』澧案韓非云『商君教秦孝公燔詩書，而行法令。……韓
非亦云，群臣爲學者可亡。韓非之學，出於老子、商鞅也』。」〔註260〕這是說
秦代之治術與商鞅、《老》學亦相關，而《老》學所呼籲統治者的去智、復結
繩而用，也成爲韓非學術的愚民政策。固然陳澧說法仍有諸多可斟酌處，畢
竟秦孝公有無依照商鞅奏請而燔書，仍需進一步考證，然而視《老子》道說
爲韓非學術的根源，此在明、清時期是爲一普遍的觀點。

晚清章太炎也援用《史記》、《漢書》之說法，認爲先秦道、法二家學說

於第三。而館臣的〈考證〉則採取《史記》原意，以爲「老、莊法意流爲申、
韓，太史公敘述自有深意」，這種視申、韓爲道家所衍的觀點，也指出明、清
學人對於道、法二家學說之傳承，仍是普遍認同的。

〔註258〕劉壎：《隱居通議》收入《景印文淵閣四庫全書》，子部，第八百六十六冊，
卷二十五，頁5。
〔註259〕班固：《漢書》收入《百納本二十五史》，第一冊，頁408。
〔註260〕陳澧：《東塾讀書記》（臺北，台灣商務印書館，1997年），頁195。

確有相似處，因此道、法二家之學可以「合流」，其〈諸子略說〉則以爲：

> 〈藝文志〉則以慎到入法家，以田駢入道家，是道家法家合流也。……
> 道家所以流爲法家者，即老子、韓非同傳，可以知之。老子云：「魚
> 不可脫於淵，國之利器不可以示人。」此二語是法家之根本。唯韓
> 非能解老喻老，故成其法家矣。〔註261〕

「魚不可脫於淵，國之利器不可示人」此出於《老子》第三十六章，《老子》
大體以爲執政者的權勢至高無上，權、勢既爲治國之利器，則不可明示他人，
以免他人心生覬覦，此《老子》之政治學說也。韓非〈內儲說下〉則言：「賞
罰者，利器也。君操之以制臣，臣得之以壅主，故君先見所賞則臣鬻之以爲
德，君先見所罰則臣鬻之以爲威。故曰：『國之利器，不可以示人』。」〔註262〕
君主之節制臣民，則不外乎賞、罰二柄，恩賞的權力與生殺權威爲君主利器，
假使一旦爲臣下所有，則君主的勢位便無所保有。章氏以爲此「利器」之說
即是韓非附會《老子》治術的證明。章氏又以漢儒說法映證之，故說：「太史
公以老子韓非同傳，於學術源流，最爲明了。韓非解老喻老而成法家，然則
法家者道家之別子耳。余謂老子譬之大醫，醫方衆品並列，指事施用，都可
療病。五千言所包亦廣矣，得其一術，即可以君人南面矣。」〔註263〕此以醫
術爲例，喻老子爲醫家之大宗，而韓非習其方法故爲其治術的支脈。而所謂
「法家者道家之別子」，此也說明章氏是認同法家爲道家之所流衍。

　　至於章氏會提出此種道、法合流觀點，以是道、法二家皆有著重權謀的
面向，〈諸子學略說〉也說法家「爲術者，則與道家相近；爲法者，則與道家
相反。」〔註264〕爲術者則陰謀之術，蓋道家的黃老之學有其側重政治謀略的
面向，故章氏的道、法合流論大抵以「術」爲論說之趨向可知。漢興之後，
雖然法家隨秦亡後已不復盛況，然漢初採取黃老之術，亦著重刑名權術，故
屬於道家一環的黃老權謀實未全然衰亡，章氏以爲漢文帝以黃老治國，不外
乎是另一法家權術的實踐，曰：「漢文帝眞得老子之術者，故太史公既稱孝文
好道家之學，以爲繁禮飾貌無益於治；又稱孝文帝本好刑名之言，蓋文帝貌
爲玄默躬化，其實最擅權制。……蓋文帝以老莊申韓之術合而爲一，故能及

〔註261〕《國學略說》，頁134。
〔註262〕王先慎：《韓非子集解》收入《新編諸子集成》，第五冊，頁182。
〔註263〕《國學略說》，頁161。
〔註264〕《中國現代學術經典・章太炎卷》，頁490。

此。」〔註265〕章氏以爲漢文帝之恭簡治國，但是爲一種無爲權術的表現，而漢初刑法固然無秦法嚴刻，且文帝之時能「除秦苛政、約法令、施德惠」，但實際上漢代的法令典制仍然有秦代諸多的影響，《史記・禮書》也說漢代的典制：「叔孫通頗有所增益減損，大抵皆襲秦故」。〔註266〕三代的典制皆有因循，以是典章制度的建立並非朝夕之事，故漢代因襲秦制而有所增損修正是爲合理。所以章氏以治術來權衡「文帝以老莊申韓之術合而爲一」，以爲黃老之術與法家刑名皆爲文帝所擷取，如回溯《史記》的所載的典制與文帝的事跡，則黃老與刑名合流的說法並非是無據的。

　　不過，縱使章氏以權術層面以爲道、法二家學說相近，然二家能否便可合流？此實可再斟酌。如從二家學說的根本思想旨趣而論，二家仍有諸多不同，以其道、法家的基本理念是迥異的。在哲理上，老子之「道」爲形而上的玄奧，沖虛、無爲係萬物生生的根源，爲天地之起始，亦是萬物生生之源；韓非則避談「道」本體的形而上特質，而多以「道理」詮之，其「道」有經驗化、實用化的趨向，如〈解老〉「道有積，而積有功」、「道也者，生於所以有國之術」皆以「道」或者「道用」爲經驗層次的價值意識，高柏園以爲：「韓非乃以功利實用爲價值觀，此中又以經驗實證以爲其功利實用之判準。」〔註267〕故韓非之「道」非能直以形而上之意義理解，而是須由形而下的經驗層次統合之（其文中亦難以理解「道」的形而上意義，故唯能以形而下之經驗開出）。在治術上，道家採取「自然」趨向，如《老子》以民爲芻狗，以道德生畜之，而不以法、勢御之，且老子之治民多有「慈」愛；而韓非所向則在以法飭民，所謂「奉法者強則國強，奉法者弱則國弱」，非但欲以法、術治國，亦欲以法、術治人。勞思光對於道、法之同異亦頗有分辨，《中國哲學史》言：

> 然法家與道家，亦非無關係。此關係即在於法家者流盜取道家之「靜觀之智慧」，以爲統治技術之助。……《韓非子》有「解老」，「喻老」之文，而其說則唯取其技術意義之智，不取其價值肯定，此則顯然可見。因此道之「無爲」，在法家學說中轉爲御下之術；道家之智慧，在《韓非子》思想中轉爲陰謀。總之，法家一切皆爲統治；而道家之說雖被其利用，基本精神則不相容。〔註268〕

〔註265〕《國學略說》，頁161～162。
〔註266〕《史記》收入《百衲本二十五史》，卷二十三，頁94。
〔註267〕王邦雄等：《中國哲學史》（臺北，空中大學，1995年），頁208。
〔註268〕勞思光：《新編中國哲學史》（臺北，三民書局，1999年），第一冊，頁357。

或說道家思想乃轉以被法家吸收而成爲法家權謀的依據，故勞氏乃以爲法家有「利用」道家學說之嫌，但這種「利用」唯局限於治術方面，其哲理思想實大相逕庭。因此，章氏的「論道家、法家應合流」固然有其證據，然實多政術上致用的部份。故可以說，韓非爲成其學說而自成一格，則盡援取先秦諸子之精要以爲己用，畢竟其以儒、道、法爲師的行舉是顯明的。但假使強以判定韓非出於老子之門，且道、法二家可合流，則根本上忽略了韓非本身所學的事實。蓋韓非的興趣在於治術，其本來學於荀卿，而其論說多採取商、申觀點，因此韓非是爲儒家歧出，而論說多以法家爲依據，對於道家亦能融通，故謂其集先秦諸子之大成亦無不可。

　　章太炎於民國二十二年所出版的《國學概論》當中，亦對其道、法合流與道、法二家同異作了補充，曰：

> 法家本爲應用政術；而韓非子治法家之學，自謂出於老子，著有〈解
> 老〉、〈喻老〉二篇。太史公也把他和老莊合傳，其中有一部份也有
> 關哲理的。儒家道家和法家底不同，就在出發點上；儒道二家是以
> 哲理爲基本而推行到政治和道德的，法家是旁及哲理罷了。〔註269〕

章氏上述說法有三點可留意，一者，法家之學說大體爲應用政術，故章氏所指韓非之學出於道家，應是指韓非的政術權謀出於老子，而非指老、韓的哲理思想有一定的傳承關係。第二，韓非之學固然有參酌老子哲理的現象，然這種對哲理的援用應只見少部份的論述；第三，既然法家只是「旁及哲理」，可見其學說要旨在於政論而不在哲理明矣，從此來說實與道家著重形而上思想的意趣迴然不同。故從章氏晚期的觀點可知，其仍是採取道、法合流與韓非延襲老學的觀點，但與前說不同的是，章氏乃特意分判道、法學派根本上的差異，即道家能由哲理而延伸至治術，法家則全然以治術爲要，少部份論及哲理，蓋二家在哲理上的識見仍是異多於同的，故章氏謂老、韓之合流是爲部份學說援用的現象可證，而非二家思想全然的因襲也。

（三）擷取佛說的九流平等觀

　　先秦時期諸子百家有所謂顯學之說，此即《韓非子‧顯學》的「世之顯學，儒、墨也」，戰國以來「儒」分爲八，「墨」離爲三，其聲勢遠非他家學派可以比擬，故韓非又說：「今孝、戾、侈、儉，俱在儒、墨，而上兼禮之。」

〔註269〕《國學概論》，頁 48～49。

〔註270〕儒者能行孝而諸侯禮之，墨者能節儉諸侯亦敬之，可知儒墨之學於先秦的盛況，侯王認同其道德的高度操守而能以師禮對待。秦火後，諸子之學幾乎無存，班固說「秦患之，乃燔滅文章以愚黔首。」秦政採取「愚民」之策，學術重新被收入官府，而禁絕民間講學，故諸子學從而衰微。漢興，文景之世用黃老之學，以謙沖無爲不擾民治國，此時道家又被重視。但到了漢武帝獨尊儒術，則儒學定於一尊，經學也成爲主流官學，諸子之學則逐漸衰微。歷來書目以四部分次者，則「經」大抵在於子、史之前，至乾隆編《四庫全書》，則諸子更列於經、史之後，其受重視程度自然不如經學。但到了晚清，學者不再以爲諸子學唯有「治子通經」的功用，諸子學的復興爲當代復古思想的重要一環。故諸子學之價值便能提升而能與儒學並舉，胡適說：

> 清初的諸子學，不過是經學的一種附屬品，一種參考書。不料後來的學者，越研究子書，越覺得子書有價值。……於是從前作經學附屬品的諸子學，到此時代，竟成專門學。一般普通學者，崇拜子書，也往往過於儒書。〔註271〕

胡適此論有幾點可留意。第一，諸子學研究於晚清有其獨立的範疇，故學者不再認爲是經學的附庸；第二，子書有義理思想上之價值，故當時學者乃好以西洋之哲學進行比附；第三，晚清民初學者之「崇拜子書」往往有過於經學者，此誠可解釋爲諸子學聲勢的復甦，蓋當時學者已不認爲子學之價值在於經學之下，亦有認爲儒學亦諸子學之一，故儒學應與諸子同等視之。

　　章太炎之學術受到佛學平等說與《莊子・齊物論》影響，亦鼓吹諸子地位應與儒學平等，如其《齊物論釋》以爲「原夫《齊物》之用，將以內存寂照，外利有情。世情不齊，文野異尚，亦各安其貫利，無所慕往。……故應物之論，以齊文野爲究極。」〔註272〕世情之不齊本爲常態，然「以道觀之，何貴何賤」，放任其自然不羈，是爲莊子「齊物」的觀點。章氏依據這種「道說」的原則，以爲最高的應物之道，是爲融通「詼詭譎怪」而整齊視之，而屬於人情之事物亦然。在學術上，章氏亦認爲屬於官學的儒學與子學應是一種並行的關係，〈菿漢微言〉說「自學術觀之，諸科博士，平等平等。但於一科之中，則有高下耳。」〔註273〕其以爲學術各科皆有其特長，無高下之分，

〔註270〕《韓非子集解》收入《新編諸子集成》，第五冊，卷十九，頁352。
〔註271〕《中國哲學史大綱》，頁7。
〔註272〕《齊物論釋》收入《章氏叢書》，下冊，頁90～92。
〔註273〕《菿漢微言》，頁46。

故謂之「平等」，然一科當中，學問有深淺，故才有優劣之別。而章氏會有這種學術平等意識，實與其嘗考辨先秦學術源流相關，其〈原道〉一文便對古代儒學重新定義，以為古代儒者的身份皆為術士，而道、墨、名、法之流亦有其技術，故亦為術士，因此諸子的地位應視為平等，其舉王充《論衡》曰：

> 冒之達名，道、墨、名、法、陰陽、小說、詩賦、經方、本草、著龜、形法，此皆術士，何遽不言儒？……《論衡‧書解》篇曰：「著作者為文儒，說經者為世儒。」……案所謂文儒者，九流六藝太史之屬；所謂世儒者，即今文家。〔註274〕

《論衡》有所謂文儒、世儒的分別。文儒是為術士，故廣義的說九流之士都有其技術，故也是一種廣義的「儒」。傳經家、今文家則專以經藝為業，故稱為世儒。而章太炎於此又採取墨辯的「達」、「類」、「私」名來辨證「儒」與古代學術的關係。〔註275〕在達名上，章氏以為「儒」字出於「需」，「需」為需求之意，古代之「儒」實為因應人的各種生活需求而起，故「亦知天文，識旱潦。……古之儒知天文占候，謂為多技，故號遍施於九能，諸有術者悉晐之焉。」〔註276〕知天文、地理則有助於農耕、畜牧，故「儒」者之行舉在於接濟古人之生活，因此古「儒」實為一通名，要之有技藝之士皆可謂之儒，是故持守專業之學者亦可通稱為「儒」。再次，儒亦有「類」名，如要強行分門別類，則其事業「儒者，知禮樂射御書數。《天官》曰：儒以道得民。說曰：儒，諸侯保氏，有六藝以教民。《地官》曰：聯師儒。說曰：師儒，鄉里教以道藝者。」〔註277〕能操持六藝者為「儒」，能以保氏之職教育鄉里者為「儒」。因此儒者非但是技藝術士，其技術則在於掌握六藝，教育鄉里。在「私名」上，「儒」則出於司徒之官「助人君順陰陽明教化者也，游文於六經之中，留

〔註274〕《國故論衡》收入《中國現代學術經典‧章太炎卷》，頁101。
〔註275〕《墨子‧經上》有所謂「**名達、類、私，謂明惡也。**」名稱類別的混亂，可能會造成以虛亂實或名實不符，政治之名份地位亦然，故墨家認為通過對達名、類名、私名的辨證，便可以端正名物，而避免錯亂現象，故達名、類名、私名亦是墨家重要的邏輯辨證方法之一。所謂「達名」泛指「物」的通名，〈經說上〉說「有實必待文多也」，也就是廣義之名，比如人、馬、犬、羊皆動物也，故有動物之達明。「類名」則指類別之名，〈經說上〉說「落實也者必以是名也。」如人、馬、犬、羊，即為各動物類別之類名。「私名」即私自之名，〈經說上〉說「止於私名也。」比如人之姓名皆可謂「私名」。見孫詒讓：《墨子解詁》收入《新編諸子集成》，第六冊，頁193：211。
〔註276〕《國故論衡》收入《中國現代學術經典‧章太炎卷》，頁99。
〔註277〕《國故論衡》收入《中國現代學術經典‧章太炎卷》，頁100。

意於仁義之際」，「私名」爲「儒」是爲狹義的稱謂，大抵如《七略》所稱，能留意仁義之際、明孔子之道或「粗明德行政教之趣」的儒士，皆爲狹義的「儒」，蓋章氏對於古代「儒」的定義大抵有此三種趨向。

不過，章氏又以爲上述之「儒」與後世所謂的儒者有所迥異，其視漢代以降之儒者爲「五經家」，故實不宜混淆古今儒者之名，章氏又說：「是三科者，皆不見五經家。……儒者游文，而五經家專致，五經家骨鯁守節過儒者，其辨智弗如。」〔註278〕其以爲「儒」者能游文於藝，而「五經家」專心於經術，擅於守成師說家法，故「五經家」對於經藝之發明是不如「儒」者的。因此不論從功能或者來看，先秦之「儒」與「五經家」其意義實不同，而漢武之獨尊儒術，其所推崇之儒已非先秦定義上的「儒」明矣。蓋章氏所得出的結論，在廣義上，大抵古代之術士皆能稱爲儒，故與諸子九流之學實無異。在狹義上，今之儒者專以傳經爲功，已非古代「儒」者之遊文六藝（禮樂射御書數），且以保氏爲職志的原貌。因此，雖然儒學自西漢以來曾獨尊千年之久，但「儒」的名實則大異其趣，章氏乃批評當代之儒者「禮樂世變易。射御於今麤粗，無參連白矢、交衢、和鸞之技，獨書數仍世益精博。」〔註279〕大體上後世之儒已普遍失去對六藝技能之駕馭，不嫻熟御、射之藝法，唯書法算數堪稱精詳。

總而言之，如以章氏之學術平等與其九流之淵源而論，儒學亦是諸子百家之學，而廣義之「儒」與先秦諸子的地位亦近切，故章氏之抬高諸子地位與儒學平等是有其理論依據的，其在〈自述學術次第〉也以「周秦九流」爲說，云：「若夫周秦九流，則眇盡事理之言，而中國所以守四千年之胙者也。玄理深微，或侶佛法，先正已鄒魯爲衝，其棄置不道，抑無足怪。」〔註280〕此直以周秦九流爲中國學術之精妙，且「玄理深微，或侶佛法」，刻意抬高周秦九流的高度而不贊同「先正以鄒魯爲衝」，甚至視這種以儒學爲主導的政教關係「皆學術缺陷之大端」。故可知，章氏治子學實已認同儒學與先秦諸子地位平等之說法，其以爲能守中國「四千年之胙者」，並非儒學一家之專門，而是先秦諸子九流共同的事業也。

〔註278〕《國故論衡》收入《中國現代學術經典·章太炎卷》，頁100。
〔註279〕《國故論衡》收入《中國現代學術經典·章太炎卷》，頁101～102。
〔註280〕章炳麟：《民國章太炎先生炳麟自訂年譜》（臺北，台灣商務印書館，1987年），頁67。

三、章太炎尚法、術的致治思想與反「進化」觀點

　　章太炎之論「法」大致有幾個面向，第一，其議論歷代的法典制度，並分析其中的損益得失，如其《菿漢微言》、〈自述學術次第〉對於漢、唐、清代、民國律法之評述，多屬於此類；第二，以先秦法家思想為論說，亦干涉諸子學之政治思想，如其〈諸子學略說〉、《國學略說》之闡述法家商、申、韓非思想皆然；第三，比較古今的法典制度，再經由先秦法家思想映證，此則干涉於章氏的法學致用論，與其諸子學研究亦相關，故頗可留意之。

　　而章太炎在政治上推崇法、術致用，亦有迹可尋。其早年流亡日本期間，便與康、梁立憲派徹底決裂，章氏之主筆《民報》，以專文、政論批判「代議制」弊端，也造成與《民叢報》之間的爭論。民國建立之前，章氏雖處於革命黨陣營，以自由民主為號召，但民國建立之後眼見現實政治環境的惡劣，故仍以為民國的法律不夠完善，〈自述學術次第〉曰：「余于法律非專，而頗嘗評其利害，以為當今既廢帝制，妖言左道諸律，固宜刪刊，其舊律有過為操切，反令不行者，與自相繆戾者，刪改亦宜也。而今律之繆亦多。」〔註281〕滿清律法固然有諸多不適宜處，比如連坐罪、大逆不道凌遲酷刑皆該廢絀，但比較於西洋或東洋法律，舊有法律仍是較切合於中國的風土民情。民國以降律法多考察西方法典，但未必能考慮中國的民情風俗，且中國人民素養亦未必適合西式的民主，章氏認為如盡用其法必然會有諸多疏失，故云「夫人情風俗，方國相殊，他國之法，未嘗盡從一概。」〔註282〕可知章氏之論法、術刑名，仍著重於人情風俗，舊法雖非周延，但保有傳統的人倫道德考量，故刑德法術之配合亦為章氏的法學致用視野可知。本文則以章氏之結合商、申、韓非的法術致用與其政治理想探析，論述如下。

（一）以「致用」為趨向的新法家界說

　　章氏早年治學即對法家思想有極高興趣，雖然章氏當時的術業仍在於研治古文經學，然在致用學術與改革維新風氣熱絡的帶動之下，章氏亦留意經世之論，以為可在經學之外另尋求治術，其《自訂年譜》云：

> 時余所操儒術，以孫卿為宗。……時新學初興，為政論者輒以算
> 術物理與政事並為一談。余每立異，謂技與政非一術，卓如輩本

〔註281〕《民國章太炎先生炳麟自訂年譜》，頁62。
〔註282〕《民國章太炎先生炳麟自訂年譜》，頁63～64。

未涉此，而好援其術語以附政論，余以爲科舉新樣耳。……余所
持論不出《通典》、《通考》、《資治通鑑》諸書，歸宿則在孫卿、
韓非。〔註283〕

荀學多暢言典制、禮樂，欲由禮義法度的脈絡影響先秦的政治制度，這種重
視經驗層面的理論大抵能爲制度的改革所借鑑。而韓非之學由荀學所衍，又
能集先秦學術之大成，故亦寄託經世致用之理念，章氏早期即宗法荀、韓的
致用觀點，陳平原也說：「章太炎治學之初之推崇荀子，本身就是『不忘經世
尋求政術』的結果。……實際上章氏一生多次從哲學、政治學、倫理學角度
評述先秦諸子，褒貶抑揚，變化甚大，……可關鍵還在於論者講求致用的治
學態度。」〔註284〕故知章氏之論述諸子學是有所選擇的，不論是析論荀、韓
之政論以至於分辨《老》學之無爲而治，甚而《莊》學的「齊物」，佛學的平
等論等，章氏之援用皆有其「致用」、「經世」的意趣可知。

先秦諸子之學，章氏大體最推崇道家、商、韓之法、荀學，其推崇法家
之理由係「儒家、法家、縱橫家，皆以仕宦榮利爲心，惟法家執守稍嚴，臨
事有效。」〔註285〕較之於其他諸子，則法家之操守稍嚴能減免弊端，面對政
務管理之事亦較有其效率，故章氏以爲法家之學是能有益於治術的，故說「無
觀古爲法者，鄭僑之惠，商鞅之烈，……爲治不同，要以法令明符爲質。名
在刀筆，而持正過於儒者。老子曰：『有德司契』。契者，謂科條之在刻櫎者
也。」〔註286〕此認同持法、立法者的操守，以爲非有「德」不能擔當其位，
因此如古法家立法之嚴明、用法之果斷，對於理民治國是有一定功效的。再
者，法家又能兼採先秦諸子之學說，其學術有其思想上的獨特處，章氏謂慎
到「爲術者與道家相近」，以爲其權謀與老子的守柔、主一相近，而「戡亂之
時，即須道家，……撥亂反正非用權謀不可」。〔註287〕此說固然是對道家的褒
辭，但法家之術近於道家，或有其撥亂反正之長處。

章氏又以爲韓非的〈解老〉、〈喻老〉，本爲道家之說。少嘗學於荀卿，……
合此二家，以成一家之說。」〔註288〕認同韓非能集儒、道學說之長，又能兼

〔註283〕《民國章太炎先生炳麟自訂年譜》，頁6。
〔註284〕陳平原：《中國現代學術之建立——以章太炎、胡適之爲中心》（台北，麥田
　　　　出版社，2000年），頁51。
〔註285〕〈諸子學略說〉收入《中國現代學術經典・章太炎卷》，頁492。
〔註286〕《檢論》收入《中國現代學術經典・章太炎卷》，頁221。
〔註287〕《國學略說》，頁162～163。
〔註288〕《中國現代學術經典・章太炎卷》，頁491。

用法、術，爲法家之集大成者，故其學說必有可觀處。章氏又援用桓範《世要》之論，謂法家能「尊君卑臣，富國強兵，守法持術，有可取焉。」〔註289〕據此而論，雖法家有專制之嫌，但能使社會邁入法治的框架，以至於富國強兵，人民守法有序，故不能不承認法家之學確有社會「致用」的高度。章太炎對於法家的態度大抵褒多於貶實可證，其推崇商鞅之法「鞅固救時之相而已，其法取足以濟一時，其書取足以明其所行之法，非若儒墨之著書，欲行其說於後世者也。」〔註290〕承認商鞅之實行法治可以救濟一時之弊，其術較之其他儒者，並非在於尋求傳世不朽，而是冀望能裨益當代，而達到經世致用的目的。章太炎《訄書·商鞅》認爲先秦法家的素養，有近代政治家的高度，其又云：「法者，制度之大名，周之六官，官別其守，而陳其典，以擾乂天下，是之謂法。故法家者流，猶西方所謂政治家也，非膠於刑律而已。」〔註291〕故法家並非只有刑名法術的建樹，其能明正典刑，創立制度，其學爲古代王官所重視，爲先秦重要的治術之一。

　　王汎森亦以「新法家」一詞來闡釋章太炎的法治理論，不過王汎森謂章氏爲「新法家」只宜在其現實層面談，而非認同章氏的援引法家刑名之術是其終極理想。或說章氏的一切非「超越面」的政治思想，皆只能視爲一種非常時期的過渡理論，其說：

> 在同一時期，章氏的政治思想究分幾個層面？吾人或可如此代答：在現實面，他是一個新法家主義者，在超越面，他是一個五無論者，但另外還有一個過渡面。在發展「五無」之前，章太炎可人類擁有一套過渡理論——以他的慣用語來說，就是「隨順有邊」，克就目前的理論中取其切用者暫爲過渡。〔註292〕

所謂「無政府、無聚落、無人類、無眾生、無世界」的「五無」制度是一有難度的政治理想，因此大抵只能視爲章氏學說的超越面。然而現實的國家社會亦有其複雜的問題存在，而章氏認爲欲解決「當前」的社會所面臨問題與事務，則應由道家的權謀、法家的刑名作爲過渡之用，此實可視爲其「五無」落實前的一過渡理論。據其〈俱分進化論〉、〈五無論〉之說，「然則所謂進者，

〔註289〕《檢論》收入《中國現代學術經典·章太炎卷》，頁221。

〔註290〕《訄書》，頁132。

〔註291〕《訄書》，頁130。

〔註292〕王汎森：《章太炎的思想——兼論其對儒學傳統的衝擊》（上海，上海人民出版社，2012年）頁122。

由根識迷妄所成，而非實有，此進就據常識爲言，一切物質本自不增不減，有進于此，亦必有退于彼。」〔註293〕章氏學說實有反物質之進化，反世界發展之進化、反道德之進化、反西方資本進化的意識存在，其嚮往一齊平天地萬物之理念，終於無所有的「五無」之境，而「法治」則爲其落實「齊物」、「五無」理想世界前之過渡範疇。總言之，章氏的政治思想可爲一「反進化→法治→齊物→五無」的過程蓋括之，「法治」的制度雖非其最終的政治理想，然實可視爲其接濟當世的致用思想。因此可以說，章氏之學說的確有採取法家理論爲其經世致用之事實，但只能視爲其處理當前問題之一方法途徑，而非其究極之治術思想，此須留意之。見下節。

（二）推崇以法為治的「專制」思想

章氏既認同法家學說，則其政治思想必然也受到法家影響，故章氏大抵採取以法爲治的思路，認爲法治制度才能使當下社會免陷於混亂，其云：

> 今日言治，以循常守法爲先；用人亦當敘次資勞，不以驟進。法雖有疵，自有漸進改良之日，若有法不守，其精粗又何足言？誠能守法不回，雖未臻上治，而倒行逆施之事，鮮矣。〔註294〕

章氏以爲國家社會能有效治理，實不能捨棄法治制度。雖然立法可能未必盡善盡美，但當法令制度可以落實，人人有法治精神，能守法而不刻意違法，則社會上便會鮮少有「倒行逆施之事」出現。實際上，先秦法家早已指出國如欲富強，則必須「奉法」，《韓非子・有度》云：「能去私曲就公法者，民安而國治。能去私行行公法者，則兵強而敵弱。」〔註295〕故守法之國人人都有共識，捨去私利遵行公法，國家便能步入富強。統治者亦然，上行下效，故統治者亦必須嚴守法律，《韓非子・用人》又言「釋法術而心治，堯不能正一國。……使中主守法術，拙匠守規矩尺寸，則萬不失矣。」〔註296〕統治者如不守法，即使有堯舜的賢明亦不能使一國安治，但如果君主也能夠嚴密守法，在此風氣下，即使平庸的資質也能萬無一失。故在富強的前提下，不論人民或統治者都必須依循法律行事。章太炎也說：「管子治齊，首主法律，以此創業垂統，則中主可以持國矣。」〔註297〕此雖舉《管子》而言，但其思意與《韓

〔註293〕《章氏叢書》，下冊，頁897。
〔註294〕《菿漢微言》收入《菿漢三言》，頁70。
〔註295〕《韓非子集解》收入《新編諸子集成》，第五冊，頁22。
〔註296〕《韓非子集解》收入《新編諸子集成》，第五冊，頁151。
〔註297〕《菿漢微言》收入《菿漢三言》，頁52。

非子》說法實異曲同工。如此來說，謂章氏的法治思想有先秦法家影響之跡，是可以確信的。

　　至於章氏如何凸顯這種「以法爲治」理念？其從現實的政治情勢爲考量，以爲民主代議國家不符合中國的民情，反而會造成更大混亂，故不認同「代議」制度可以有效治國。其轉以提倡「專制」之國的理念，冀望在政治亂象中尋求新秩序。章氏所謂「專制」之國，並非專指獨裁的君主政府，而是指能專意於法令制度，且能徹底奉守法律之國，從其〈代議然否論〉、〈五無論〉、〈四惑論〉、〈自述學術次第〉分析，其所指「專制」之國事實上是一種參雜半民主（民意）、半法治的體制，且以強力的法律爲依據，強調人民的守法與嚴密的社會秩序，其要點大體有三。第一，「專制」之國並不全然排斥民主，可有民選之總統，但領導者需有高度的功績與才能。〔註298〕〈代議然否論〉說：

> 余固非執守共和政體者，故以爲選舉總統則是，陳列議院則非。總統之選非能自庸妄陵獵得之，必其嘗任方面與爲國務官者，功伐既明，才略既著，然後得有被選資格，故雖以全國人民臚言推舉，不至恂瞀而失其倫也。〔註299〕

領導者需俱備才能與德性，才能通過人民的檢視與選舉認同，成就總統大業，而其地位有全國人民的推舉，不至於混亂愚昧而失去法度。此實與《荀子・非十二子》有相近的識見，荀子以爲聖王之建立功業非但要有聖人「一天下，財萬物，養長生民，兼利天下」的功績，亦必須能掌握權勢「上則法舜禹之制，下則法仲尼、子弓之義」。〔註300〕而《韓非子・功名》亦言「明君之所以立功成名者四，一曰天時；二曰人心；三曰技能；四曰勢位。」〔註301〕明主需有才能掌握勢位，才能鞏固人心從而建立功業，故明主祿位的保有，必然需得到廣大人民的響應。總而言之，荀學與法家這種有才能有權勢的君主觀點，亦影響了章氏「專制」總統的理念可知，不過章氏的「專制」之國仍未

〔註298〕〈代議然否論〉係章太炎於流亡日本期間所著，當時中華民國尚未成立，章氏眼見日本議會的弊端大抵否定代議制度可行，然對於總統制仍抱有期望。民國成立之後，章氏對於袁世凱以總統名義專權，以及當時民主選舉的亂象，故其後在〈諸子略說〉中重新檢討總統制的可行。見《國學略說》，頁181。
〔註299〕《章氏叢書》，下冊，頁813。
〔註300〕王先謙：《荀子集解》收入《新編諸子集成》，第二冊，頁61。
〔註301〕《韓非子集解》收入《新編諸子集成》，第五冊，頁154～155。

必全然吸收荀、韓學說，此可從其總統之適任唯需才能與功績可看出？章氏又言「總統惟主行政國防，於外交則爲代表，他無得與，所以明分局也。司法不爲元首陪屬。」〔註302〕蓋總統是爲人民的公僕，只有才能、功績即可，而其才能、功績則是爲人民服務的依據也，法律既不屬於總統管轄，法律亦監督總統，則司法乃獨立於統治者之外，法治才能落實於全民。可知章氏的「專制」之國實淡化了荀、韓統治者的權勢，而避免了總統以權勢舞弊的可能。章氏認爲「專制」之國如能實現則「令法司與學官各視其事，不與行政國防相姦。」〔註303〕如能達到這種分權而治，則「民意」可宣，而「君權可制，民困可息。」〔註304〕故章氏的「專制」之國雖無代議制的間接民主，然仍是具有高度民意的社會。

　　第二，反代議制，此乃針對於當時的立憲代議與共和代議言；蓋章氏提倡「專制」之國的原因，則在於不滿當時共和代議制所衍生的種種問題，其曰：

　　　余于政治，不甚以代議爲然。曩在日本，已作〈代議然否論〉矣。
　　　國體雖更爲民主，而不欲改移社會習慣，亦不欲盡變時法制，此亦
　　　依乎歷史。〔註305〕

「代議」制即是議會政治，係指經由選舉選出議會代表，以進行間接民意的人民代表。近代先進國家大抵以民主代議爲制度，如英國、日本之君主立憲、法國之共和、美國之聯邦議會皆然，然而章氏確以爲即使民主代議國家在人權平等的提倡上有長足進步，但其公民會更加著重物質文明的追求，而造成另一種道德的淪喪，雖不汲求於祿位但轉以崇尙財貨物利，章氏指出此爲「重商拜金爲務」，社會轉以重視金錢物質，而使民主、人權、平等的問題充斥弊端。故章氏以爲假使民主代議制度無法落實四種理念，則民主代議反不如「專制」之國，曰「一日均配土地，使耕者不爲佃農；二日官立工場，……三日限制相續，使富厚不傳子孫；四日公散議員，使政黨不敢納賄。」〔註306〕也就是提議需均分土地、官辦工廠，並且反對財閥、政黨的賄賂、壟斷，如此民主共和制度才能眞正接濟於人民，從此而論則章氏大抵是認定民主代議之

〔註302〕《章氏叢書》，下冊，頁813。
〔註303〕《章氏叢書》，下冊，頁814。
〔註304〕《章氏叢書》，下冊，頁814。
〔註305〕《民國章太炎先生炳麟自訂年譜》，頁60。
〔註306〕《章氏叢書》，下冊，頁886。

國，有土地、財富不均，財閥、政黨賄賂、壟斷的弊病存在。章氏這種損益相附相依的思維，大抵可由其「反進化」的意趣推敲，在善惡、是非、苦樂皆相待進化的趨勢下，則「進化之用無所取」。〔註307〕因此其對共和代議、人權平等持反對意見，以為：「君臣男女之崇卑，日漸劃削，則人人皆有平等之觀。……然以物質文明之故，人所尊崇，不在爵位，而在貨殖。」〔註308〕從道德進化的層面看，則政治體制「善」的建樹實可能醞釀物質文明「惡」的面貌，民主之國雖有道德與人權的進步，然其反面亦充斥拜金下道德、人權之淪喪，甚至漠視法律與社會規範的存在，故反不如專制體制可以強制人人守法，其在〈五無論〉也以日本的財政為例，說明民主之國有腐敗貪污的危機，而專制國家可以完全掌控財政，減少經濟的弊端，其云：

> 故議院者，國家所以誘惑愚民，而鉗制其口者也。且議士既出於豪家，則與捐納得官無異。……日本立國，非專以重商拜金為務，且議院之設財二十年，其腐敗已如是。……設議院者，不過分官吏之臧以與豪民而已。反觀專制之國，猶無斯紊亂也。專制之國，商人無明與國家分權之事，及異於專制者則不然。〔註309〕

此以為日本雖實現代議立憲，然議士確往往挾持其特權，從而圖利自己，且議士多出於地方豪強，也唯有地方豪強才有能力參選（日本二戰前議會實由舊社會之貴族與藩士把持），故章氏以為議士雖由人民選出，但實與「捐納得官無異」。而日本財政在這些豪強的把持下，亦呈現貪污腐敗的情況。章氏又以為法國的自由平等亦不可靠，其以為：「創始自由平等於己國之人，即實施不自由平等於他國之人。……法人能行其自由平等者於域內，而反行其取不自由平等於越南。」〔註310〕此譴責法人雖能在自己國家實現民主共和，以自由平等為口號，但確以不自由平等加諸於越南人之上，以越南為殖民地則強加其納稅，強佔其土地資源，動輒以生命要脅，所謂「毀謗者殺，越境者殺，集會者殺」的行舉，也可見法人的實現自由平等是在於剝削他國人民自由平等的基礎上所實現。〔註311〕總而言之，章氏認為假使代議、共和不能實現土地均分、官辦工廠，反財閥、反政黨賄賂的規範，則民主代議並不如「專制」

〔註307〕《中國現代學術經典・章太炎卷》，頁586。
〔註308〕《中國現代學術經典・章太炎卷》，頁589。
〔註309〕《章氏叢書》，下冊，頁886。
〔註310〕《章氏叢書》，下冊，頁887。
〔註311〕《章氏叢書》，下冊，頁887。

的有利於民。故其結論：「是故有共和政體，而不分散財權，防制議士則猶不如專制政體之爲善也。」〔註312〕既然共和體制爲貪污腐敗、剝削之源，表面雖完美然反面則爲權威的舞弊壟斷，可也知民主代議未必有專制政體的完善了。

　　第三，「專制」之國既然無議會之行使，然國家的立法與議法但仍需有監督制度，此即「法吏」的提出。章氏認爲可以監督法治制度，而使國家社會邁入安定者，並非是民主與君主代議制所選出的國會議員，而是深知法律知識的官吏，也就是「法吏」。大抵「選賢舉能」是爲古典的政治學說，以公天下爲背景，而經選舉所產生的賢人，能爲民眾謀求最大的福祉，故「選賢舉能」於民國之前是爲古典學術中論述大同之治的政治理想。然章氏卻以爲這種代議「選舉」對於當下中國的民情實弊多於利，中國人民之素養在良窳不齊下，所選出的議會代表非土豪即政客，而「選賢舉能」也容易成爲人民被豪強所利用的實例。故章氏〈五無論〉以爲：「則設議院者，不過分官吏之臧與豪民而已。返觀專制之國，獨無斯紊亂也。」〔註313〕土豪爲人民選出往往自負「權力過人」，而濫用其權勢，終使以民爲主的本意蒙受其害，章氏則認爲以法爲治的專制國無民主選舉，以專門人士所擔當「法吏」掌管立法、監督機構，反而能避免這些情況。

　　事實上，法家已有提出「以吏爲師」的觀點，《韓非子·五蠹》云「故明主之國，無書簡之文，以法爲教；無先王之語，以吏爲師。……是境內之民，其言談者必軌於法。」〔註314〕在法家思想之中，「法」是爲行政與社會運作的根本原則，其權威可比於先王之論，而「吏」作爲政府官員，亦有教化社會之職責，是職掌國家權責的中堅份子，其能教育民眾也可知係爲專門學術人員，韓非說：「大臣、廷吏，人主之所與度計也。」〔註315〕故「吏」乃爲君主所側重，也可見法家思想賦予「吏」有高度的權力。章氏則對法家的思想有所取捨，其在政府行政官員之外，另提出有立法與監督功能的「法吏」，「法吏」有立法議法監督之權，而無法家「吏」的教育職責，〈代議然否論〉言：

　　　　凡制法律，不自政府定之，不自豪右定之，令明習法律者與通達歷

〔註312〕《章氏叢書》，下冊，頁886。
〔註313〕《章氏叢書》，下冊，頁887。
〔註314〕《韓非子集解》收入《新編諸子集成》，第五冊，頁347。
〔註315〕《韓非子集解》收入《新編諸子集成》，第五冊，頁36。

> 史周知民間利病之士，參伍定之。所以塞附上附下之漸法也。法律
> 既定，總統無得改，百官有司，毋得違越，有不守者，人人諦於法
> 吏，法吏逮而治之，所以戒奸紀也。〔註316〕

章氏不信任民選的議員，而以爲素養不足的選舉容易爲地方豪強所利用，而
形成舞弊。因此呼籲應任用嫻熟法律與歷史典故的知識份子，使其掌管國家
的立法、司法，而該職對社會、人民亦有監督之責，可知章氏思想中的「法
吏」仍是有法家「廷吏」的影響。王汎森也說：「章氏主張以『法吏』取代議
員維護人民權益及『恤無告』職責；這與他新法家思想是息息相關的。」〔註
317〕因此章氏「法吏」的提出並非無有依據，其大抵參考法家之論，而用以建
構其以法爲治的「致用」學說是顯明的。其又云：「毫無疑問的，『法吏』是
章氏所有政治理想及建制的捍衛者及執行者，章氏特別賦予他們公平、正義、
守法等功能，這個意向，早在《訄書》的〈商鞅〉篇中已漸顯露出來。」〔註
318〕整體而論，章氏「法吏」的意趣實可謂源於法家學說，但其中又有其取捨。
「法吏」的提出也使其學說之政府與立法、司法機關的分工更爲嚴密，章氏
的用意大體是欲改進當權者的擅權與弊端，從而落實其絕對法治的制度。

不過，從當時的現實社會言，章氏學說的實現仍有相當難度，畢竟民初
中國的政治環境與人民素養皆無法配合其意趣。李澤厚以爲章氏的學說不可
行，更以爲其「專制」、「法吏」是一種「空想」，曰：

> 章太炎嚮往著一種沒有中間人（議員）的直接民權制。但這在實
> 際上根本不可能。於是設想由一些超階級的所謂「通達歷史用知
> 民間利病之士」即像他那樣的知識份子來監督元首、制定法律、
> 決定和戰大事等等。這當然是十足的空想，而且有利於保持封建
> 主義。〔註319〕

此認爲運用「法吏」制度會重蹈舊封建的特權，因此如以「法吏」治國仍會
有諸多問題，畢竟「法吏」是一種超階級的職位，如其操守不佳則反而成爲
社會弊端。再次，反「代議」制也不可行，以直接民權取代間接民權，忽視
地主階層於社會之功用亦不認識「溫情脈脈紗幕中的中國封建社會裡的階段

〔註316〕《章氏叢書》，下冊，頁814。
〔註317〕《章太炎的思想——兼論其對儒學傳統的衝擊》，頁138。
〔註318〕《章太炎的思想——兼論其對儒學傳統的衝擊》，頁140。
〔註319〕李澤厚：《中國近代思想史論》（台北，三民書局，1996年），頁419。

對立與鬥爭。」〔註 320〕也就是不能承認傳統社會階段對立的事實與影響力。不過，此論對於章氏的批判仍帶有馬列式批評與反資本主義的意識存在，或說對於章氏的學術亦未必客觀。從章氏學說整體而論，其所謂「專制」並非專指獨裁專權之國，更與「封建主義」無干涉，其所謂「專制」之國大抵是推崇法治而為制度，且是不反對民主、民權的法治國，而其質疑代議制的功能，亦是針對當代民主進程與中國國情所提出的修正，故章氏之說仍有其制度改革上的意義。至於「法吏」擅權之問題，章氏亦認為法治之國應設定一套權「術」以任用官吏，其仿效道、法的「不尚賢」論說亦可參考之，見下節。

（三）「不尚賢」的治術論說

總上述而論，「以法為治」係章氏對當代社會致用的一個理念，然其所謂法治的框架並非是毫無缺點，故章氏以為法治制度除了須俱備完善的法律外，統治者也要採取相應的治術，蓋章氏亦贊同韓非法、術並論的為治觀點，《韓非子・難三》云：「人主之大物，非法則術也。……術者，藏之於胸中，以偶眾端，而潛御羣臣者也。」〔註 321〕所謂「術」者，即統治者駕御臣下之權謀。「專制」之國的元首為人民選出，故該國雖設立一最高統治者，然其實質意義的主權係為人民整體所有，誠如章氏所言「此政體謂之共和，斯諦實之共和矣。謂之專制，亦奇觚之專制矣。共和之名不足多，專制之名不足諱。」〔註 322〕故其「專制」之國無疑是一種雜糅民主、以法為治，且以「法吏」為特殊職權的國家可知。而「法吏」為國家法律與監督權力的執行者，「法吏」亦是國家與人民之間溝通的管道，故「專制」之國為了不使人民耳目為「法吏」所蒙蔽，亦防止其專權跋扈，便必須對執行法律單位採取有效的制衡方法。章氏乃以道家的「不尚賢」與法家之防「姦」術論說，其〈諸子略說〉言：

> 大概用法而不用術者，能制百姓小吏之姦，而不能制大臣之擅權，商鞅所短即在於是。主術者用意最深，其原出於道家。……勢即權也，重權即不得不重術，術所以保其權者也。至韓非漸以法與術並論。〔註 323〕

〔註 320〕《中國近代思想史論》，頁 419。
〔註 321〕《韓非子集解》收入《新編諸子集成》，第五冊，頁 290。
〔註 322〕《章氏叢書》，下冊，頁 816。
〔註 323〕《國學略說》，頁 180～181。

「法」在於能訂定一套標準，使一切舉止依此律令運作，而「術」則是君上克制臣下亂政之謀略。章氏以爲法治與專制爲過渡時期的致用思想，然處於過渡時期的種種現象並非是完善的，故爲了防堵人民悖亂與官吏的擅權，故章氏乃認同可用韓非提倡的「法」以治民、「術」以治吏。大抵法治之國雖能以「法」而兵強國富，然所惡在於被有權之臣所專擅，故章氏認爲治吏之「術」，是防範臣姦而保有其國富，從而以堅強其國家的體制，此即用「術」以「知姦」。誠如韓非所言「其國富而兵強，然而無術以知姦，則以其富強資人臣而已。」〔註324〕所謂「富強以資人臣」，即是怕能臣有了重權，進而覬覦國家之富強反而迫害上位者，故章氏乃主張法治之國應「不尙賢」甚至於「絕聖棄智」，「不尙賢」便能避免有心之人擅權而作亂，「絕聖棄智」則無有智識可以憑依，便可以達到防「姦」的功效。韓非的「五蠹」論亦影響章太炎的理論觀點，《韓非子‧五蠹》言：「世之所謂賢者，貞信之行也。所謂智者，微妙之言也。微妙之言，上智之所難知也。今爲眾人法，而以上智之所難知，則民無從識之矣。……今所治之政，民間之事，夫婦所明知者不用，而慕上知之論，則其於治反矣。故微妙之言，非民務也。」〔註325〕假使人民的涵養不足，確執意以上智之言論教育之，必然使社會人民產生更多困惑，人民無所適從且所教非教，便會消損更多國力資源，此亦不利於國家之進步。因此韓非列賢、智者爲「五蠹」之一，「五蠹」既然不利治國，則領導者應該力求社會的不尙賢與去智，以達到法治社會的落實。章氏亦以爲「專制」之國之用人，必須因循法律，而非專以賢名任用，〈代議然否論〉曰：「爲治固當循繩墨，無所用賢。且有勞者得超除，溺職者受罷黜，材者固無患其沈滯，雖下資亦自見其泠汰矣。」〔註326〕此亦可防範用人之舞弊，故「尙賢」乃爲「專制」之國所戒慎可知也。

此外，以「不尙賢」爲「術」的觀點亦可以由章氏的子學思想深入探索，《老子》以「不尙賢，使民不爭」論說治術上須摒棄賢能之士，章氏《諸子略說》則援用此「不尙賢」的意趣，進一步論析歷來學者採取的治術觀點。首先，章氏就道、法、《呂氏春秋》之識見論說，以爲此「不尙賢」之說有多層意義，其曰：「商鞅不重孝弟誠信貞廉，老子有不尙賢使民不爭之語，愼到

〔註324〕《韓非子集解》收入《新編諸子集成》，第五冊，頁305。
〔註325〕《韓非子集解》收入《新編諸子集成》，第五冊，頁346。
〔註326〕《章氏叢書》，下冊，頁815。

亦謂塊不失道無用賢聖。……慎到語本老子，老子目覩世卿執政，主權下逮，推原篡奪之禍，始於尚賢。」〔註327〕商鞅以「孝弟誠信貞廉」爲「六蝨」，「六蝨」不利其法治下的耕戰制度，故商鞅以爲必須防止「六蝨」以免削弱國力；老子、慎到的「不尚賢」有自然不擾民之意，「不尚賢」、不爭則人民與草狗無異，社會於質樸的趨勢下便邁入無爲而治。總上而論，商鞅以「不尚賢」爲「術」，其目的在於富國強兵，而老子、慎到則以質樸的無爲治世爲標的。

再次，章氏以爲此種「不尚賢」之術亦可以由歷史傳說論析，其援取《呂氏春秋・長見篇》云：「太公望封於齊，周公旦封於魯」的寓言，文中有姜太公與周公治國之論。〔註328〕固然太公能重用賢人，但傳二十四世即被權臣竊國，而周公之重用親屬治國其國力雖被親屬封土削弱，但傳國卻達三十四世之久。章氏從此評論：「太公望曰『尊賢上功』，周公旦曰『親親上恩』。……蓋尊賢上功，國威外達，主權亦必旁落，不能免竄弒之禍。親親尚恩，以相忍爲國，雖無竄逆之禍，亦不能致富強也。老子不尚賢，意在防竄弒之禍。」〔註329〕準此，則章氏認爲有國者爲了長久保有其權勢，應當以「術」的方法來防範臣下的逆篡，此重點乃在於不推崇賢、智之人，以鞏固上位者的祿位。章氏又於〈非黃〉篇論說「尚賢」之弊，其舉民國之後的新政言：

> 近世言新政者，其本皆附麗宗義，斯獨瞀師之道蒼、赤已。凡政惡武斷，武斷與非武斷者，則聽法、尚賢爲之分。……誠尚賢，雖任眾與武斷奚分？……選總統者又踊是，大政革選，下及茸騎驪伍，亡不易位，斯非尚賢之弊耶？且眾選者，誠民之同志哉？馳辯駕說以彰其名，又爲之樹旗表，使負版販夫皆勸譽己，民愚無知，則以爲誠賢。〔註330〕

章氏此乃抨擊當代的代議制度，其以爲「賢」者的選出係由民眾所認同，但賢者的行舉確是可以造假或者宣傳的，如選舉的廣發宣傳單、樹立旗幟，甚至買通新聞報導以沽名釣譽皆然。而民眾在涵養與智識不足之下，則良窳不辨易於被矇蔽，也使得原先「尚賢」的美意成爲另類的政治武斷，而政治也從此被有心人所壟斷，此實與獨裁制度無異。總之，章氏的學說企圖大抵以

〔註327〕《國學略說》，頁 184。
〔註328〕畢沅校：《呂氏春秋新校正》收入《新編諸子集成》，第七冊，頁 112。
〔註329〕《國學略說》，頁 184。
〔註330〕《中國現代學術經典・章太炎卷》，頁 543。

爲「不尙賢」作爲「專制」之國用人的參考，或用以防姦、治吏，或以反對代議制度的武斷，而這種謀術的運用亦是其建構法治社會的一大利器可證。

（四）以法治爲過渡的反「進化」觀點

總言之，章氏固然以爲法家的法、術思想可用，但並非視之爲最終極的治術，其在爲治「不尙賢」的識見之下，也論證了法家的防「姦」之術、兵農制度是不能夠使一國一社的姦臣、篡逆之事絕跡。章氏又云：

> 莊子卓識，異於術法二家，以爲有政府在，雖不尙賢，猶有古來聖知之法，可資假借。王莽一流，假周孔之道，固已爲莊子所逆料。班孟堅曰：「秦燔詩書，以立私議。莽誦六藝，以文姦言，殊途同歸。」是故詩禮可以發冢，仁義適以資盜。必也絕聖棄知，大盜乃止。〔註331〕

此以爲如有「政府」體制存在，則篡逆之事必然不會停止，即使實施「不尙賢」政策，然非賢者亦可能利用其中的法律漏洞進行判逆，比如王莽之事亦然。因此，諸如法家的「以法爲治」、「法吏」、「不尙賢」只是一種因時權宜的治術方法，或能解救一時之弊而不能使人類社會永久安治，章氏〈國家論〉亦言「以此知近世存生之術，皆由勢不得已而爲之，非理有當然而爲之。」〔註332〕「不得已而爲之」這也可用來說明何以章氏仍廣泛論說先秦諸子學，實欲矯正時弊而爲之，故誠如王泛森所言，章氏這種「新法家」的政治論說亦不過是其因應現實事務的「過渡理論」罷了。其〈諸子略說〉又云：「若民主政體，選賢與能，即尙賢之謂，尙賢而爭，宜矣。是故論政治者，無論法家術家，要是苟安一時之計，斷無一成不變之法。至於絕聖棄知，又不能見之實事。是故政治比於醫藥，醫家處方，不過使人苟活一時，不能使人永免於始死亡也。」〔註333〕既然民主、代議只是因應當下「苟安一時之計」，不能使制度永久趨於完善，所以章氏終以爲諸多的治術方法並非都是無瑕的，道家的「絕聖棄智」難以實現，而法家的防姦治術甚有漏失，民主選舉亦非全然公正，故章氏以醫家所開藥方比之，以爲任何醫藥不過使他人延長壽命罷了，而非是長生不老。

從此說，章太炎的以法致用之理論，只可視爲一整治現實社會的過渡思

〔註331〕《國學略說》，頁 184～185。
〔註332〕章炳麟：〈國家論〉收入《章氏叢書》，下冊，頁 906。
〔註333〕《國學略說》，頁 185。

想明矣。其在〈俱分進化論〉有提出反「進化」的觀點，以爲一切制度不論再如何進化，皆不能達到全善全樂的境地。章氏的〈俱分進化論〉大抵用以詮說其「世界之發展」的現象，或說章氏所提出的反「進化」，即在於反對人類社會在反覆競爭下可能呈現完美制度的觀點。李澤厚也以爲章氏有反對革命派與改良派競爭意識的說法：

> 革命派與改良派大都以達爾文進化論作爲自己的最基本的世界觀與鬥爭理論。就這一點說，他們大都受嚴復的影響。章太炎則偏偏堅決反對嚴復，不僅在政治主張上，而且也在進化理論上。與嚴復強調斯賓塞，認爲進化原理適用於社會故意對立，章太炎則引用赫胥黎等人來反對斯賓塞，認爲進化只是自然規律，而非社會原理。
> 〔註334〕

進化論的提出首先是英人達爾文（Charles Darwin 1809～1882 A.D）用於對生物變態演化的詮釋，之後社會學家則用以述說人類社會競爭的種種現象，故斯賓塞（Herbert Spencer 1820～1903 A.D）有「社會達爾文主義」之提出，嚴復也以「物競天擇，適者生存」來理解這種社會進化，嚴氏說：「自達爾文出，知人爲天演中一境，且演且進，來者方將。」〔註335〕此誠把自然造化的變異，套之於人類文明的演進之上了。然章氏以爲進化論並非是社會原理，而只是自然現象，如此亦不必全然適用於人類的社會制度上，畢竟西方進化論者認爲競爭是「進化」之所以成立的一大關鍵，但進化後的社會強者越強、弱者越弱，反而造成更多在道德上、經濟上甚至社會階層的不平等。

故章氏〈俱分進化論〉又云：「若云進化終極，必能達於盡美醇善之區，則隨舉一事，無不可以反唇相稽。彼不悟進化之所以爲進化者，非由一方直進，而必由雙商並進。……若以道德言，則善亦進化，惡亦進化；若以生計言，則樂亦進化，苦亦進化。雙方併進，如影之隨形。」〔註336〕所謂「進化」實非絕對，而是相對的進化，或說進化的背後是另一種形態之退化，善與惡、是與非、得與失實相隨而生，用之於法治的層面亦然，法與不法相互爲依，社會不會因爲有極刑的使用而使極惡之事消弭。故章氏所提出的法治社會也不必是社會的最終進化，人類社會的完滿並非只依據於一法律、道德的意識，

〔註334〕《中國近代思想史論》，頁423。
〔註335〕嚴復譯：《天演論》（河南，中州古籍出版社，2000年），頁43。
〔註336〕《中國現代學術經典‧章太炎卷》，頁585～586。

畢竟用法的孰輕孰重，實出於治民的必須，當法網越密也反映了當前社會變動越大，用之道德的範疇亦然，有大善者必有大惡，其中不論其中如何安排皆有損益在，故終不能謂之完美，章氏也認同這種法治社會終非究極的理想制度。章氏以佛學解釋其原因，曰：

> 善惡何以並進？一者由熏習性。生物本性，無善無惡，而其作用，可以爲善爲惡。是故阿賴耶識，惟是無覆無記。……一切生物，無不從於進化之法而行，故必不能限於無記，而必有善惡種子與之雜糅。……二者由我慢心，由末那執此阿賴耶識，以爲自我，念念不舍，於是生四種心。〔註337〕

善、惡在進化中非能全然消滅，而是並進的。其原因在於心識的末那識有薰習的功能，當末那識一接觸世間法，在競爭當中便會受到種種善惡是非的習染，此一無可免，因此章氏又謂之「無明熏眞如而天性有好淫好殺之心。」〔註338〕蓋眞如在雜染環境的熏習之下，則天性不免有種種缺失。再次，末那識還會生起傲慢之心，人在傲慢的情況下，嗔癡欲望便隨之而來，人類社會也在這種層層相因之下形成，故章氏認爲在「進化」的趨勢中「善惡苦樂」皆是併進的，世間法所構建的人類世界大抵如此不完美，這也述說章氏對法治仍採取不信任，而只是其理想世界實現前的過渡理論而已。

至於要如何達到章太炎理想的政治制度？則須由其佛學思想與「齊物」思想開出，也就是其〈五無論〉所指出「無政府」、「無聚落」的界說，章氏說「一曰無政府，凡茲種族相爭，皆以有政府使其隔閡。……二曰無聚落，三曰無聚落，……人類本平等，而所依之地本不平等。……是故政府與國界破，而猶有聚落之存，則溫潤地人必爲苦寒地人所殺掠。」〔註339〕「政府」觀念是相對的，也就是對於他方的「政府」言，「聚落」亦然，人類社群最原始實以競爭爲原則，故「政府」、「聚落」之聚合實人類攻伐、不平等的濫觴。蓋國與國之間可能有種種差別，如種族、經濟、武力、土地範疇，則紛爭亦由此原素而生。因此章氏以爲，在「無政府」的狀態，則一切錢幣、軍器、國土的制度皆消滅，則從此人人不爭利，國與國不打仗，更沒有攻城略地的爭議。「無聚落」則土地歸於無人所有，不再限制於一族一人之畛域。上述實

〔註337〕《中國現代學術經典‧章太炎卷》，頁588。
〔註338〕《章氏叢書》，下冊，頁893。
〔註339〕《中國現代學術經典‧章太炎卷》，頁586。

是章氏採取佛學「平等」的理想論說了。總而言之，所謂賢能孝悌的行舉都是相對的，有孝即有不孝，有賢即有不賢，如此就有賢愚階段之分，因此不論何種選賢舉能制度的完善，終也曝露了另一不盡完美不盡平等的事實，故章氏明瞭了該種制度的不完美，法治專制亦然，共和民主亦然，故其以為欲解決這些制度的缺失仍須復歸「無有」的境界，由無政府以至於無國土、無人類，此即「五無」的呼籲也。

四、小結

總上而論，章太炎的諸子學研究大抵能為清末民初之子學開闢新徑，如其效法漢儒的諸子出於王官新論、平等的諸子九流觀點皆有特殊價值，而其攝入法家之致用思想係為其政治理想之重要議題亦是顯明的，有數點可留意。

（一）章氏的子學研究實能擴充清末民初思想界之視野

由章氏前後期豐富的子學著作及其諸子研究課題可知，其諸子學研究對於當代思想界是有其特殊意義的，其論說以考據訓詁為初步，能會通儒、道、佛學與西學之畛界，以哲理思想之探究為的鵠，且對於古人舊說能推陳出新，留意古典論說之意趣，蓋梁啟超認為「其影響於近年來學界者亦至鉅」此實不誣。

錢穆也認為晚清民初的諸子學，係由章、梁、胡適的議論而風氣一變，以為：「因舉章炳麟〈諸子學略說〉，胡適〈諸子不出於王官論〉，梁啟超《中國古代思潮》諸篇所論，歷家駁難。其言頗足以矯時弊。然清儒尊孔崇經之風，實自三人之說而變。學術思想之途，因此而廣。」〔註340〕晚清民初的諸子研究風氣，經章、梁、胡之論說乃為之一變。諸如章太炎的先秦諸子通論、道家研究、法家研究，梁氏的墨學研究、先秦政治思想研究，胡適的中國哲學史研究等，對於當代學術皆有廣泛的影響可證也。

（二）章氏子學的以法致用論與其政治思想密不可分

章太炎對於政治活動本有熱衷，其早年流亡日本便加入同盟會，且以社論方式與康、梁進行論政，民國建立之後又任職樞密顧問，力排袁黨的提倡帝制等，蓋章氏非但有學者身份亦是革命之先驅，其行舉之影響清末民初的政治界是顯明的。而章氏的政論亦影響民初之思想界，其治學能導入先秦諸

〔註340〕錢穆：《國學概論》，頁 325。

子研究，並聯繫當代的經世致用學術，章氏《菿漢微言》言：「遭世衰微，不忘經國，尋求政術，歷覽前史，獨於荀卿、韓非所說，謂不可易。」〔註341〕其早期之研究先秦諸子，便頗留意於其中的政治思想，而以為荀、韓之學可用，便從而推崇荀、韓的經國治術。章氏本視法家為古代政治家之屬，故其法家研究實能與其政論思想密切聯繫，或謂其欲由法治之範疇而擴充其政治思想亦無不可。

由章氏的以法致用學說為例，其法治、用術之觀點，大抵可溯源於先秦法家，韓非以「五蠹」、「八姦」為立說，而章氏之不尚賢與重用「法吏」，對於法家思想有取有捨，亦凸顯了部份法家的法、勢、術理念可證。王汎森以為章氏係晚清子學之「新法家」，此亦是由其攝入法家思想的政治理想而論說，故謂章氏之思想乃欲由法、術治國，從而改造當代之社會制度，此大致是可信的。

（三）章氏的法治觀點終可為其反「進化」思想之一環

章氏所提倡之法治社會實一分工嚴密，且欲改進與修正當代民主共和弊端的法律之國。其所謂總統制、法吏、政學分治之提出，亦體現出民意的落實，司法、教育之獨立與抑制君權之政治理想，係章氏對當代共和體制之反思與建議。

不過，章氏思想所嚮往的終極制度，並非可為一法治「專制」之國所包舉，實在於一由佛學、道家所建構的「五無」之境。章氏既以為一切社會之存有為空虛、無有，則不論其法治之論或「專制」國家的提出，都只能視為「過渡」時期之用，而此「過渡」之用終究不免落入「進化」的範疇，也就是善與惡相隨相生的社會，故並非是究極的圓滿。章氏說「夫耽於進化者，猶見沐浴為清涼，而欲沉於溟海所願，與卓犖獨行之士、勤學無生期於人類眾生一切銷鎔而止，毋沾沾焉。以進化為可欣矣。嗚呼！」〔註342〕此實為對當代社會改革思想的抨擊，以為縱然有諸多方法與改良，然終不能脫離人類欲望與競爭的藩籬，故一切進化制度由緣聚由緣散故皆為非實有，其〈國家論〉採取唯識的觀點以為：「凡諸個體，亦皆眾物集成，非是實有。……國家既為人民所組合，……而國家則無實有可言。非直國家，凡彼一邨、一落、

〔註341〕《菿漢微言》收入《菿漢三言》，頁 71。
〔註342〕《章氏叢書》，下冊，頁 893。

一集、一會亦爲個人爲實有自性，而邨、落、集、會則非實有自性。」〔註 343〕
此以爲不論國家、萬物皆唯心所現，而組成國家的種種制度亦然，故國家之
制終需遁入「無有」，章氏亦以「五無」之「無政府」、「無聚落」來詮解此一
思想。準此，則章氏所提倡之法治「專制」本爲處理當下社會的弊端而開展，
而其理想社會的落實，仍有待於「虛無」，蓋「法治專制→五無」的進程亦可
爲其反「進化」觀點所消化可知。

〔註 343〕《章氏叢書》，下冊，頁 902。